Gramática Francesa Para Leigos

Da Gramática Francesa Para Leigos de Véronique Mazet

O objetivo da gramática francesa é usar as palavras corretamente, de modo que as pessoas possam compreender o seu significado. É possível aprender muitas palavras francesas ao folhear um dicionário francês-português, mas, para que essas palavras tenham significado ao serem colocadas juntas numa mesma frase, é preciso conhecer as regras da gramática francesa. Dentre os assuntos básicos, destacam-se: a obtenção do plural dos substantivos, a concordância do adjetivo com o substantivo que descreve e o uso de verbos pronominais para falar sobre ações realizadas sobre si mesmo ou terceiros.

Como Obter o Plural dos Substantivos em Francês

Obtenha o plural dos substantivos em francês acrescentando *s* ou *x* à forma do singular ou substituindo *-al* por *-aux*. No entanto, para obter o plural de substantivos franceses que são nomes de família ou que terminam com *-s*, *-x* ou *-z*, deve-se usar uma abordagem diferente. Confira as regras da gramática francesa sobre como obter o plural de um substantivo a partir do singular:

- No caso da maioria dos substantivos, simplesmente acrescente **-s** no fim deles. Por exemplo, **résultat** (*resultado*), vira **résultats** (*resultados*); **fleur** (*flor*) vira **fleurs** (*flores*).

- Substantivos que terminam em **-au** levam um **-x** no plural. Por exemplo: **bateau** (*barco*) vira **bateaux** (*barcos*) e **manteau** (*casaco*) vira **manteaux** (*casacos*).

- A maioria dos substantivos que terminam com **-ou** leva **-s** no plural, mas alguns levam **-x**. Por exemplo: **chou** (*repolho*) vira **choux** (*repolhos*) e **bijou** (*joia*) vira **bijoux** (*joias*).

- Substantivos que terminam com **-al** substituem esse sufixo por **-aux** no plural. Por exemplo: **journal** (*jornal*) vira **journaux** (*jornais*); **animal** (*animal*) vira **animaux** (*animais*).

- Substantivos que terminam com **-s**, **-x** ou **-z** no singular não mudam no plural; mude somente o artigo acompanhante. Por exemplo: **un Français** (*um francês*) continua **des Français** (*franceses*) no plural e **un virus** (*um vírus*) continua **des virus** (*uns vírus*) no plural.

- Não existem nomes de família no plural em francês. Por exemplo, para dizer *a família Martin* em francês, não acrescente **-s** ao nome de família, apenas coloque o artigo no plural, assim: **Les Martin**.

A Concordância dos Adjetivos Franceses com os Substantivos que Descrevem

A gramática francesa exige que os adjetivos reflitam tanto o gênero (masculino ou feminino) como o número (singular ou plural) dos substantivos que eles mod...

Gramática Francesa Para Leigos

- **Gênero:** Todos os substantivos franceses têm gênero. Ao descrever um substantivo masculino, como **le vélo** (*a bicicleta*), é necessário usar um adjetivo masculino para concordar com ele, como **le vélo noir** (*a bicicleta preta*). Mas, se o substantivo for feminino, como **la voiture** (*o carro*), o adjetivo acompanhante deve ser feminino. Por exemplo, *o carro preto* em francês é **la voiture noire** (perceba que o feminino de **noir** tem um **e** no final).

- **Número:** Um substantivo francês pode ser singular ou plural, independentemente do gênero, e o adjetivo deve concordar em número também. No caso de várias *bicicletas pretas*, diga **les vélos noirs**. Para falar sobre um grupo de *carros pretos*, diga **les voitures noires** (perceba que ambos os adjetivos levam um **s** no final). Ao falar sobre *os carros pretos* e *as bicicletas pretas* numa mesma frase, o adjetivo será masculino e plural: **les vélos et les voitures noirs**.

A seguir, listamos algumas regras sobre como obter um adjetivo feminino singular a partir do masculino singular:

- A maneira mais comum de se obter o adjetivo feminino é acrescentar um **-e** à sua forma masculina singular (que é a forma-padrão do adjetivo encontrada em um dicionário francês).

- Alguns adjetivos masculinos no singular já têm um **-e** no final. Nesse caso, não acrescente um **-e** a mais para obter o feminino singular; eles ficam do mesmo jeito. Por exemplo, **aimable** (*bondoso/a*), **calme** (*calmo/a*) e **utile** (*útil*) têm a mesma forma no masculino e no feminino singular.

- No caso da maioria dos adjetivos que terminam com vogal + consoante, dobre essa consoante antes de acrescentar o **-e** da forma feminina. Por exemplo: **bon** (*bom*) vira **bonne**; **gros** (*gordo*) vira **grosse**; **mignon** (*bonitinho*) vira **mignonne**.

- No caso da maioria dos adjetivos que terminam com **-eur** ou **-eux**, substitua esses sufixos por **-euse** para obter o feminino. Por exemplo: **amoureux** (*apaixonado*) vira **amoureuse**, **heureux** (*feliz*) vira **heureuse** e **affreux** (*assustador*) vira **affreuse**.

- No caso de adjetivos que terminam com **-teur**, substitua esse sufixo por **-trice** para obter o feminino. **Protecteur** (*protetor*) vira **protectrice**, **conservateur** (*conservador*) vira **conservatrice**, e assim por diante.

- No caso de adjetivos que terminam em **-er**, substitua esse sufixo por **-ère** para obter o feminino, como **dernier** (*último*) que vira **dernière**, **premier** (*primeiro*) que vira **première** e **cher** (*caro*) que vira **chère**.

- No caso da maioria dos adjetivos que terminam com **-et**, substitua **-et** por **-ète** para obter o feminino. Por exemplo, **discret** (*discreto*) vira **discrète**, **complet** (*completo*) vira **complète** e **secret** (*secreto*) vira **secrète**.

- No caso de adjetivos que terminam em **-f**, substitua **-f** por **-ve** para obter o feminino, como **neuf** (*novo*), que vira **neuve** e **sportif** (*esportivo*), que vira **sportive**.

Gramática Francesa

Francesa

PARA

LEIGOS®

Gramática Francesa

PARA
LEIGOS®

por Véronique Mazet

ALTA BOOKS
GRUPO EDITORIAL
Rio de Janeiro, 2015

Gramática Francesa Para Leigos
Copyright © 2015 da Starlin Alta Editora e Consultoria Eireli.
ISBN: 978-85-7608-854-7

Translated from original French Grammar For Dummies © 2013 by John Wiley & Sons, Inc. ISBN 978-1-118-50251-8. This translation is published and sold by permission of John Wiley & Sons, Inc., the owner of all rights to publish and sell the same. PORTUGUESE language edition published by Starlin Alta Editora e Consultoria Eireli, Copyright © 2015 by Starlin Alta Editora e Consultoria Eireli.

Impresso no Brasil — 1ª Edição, 2015

Vedada, nos termos da lei, a reprodução total ou parcial deste livro.

Produção Editorial	Gerência Editorial	Design Editorial	Captação e Contratação	Marketing e Promoção
Editora Alta Books	Anderson Vieira	Aurélio Corrêa	de Obras Nacionais	marketing@altabooks.com.br
Produtor	**Supervisão Editorial**		Cristiane Santos	**Vendas Atacado e Varejo**
Claudia Braga	Angel Cabeza		J. A. Rugeri	comercial@altabooks.com.br
Cristiane Santos	Sergio Luiz de Souza		Marco Pace	**Ouvidoria**
Thiê Alves			autoria@altabooks.com.br	ouvidoria@altabooks.com.br

Equipe Editorial	Hannah Carriello	Mayara Coelho	Natália Gonçalves	Rômulo Lentini
	Letícia Vitoria	Milena Lepsch	Raquel Ferreira	
	Livia Brazil	Milena Souza	Rodrigo Araujo	

Tradução	**Copidesque**	**Revisão Técnica**	**Revisão Gramatical**	**Diagramação**
Elda Couto	Marcus Victor Martins	Riccardo Felipe	Alessandro Thomé	Diego Oliveira

Dados Internacionais de Catalogação na Publicação (CIP)

M476g   Mazet, Véronique.
              Gramática francesa para leigos / por Véronique Mazet. – Rio de Janeiro, RJ : Alta Books, 2014.
              420 p. ; 16cm. x 23cm. – (Para leigos)

              Inclui índice.
              Tradução de: French grammar for dummies.
              ISBN 978-85-7608-854-7

              1. Língua francesa - Gramática. 2. Língua francesa - Instrução e estudo. 3. Língua francesa - Compêndios para estrangeiros - Português. 4. Língua francesa - Problemas, questões, exercícios. I. Título. II. Série.

                                                CDU 804.0-5
                                                CDD 448.2421

Índice para catálogo sistemático:
1. Língua francesa : Gramática   804.0-5

(Bibliotecária responsável: Sabrina Leal Araujo – CRB 10/1507)

Rua Viúva Cláudio, 291 – Bairro Industrial do Jacaré
CEP: 20.970-031 – Rio de Janeiro (RJ)
Tels.: (21) 3278-8069 / 3278-8419
www.altabooks.com.br – altabooks@altabooks.com.br
Ouvidoria: ouvidoria@altabooks.com.br

ALTA BOOKS
GRUPO EDITORIAL

Sobre a Autora

A Dra. **Véronique Mazet** é professora universitária adjunta de francês na Austin Community College, em Austin, Texas. Ela é autora de outros dois livros de gramática francesa: *Correct Your French Blunders* e *Advanced French Grammar* (ambos publicados pela McGraw-Hill).

Dedicatória

Aos meus alunos de todas as idades: obrigada por acreditarem na beleza da língua francesa e por confiarem em mim.

Agradecimentos da Autora

Agradeço à minha agente, Grace Freedson, por ter me ligado, e ao meu marido, por seu apoio constante.

Sumário Resumido

Sumário

Introdução

*I*deias, necessidades e sentimentos são expressos em palavras. Se quiser se expressar, você vai precisar das palavras certas, independentemente do idioma, mas só palavras não são suficientes. Ao se ouvir **dehors** (*o lado de fora*), não é possível saber se se espera que alguém *vá para fora*, que *olhe para fora* ou outra coisa parecida. É preciso acrescentar um verbo, como **allez** (*vá*), e usá-lo da maneira correta para que a intenção se torne clara.

A gramática é necessária para juntar as palavras de maneira coerente. Mostrarei neste livro como as partes da gramática francesa trabalham juntas para que você possa expressar o que precisa, como se sente e até o que pensa em francês.

Sobre Este Livro

Gramática Francesa Para Leigos lida com tópicos específicos da gramática francesa em detalhes, com vários exemplos e exercícios práticos. As respostas no fim de cada capítulo permitem que você avalie o seu trabalho.

De início, vou lhe apresentar a gramática francesa básica, começando com substantivos, artigos, adjetivos, números, datas e horas, passando depois para os verbos, para que seja possível escrever frases simples no presente do indicativo. A partir daí, vou lhe explicar como complementar frases simples em francês com um vocabulário mais detalhado, o que o fará parecer um falante nativo, graças a advérbios, locuções prepositivas e pronomes. Por fim, poderá conhecer outros tempos verbais, como o pretérito e o futuro.

Não é preciso ler este livro de capa a capa; pode-se simplesmente ler as seções ou capítulos que interessam. Guarde o livro até precisar dele de novo — ele estará pronto e esperando por você!

Convenções Usadas Neste Livro

Este livro utiliza as seguintes convenções para que seja mais fácil navegar por ele:

- ✔ Palavras e frases em francês aparecerão em **negrito**.
- ✔ Logo depois das palavras e frases em francês estarão os seus equivalentes em português, em *itálico*.

✔ Em geral, apresenta-se o equivalente em português das expressões francesas, o que nem sempre será a tradução literal. Por exemplo, você pode traduzir a expressão francesa **quelle barbe** literalmente como *que barba*, mas o equivalente correto em português é *que tédio*. Este livro geralmente vai lhe dar a versão *que tédio* da tradução, mas, às vezes, eu lhe darei a tradução literal também.

✔ As respostas no fim de cada capítulo dão as soluções a todos os exercícios apresentados nele.

Para que os verbos se destaquem, as suas conjugações serão, em geral, apresentadas em tabelas como esta:

aimer (*gostar, amar*)	
j'aime	nous **aimons**
tu **aimes**	vous **aimez**
il/elle/on **aime**	ils/elles **aiment**

Na parte de cima da tabela, estará um verbo em francês e a sua tradução em português, seguidos de seis formas verbais que variam de acordo com quem ou o que realiza a ação: *eu; tu/você* (singular informal); *ele, ela ou alguém; nós, vós/vocês* (singular formal ou plural formal e informal); e *eles/elas*.

Nota: Este livro não apresenta as pronúncias após as palavras francesas (com a exceção do Capítulo 2, que trata justamente disso). Ele se concentra na gramática e na comunicação escrita. Certifique-se de consultar um dicionário em francês para esclarecer as dúvidas que surgirem referentes à pronúncia.

Só de Passagem

Se você não dispõe de muito tempo, ou se precisar de mais ajuda com tópicos gramaticais específicos, pule para os assuntos que mais lhe interessam. Por exemplo, caso já esteja familiarizado com os gêneros dos substantivos, mas gostaria de colocá-los em ação com verbos, vá diretamente para o Capítulo 6.

Se já entender o que deve ser feito em certo exercício, pule os exemplos e vá direto para as questões propriamente ditas. O mesmo se aplica no caso da apresentação de vários exemplos para ilustrar certa regra gramatical; se já tiver entendido a regra após ler o primeiro exemplo, não há necessidade de ler os outros. Afinal de contas, este livro está aqui para ajudá-lo a estudar no seu próprio ritmo.

Penso que...

Caro leitor, à medida que escrevia este livro, fiz as seguintes suposições sobre você:

- ✔ Você quer conseguir se comunicar de modo mais criativo em francês, em especial ao escrever — mesmo que já tenha algum conhecimento do idioma e consiga manter uma conversação.

- ✔ Você quer praticar a gramática francesa para se certificar de que poderá reter o conhecimento recém-adquirido.

- ✔ Você ama o idioma francês e acha que a gramática é fascinante... talvez?

Como Este Livro Está Organizado

Gramática Francesa Para Leigos está dividido em seis partes. As seções a seguir farão uma introdução dessas partes e do seu conteúdo.

Parte I: Introdução à Gramática Francesa

Essa parte é para iniciantes ou para aqueles que desejam um breve lembrete sobre o básico do idioma francês. Essa seção explica como pronunciar as palavras francesas; lidar com gêneros e números dos substantivos, artigos e adjetivos; praticar a leitura das horas e dizê-las; aprender sobre datas, dias da semana e meses do ano.

Parte II: Construindo Sentenças Afirmativas, Negativas e Interrogativas

Essa parte vai explicar como juntar um sujeito com um verbo no presente do indicativo para criar frases simples, expressar ações reflexivas ou mútuas com verbos pronominais, como **se lever** (*levantar-se*) e **se parler** (*falar um com o outro*), dizer *não* usando palavras com sentido negativo, como **jamais** (*nunca*) e **rien** (*nada*), e a fazer perguntas.

Parte III: Incrementando suas Frases

Essa parte explica como escrever frases mais informativas usando advérbios e locuções prepositivas. Explica também como comparar todo tipo de coisas e como substituir substantivos por pronomes para evitar repetições. Vai ensinar-lhe, ainda, como usar o gerúndio e como usar a voz passiva para enfatizar mais a ação do que o sujeito responsável pela ação.

Parte IV: Falando do Passado ou do Futuro

Esses capítulos vão lhe apresentar os diferentes tempos verbais que existem em francês e como alternar a conjugação de um verbo do presente para os tempos do pretérito e do futuro do modo indicativo. O francês tem muitos outros tempos verbais que não serão estudados a fundo neste livro. Serão considerados apenas os tempos que as pessoas mais provavelmente usam no dia a dia. Este livro vai se concentrar no **passé composé** (*pretérito perfeito*)[1]*, no pretérito imperfeito e no futuro do presente.

Parte V: Expressando Condições, Subjetividade e Ordens

Nessa parte, vou apresentar-lhe o **conditionnel**, o subjuntivo e o imperativo.

- Expressões condicionais são algo parecidas com isso: **Je viendrais avec toi si j'avais le temps.** (*Eu viria com você se tivesse tempo.*) O **conditionnel** permite a expressão de uma fantasia, um desejo ou uma situação hipotética.

- O subjuntivo e seus gatilhos permitem uma expressão de surpresa, medo ou alegria por algo. Por exemplo: **Nous sommes contents que vous veniez nous voir.** (*Estamos felizes de que você tenha vindo nos ver.*)

- Usa-se o imperativo ao dar ordens ou proibir coisas, como as placas que se encontram nos parques: **Ne marchez pas sur la pelouse.** (*Não pise na grama.*)

Como bônus, essa parte explicará como usar os verbos auxiliares **avoir** (*ter*) e **être** (*ser/estar*) para formar tempos verbais chamados tempos compostos, como o pretérito mais-que-perfeito, o **futur antérieur** (*futuro anterior*) e o **conditionnel passé** (*pretérito condicional*)[2]*.

Parte VI: A Parte dos Dez

Todo livro *Para Leigos* tem A Parte dos Dez — e por que quebrar a tradição? Essa parte apresentará dez erros gramaticais típicos em francês (e como evitá-los) e uma lista de dez expressões idiomáticas francesas para ajudá-lo a falar como um nativo.

---

[1] N.E.: Essas são traduções literais do francês, pois não há tempos verbais em português que correspondam perfeitamente aos tempos verbais em francês. O que mais se aproximaria nesses casos são, respectivamente, o futuro do presente composto do subjuntivo e o futuro do pretérito composto do indicativo.

Ícones Usados Neste Livro

Os ícones a seguir facilitam a localização de certas informações.

Esse ícone indica que a informação deve ser guardada mesmo depois de haver terminado de ler o livro. Ao ler algo neste livro, não deixe de ler o que estiver marcado com esse ícone.

Esse ícone enfatiza alguns pontos para que seja possível compreender a gramática francesa de modo mais rápido e fácil.

Esse ícone é um alerta contra as armadilhas da gramática francesa — atenção!

Esse ícone destaca exercícios que podem ser feitos para melhorar as suas habilidades com a gramática francesa.

De Lá para Cá, Daqui para Lá

Iniciantes e qualquer outra pessoa que deseja dar uma refrescada na memória quanto ao básico da gramática francesa podem iniciar com o Capítulo 2, referente à pronúncia correta das palavras francesas, ou o Capítulo 5, que aborda números, datas e horas. Os Capítulos 3 e 4 vão ajudar a ter certeza de que seus substantivos, artigos e adjetivos concordam em gênero (masculino ou feminino) e número (singular ou plural). Se acha que já está preparado para escrever frases, vá direto para o Capítulo 6, onde aprenderá a juntar sujeitos e verbos.

Enfim, sinta-se à vontade para começar por onde desejar. Todo capítulo é um módulo individual. À medida que completar mais módulos, mais fluente você vai se tornar na gramática francesa. **Bonne chance** (*boa sorte*)!

Parte I

Introdução à Gramática Francesa

Nesta parte...

- Descubra como pronunciar as palavras francesas.
- Analise os substantivos, bem como seus gêneros e os artigos que devem ser usados com eles.
- Aprenda a concordar os adjetivos com os substantivos que eles descrevem e a posicioná-los nas frases no lugar certo.
- Comece a contar com números cardinais e ordinais e a falar sobre datas e horas.

Capítulo 1

Gramática Francesa em Poucas Palavras

Neste Capítulo

- ► Conhecendo as classes gramaticais
- ► Construindo e complementando frases
- ► Conhecendo os tempos e modos verbais

A gramática francesa é um tanto complexa. Este livro vai lhe dar muito material para estudá-la pouco a pouco. Vou começar de maneira simples, dando-lhe uma visão geral do que está por vir, para familiarizá-lo com os tópicos à medida que lê este livro. Se tirar um tempinho para ler este capítulo, você terá uma boa introdução à gramática para ajudá-lo nessa jornada que está prestes a iniciar.

Classes Gramaticais

Aprender um idioma se torna mais fácil quando se sabe do que ele é feito. Para entender os fundamentos de qualquer idioma, seja sua língua nativa, seja o francês, é preciso entender as *classes gramaticais*, os vários tipos de palavras que compõem um idioma e como eles funcionam. As seções a seguir lhe darão uma noção sobre o tema.

Substantivos

Há três coisas essenciais que se deve saber a respeito de um **nom** (*substantivo*) francês:

- ✔ Refere-se a pessoas, lugares, coisas ou conceitos.
- ✔ Tem gênero (masculino, *ele*, ou feminino, *ela*) e número (singular ou plural). É preciso saber as características de um substantivo para que ele possa concordar com os outros elementos de uma frase. Isso é chamado de *concordância nominal*.

⬧ Pode ter vários papéis (chamados *funções sintáticas*) em uma frase:

- Pode ser o *sujeito* do verbo, como o substantivo **professeur** nesta frase: **Le professeur parle.** (*O professor fala.*)

- Pode ser o *objeto* do verbo, como o substantivo **lune** em: **Nous regardons la lune.** (*Nós olhamos a Lua.*)

Veja o Capítulo 3 para mais detalhes sobre os substantivos franceses.

Artigos

Um *artigo* (un **article**) é uma palavrinha pequena, mas essencial, pois introduz o substantivo e indica o seu gênero e número. Existem três tipos de artigos:

⬧ Os artigos definidos: **le**, **la**, **l'** e **les** (*o*, *a*, *os*, *as*). Por exemplo: **les enfants** (*as crianças*).

⬧ Os artigos indefinidos: **un** e **une** (*um/uma*), **des** (*uns/umas*) e **de** e **d'** (nenhum/nenhuma). Por exemplo: **un chat** (*um gato*).

⬧ Os artigos partitivos: **du**, **de la**, **de l'** e **des** (sem correspondente em português). Por exemplo, **de l'eau** (*água*).

O Capítulo 3 abrange esses artigos em mais detalhes e explica como escolher o artigo correto para cada frase.

Adjetivos

Um adjetivo dá vida a um substantivo. Por exemplo: **un étudiant sérieux** (*um estudante aplicado*). Para usar **les adjectifs** de modo apropriado em francês, você precisa saber duas coisas:

⬧ Um adjetivo é como um camaleão: ele muda para concordar com o substantivo que descreve. Pode ser masculino singular, masculino plural, feminino singular ou feminino plural. Fazer com que um adjetivo concorde com o substantivo que ele descreve é chamado de *concordância nominal*.

⬧ A maioria dos adjetivos em francês é posicionada depois de um substantivo, da mesma forma que em português. Como exemplo, você pode dizer **une voiture rouge** (*um carro vermelho*). **Rouge** (*vermelho*) vai depois de **voiture** (*carro*).

Saiba tudo sobre adjetivos no Capítulo 4.

Verbos

Verbos (**les verbes**) são os elementos centrais de uma frase, porque transmitem informações essenciais. Eles assumem várias formas diferentes para fazer isso. Indicam:

- ✔ Que ação está sendo realizada, por meio da escolha do infinitivo.
- ✔ Quem a realiza, por meio da escolha do sujeito.
- ✔ Quando é realizada, por meio da escolha do tempo verbal.

Identificando o infinitivo

O *infinitivo* é como o nome do verbo. Ele também nos diz qual é o tipo de verbo: verbos regulares estão agrupados em três tipos, de acordo com a terminação do seu infinitivo. Eles são:

- ✔ Verbos terminandos em **-er**, como **parler** (*falar*).
- ✔ Verbos terminandos em **-ir**, como **finir** (*terminar*).
- ✔ Verbos terminandos em **-re**, como **vendre** (*vender*).

E aí entram os verbos irregulares, como **avoir** (*ter*), **aller** (*ir*), **faire** (*fazer*) e **être** (*ser/estar*), para mencionar apenas alguns. Esses verbos seguem padrões diferentes quando são *conjugados* (sofrem mudanças para refletir o sujeito e o tempo). (Veja adiante a seção "Começando com um verbo conjugado" para mais informações.)

Estabelecendo a concordância entre o sujeito e o verbo

O verbo precisa de um *sujeito* (quem ou o que realiza a ação) para ser colocado em ação (conjugá-lo). Sempre se informa quem é o sujeito em francês, exceto quando se dão ordens.

Cada sujeito corresponde a uma forma adequada do verbo. Essas diferenças aparecem formalmente no final do próprio verbo. Por exemplo, em um caso, se diz **tu chantes** (*você* [singular informal] *canta*), mas, em outro, se diz **nous chantons** (*nós cantamos*), alterando a terminação do verbo de acordo com o sujeito.

Movendo uma ação no tempo

Uma ação pode ser expressa em vários tempos, como o pretérito, o futuro, o futuro do pretérito e muitos outros. Aqui temos alguns exemplos dos diferentes tempos para **parler** (*falar*):

- ✔ Presente do indicativo: **nous parlons** (*nós falamos/estamos falando*).
- ✔ Pretérito imperfeito do indicativo: **nous parlions** (*nós falávamos*).
- ✔ Futuro do presente do indicativo: **nous parlerons** (*nós falaremos*).

Os tempos vêm em dois tipos: *tempos simples* e *tempos compostos*.

> ✔ Um tempo simples é uma forma verbal de uma única palavra, como **vous parlez** (*você fala*).

> ✔ Um tempo composto envolve duas palavras, como **tu as parlé** (*você falou*).

Há vários tempos e modos verbais em francês, assim como em português, embora nem todos eles sejam equivalentes. Veja adiante a seção "Muitos Tempos e Modos" para mais informações.

Conjunções

Conjunções (**les conjonctions**) são palavrinhas invariáveis usadas para ligar partes de uma frase ou palavras. Por exemplo, em **Tu sors ou tu rentres?** (*Você está entrando ou saindo?*), **ou** (*ou*) é uma conjunção.

Advérbios

Um *advérbio* (**un adverbe**) é uma palavrinha que pode modificar um verbo (mais comum), um adjetivo ou outro advérbio, informando como a ação em questão é realizada: *vagarosamente, rapidamente, seriamente* (**lentement, vite, sérieusement**). Eis um exemplo do que os advérbios podem fazer com uma frase:

> ✔ Sem advérbios: **Julie parle et Paul écoute.** (*Julie fala e Paul escuta.*)

> ✔ Com advérbios: **Julie parle lentement et Paul écoute attentivement.** (*Julie fala devagar e Paul escuta com atenção.*)

Veja mais sobre advérbios no Capítulo 10.

Preposições

Uma *preposição* (**préposition**) é uma palavrinha colocada entre um verbo e um substantivo ou entre dois substantivos para indicar uma relação de espaço/direção, tempo ou maneira. Uma preposição introduz uma locução prepositiva que acrescenta informações a uma frase, como em **Nous allons au cinéma** (*Nós vamos ao cinema*). Nesse exemplo, **au** é a preposição (combinação da preposição **à** com o artigo definido **le**).

Veja o Capítulo 11 para saber mais sobre o uso de preposições.

Pronomes

Um *pronome* (**un pronom**) pode substituir um nome quando se quiser evitar repetições. O pronome também é uma palavra que se parece com um camaleão, tendo que concordar não apenas com o gênero (na maioria das vezes) e o número do nome que substitui, mas também com a sua *função* na frase: sujeito ou objeto. Veja a seguir uma lista de todos os tipos de pronomes que poderá encontrar neste livro:

- O *pronome sujeito* precede um verbo conjugado, como este: **tu parles** (*você fala*) e **nous écoutons** (*nós escutamos*). Eles são **je** (*eu*), **tu** (*você* [singular informal]), **il** (*ele*), **elle** (*ela*), **on** (*alguém/nós*), **nous** (*nós*), **vous** (*vocês* [singular formal ou plural formal e informal]), **ils** (*eles*) e **elles** (*elas*).

- Os *pronomes objetos diretos* substituem os substantivos que são os objetos diretos do verbo. Por exemplo: **je l'ai vu** (*Eu a/o vi*). Os PODs são: **me** (*me*), **te** (*te*), **le** (*o*), **la** (*a*), **l'** (*/o,a* antes de vogal), **nous** (*nos*), **vous** (*vos*) e **les** (*os, as*).

- Os *pronomes objetos indiretos* substituem os substantivos que são objetos indiretos do verbo. Por exemplo: **tu lui parles** (*você lhe fala*). Eles são: **me** (*me*), **te** (*te*), **lui** (*lhe*), **nous** (*nos*), **vous** (*vos*) e **leur** (*lhes*).

- O objeto direto **y** substitui o substantivo que indica um lugar (na maioria das vezes). Por exemplo: **elle y va** (*ela está indo lá*). **Y** não tem correspondente em português.

- O pronome objeto **en** pode substituir um substantivo que era o objeto do verbo e indicava uma quantidade. Por exemplo: **tu en manges beaucoup** (*você come muito disso*). **En** também não tem correspondente em português.

- Os *pronomes oblíquos tônicos* substituem substantivos que se referem a pessoas, após certas preposições. Por exemplo: **viens avec moi** (*venha comigo*). Eles são: **moi** (*mim, comigo*), **toi** (*você/ti, contigo*), **lui** (*ele*), **elle** (*ela*), **nous** (*nós, conosco*), **vous** (*vocês*), **eux** (*eles*) e **elles** (*elas*).

- Os *pronomes reflexivos* ajudam a conjugar verbos pronominais que expressam ações feitas à própria pessoa. Por exemplo: **elle se regarde dans le miroir** (*ela se olha no espelho*). Os pronomes reflexivos são: **me** (*me*), **te** (*te*), **se** (*se*), **nous** (*nos*), **vous** (*vos*) e **se** (*se*).

O Capítulo 13 tem mais informações sobre os pronomes apresentados; veja também o Capítulo 6 para mais detalhes sobre os pronomes sujeitos e o Capítulo 7 sobre pronomes reflexivos.

O Básico para Escrever uma Frase

Depois de aprender as classes gramaticais em francês, é possível juntá-las para escrever uma frase. As seções a seguir vão lhe explicar como iniciar com um verbo e acrescentar mais detalhes.

Começando com um verbo conjugado

Para funcionar adequadamente em uma frase, um verbo precisa ser *conjugado*, o que significa:

- Concordar com o sujeito em pessoa (primeira, segunda ou terceira) e número (plural ou singular).

- Expressar quando a ação acontece, através do tempo verbal (agora, no passado, no futuro, e assim por diante).

Para atingir qualquer um desses dois objetivos, é preciso conhecer o *padrão* de conjugação para o seu verbo. Ele geralmente é formado por um *radical* e uma *terminação*. Veja um exemplo: para conjugar um verbo regular com infinitivo **-er** no presente do indicativo, tire o **-er** e substitua-o pelas seguintes terminações correspondentes aos seus sujeitos:

- Para **je**, acrescente **-e** ao radical.

- Para **tu**, acrescente **-es** ao radical.

- Para **il/elle/on**, acrescente **-e** ao radical.

- Para **nous**, acrescente **-ons** ao radical.

- Para **vous**, acrescente **-ez** ao radical.

- Para **ils/elles**, acrescente **-ent** ao radical.

Veja um exemplo com o verbo **danser** (*dançar*).

danser (*dançar*)	
je **danse**	nous **dansons**
tu **danses**	vous **dansez**
il/elle/on **danse**	ils/elles **dansent**

Todos os verbos regulares terminados em **-er** seguem esse padrão para o presente do indicativo. Então, se conseguir memorizá-lo, você já terá dominado cerca de 80% da conjugação do presente do indicativo em francês, já que 80% dos verbos franceses terminam em **-er**. Os verbos regulares terminados em **-ir** e **-re** no presente do indicativo têm terminações diferentes, mas seus radicais são formados da mesma maneira, ou seja, eliminando os sufixos infinitivos **-ir** e **-re** (veja o Capítulo 6 para saber mais sobre o presente do indicativo). Outros tempos, como o **passé composé** (*pretérito perfeito*), o pretérito imperfeito e o futuro do presente, usam radicais e terminações diferentes, mas também seguem padrões de conjugação. As Partes IV e V falam sobre os padrões de conjugação de outros tempos com mais detalhe.

Acrescentando detalhes

É possível desenvolver bem a sua frase acrescentando o tanto de informação que desejar. Dizer **les enfants chantent** (*as crianças cantam*) é um bom começo para transmitir informação, mas ficam faltando detalhes, não acha? *O que* elas estão cantando? *Onde?* E *quando* exatamente elas estão cantando?

- ✔ Para dizer *o que* elas estão cantando, use um *objeto direto* como **une chanson de Noël** (*uma cantiga de Natal*) e o posicione após o verbo, assim: **Les enfants chantent une chanson de Noël.** (*As crianças cantam uma cantiga de Natal.*)

- ✔ Para dizer *onde* elas estão cantando, use uma locução prepositiva, como **à l'école** (*na escola*), ou um advérbio de lugar, como **ici** (*aqui*): **Les enfants chantent une chanson de Noël à l'école.** (*As crianças cantam uma cantiga de Natal na escola.*)

- ✔ Para dizer *quando* elas cantam, use uma locução prepositiva, como **après le goûter** (*após a merenda*), ou um advérbio de tempo, como **maintenant** (*agora*), assim: **Les enfants chantent une chanson de Noël à l'école, après le goûter.** (*As crianças cantam uma cantiga de Natal na escola após a merenda.*)

Também é possível fortalecer os substantivos com adjetivos, mas certifique-se de que eles concordem com os substantivos em gênero e número. Por exemplo: **Les petits enfants chantent une jolie chanson de Noël à l'école, après le bon goûter.** (*As criancinhas cantam uma linda cantiga de Natal na escola após uma boa merenda.*)

Coisas Legais para se Fazer com uma Frase

Há outras maneiras de brincar com suas frases em francês. Elas podem se tornar negativas ou virar ao contrário para fazer perguntas e comparar os seus elementos.

Negar

Para fazer uma frase ter sentido de negação, não há necessidade de mudar ou acrescentar algo ao verbo. Tudo o que é preciso são duas palavrinhas: **ne** e **pas** (que, juntas, querem dizer *não*), em negações básicas, ou alguma mais específica, como **jamais** (*nunca*), **rien** (*nada*), **personne** (*ninguém*) ou **nulle part** (*em lugar nenhum*), em vez de **pas**. Veja alguns exemplos que ilustram onde essas palavras vão em uma frase:

Pierre **n'**écoute **pas** le prof. (*Pierre não escuta o professor.*)

Tu **ne** prends **jamais** le bus. (*Você nunca toma o ônibus.*)

Elle **ne** fait **rien**. (*Ela não faz nada.*)

Nous **n'**irons **nulle part** pour les vacances. (*Não vamos a lugar algum nas férias.*)

O Capítulo 8 tem mais informações sobre palavras e expressões negativas.

Perguntar

Como em português, pode-se fazer uma pergunta simples, cuja resposta seja sim ou não, como **Aimez-vous les huîtres?** (*Você gosta de ostras?*). Se precisar de mais informações, use palavras interrogativas, como **quand** (*quando*), **qui** (*quem*) **où** (*onde*), **pourquoi** (*por que*), **comment** (*como*) ou **qu'est-ce que** (*o que*).

As perguntas podem ser feitas de dois modos:

- ✔ Invertendo a ordem normal das palavras de sujeito–verbo para verbo–sujeito (chamado *inversão*), como em **Aimez-vous les huitres?** (*Você gosta de ostras?*), o que não existe em português, em oposição a **Vous aimez les huitres?** (*Você gosta de ostras?*).

- ✔ Mantendo a ordem normal das palavras e usando a expressão **est-ce que** no início da pergunta ou logo depois da palavra interrogativa, se houver. Por exemplo: **Est-ce que vous parlez français?** (*Você fala francês?*) ou **Où est-ce que vous parlez français?** (*Onde você fala francês?*).

Veja o Capítulo 9 para mais informações sobre perguntas.

Comparar

O francês faz os mesmos tipos de comparação que o português. Há três tipos de grau comparativo:

- ✔ Comparativo de superioridade: por exemplo, **Il est plus grand que moi.** (*Ele é maior do que eu.*)

- ✔ Comparativo de inferioridade: por exemplo, **Il est moins intéressant que toi.** (*Ele é menos interessante que você.*)

- ✔ Comparativo de igualdade: por exemplo, **Il est aussi grand que moi.** (*Ele é tão grande quanto eu.*)

Vá ao Capítulo 12 para saber mais sobre como fazer comparações.

Muitos Tempos e Modos

São necessários mais tempos verbais para ir além do presente! O francês tem cerca de 18 tempos/modos para escolher. Este livro se concentrará apenas nos tempos e modos que as pessoas usam mais: o presente do indicativo, o pretérito imperfeito do indicativo, o futuro do presente do indicativo, o **conditionnel présent** (futuro do pretérito), o subjuntivo e o imperativo para os tempos simples; e o **passé composé** (*pretérito perfeito do indicativo*), pretérito mais-que-perfeito do indicativo, o **futur antérieur** (*futuro anterior*) e o **conditionnel passé** (*pretérito condicional*) para os tempos compostos.

O pretérito

O francês tem dois tempos principais que são usados para expressar uma ação passada. O **passé composé** (*pretérito perfeito*) indica ações concluídas no passado e o **imparfait** (*pretérito imperfeito*) descreve como era quando a ação passada aconteceu. O **imparfait** também descreve como as coisas costumavam ser — na sua infância, por exemplo — sem se concentrar em uma data específica. Observe-os na prática:

- ✔ **Passé composé:** Indicando uma ação passada: **Hier nous sommes allés au ciné.** (*Ontem nós fomos ao cinema.*)

- ✔ **Imparfait:** Como era quando alguma coisa aconteceu: **Quand je suis sorti ce matin, il faisait beau.** (*Quando eu saí de manhã, o tempo estava bom.*)

- ✔ **Imparfait:** Como as coisas costumavam ser: **Quand nous étions petits, nous jouions au parc.** (*Quando éramos pequenos, costumávamos brincar no parque.*)

Leia o Capítulo 15 para saber mais sobre o **passé composé** (*pretérito perfeito*) e o Capítulo 16 para saber mais sobre o pretérito imperfeito.

O futuro

O *futuro do presente* (**le futur simple**) descreve o que provavelmente vai acontecer depois, como **Je finirai ça plus tard.** (*Terminarei isso mais tarde.*)

O francês usa o **futur proche** (*futuro imediato*)[1]* para descrever um evento futuro cujo acontecimento é certo e quase iminente. Por exemplo: **Il est 6h 30, elle va préparer le diner.** (*São 6h30; ela vai preparar o jantar.*)

---

[1]   N.E.: Essa é uma tradução literal do francês, pois não há um tempo verbal em português que corresponda perfeitamente a esse tempo verbal em francês. O que mais se aproximaria nesse caso seria o futuro do presente.

É provável que o futuro do presente (**futur simple**) seja o tempo mais fácil de conjugar, pois o seu radical é o infinitivo. As terminações do futuro do presente são: **-ai**, **-as**, **-a**, **-ons**, **-ez** e **-ont**. Veja a conjugação completa de um verbo regular terminado em **-er** no futuro do presente:

manger (*comer*)	
je **mangerai**	nous **mangerons**
tu **mangeras**	vous **mangerez**
il/elle/on **mangera**	ils/elles **mangeront**

O Capítulo 17 traz mais detalhes sobre o futuro.

O conditionnel présent

O **conditionnel présent** (*futuro do pretérito*) é um tempo simples, e seu radical é derivado do infinitivo, como o futuro do presente (veja a seção anterior). Sendo assim, também é um tempo bem simples de conjugar. As terminações do condicional são: **-ais**, **-ais**, **-ait**, **-ions**, **iez** e **-aient**.

O francês usa o **conditionnel présent** (*futuro do pretérito*) para expressar:

- ✔ Fantasias/situações hipotéticas, em combinação com o imperfeito (veja a seção anterior "O pretérito" para saber mais detalhes). Por exemplo: **S'il pleuvait, je <u>resterais</u> à la maison.** (*Se estivesse chovendo, eu <u>ficaria</u> em casa.*)

- ✔ Conselho amistoso, usando o verbo **devoir** (*dever*). Por exemplo: **Tu <u>devrais manger</u> moins de sucre.** (*Você <u>deveria comer</u> menos açúcar.*)

- ✔ Pedidos educados, usando o verbo **pouvoir** (*poder*). Por exemplo: **<u>Pourriez</u>-vous m'indiquer la poste s'il vous plait?** (*<u>Poderia</u> me indicar onde fica a agência dos correios, por favor?*)

- ✔ Desejos, usando o verbo **vouloir** (*querer*) ou **aimer** (*gostar*). Por exemplo: **Nous <u>aimerions</u> gagner le loto.** (*<u>Gostaríamos</u> de ganhar na loteria.*)

- ✔ O futuro num contexto passado. Por exemplo: **Sherlock pensait qu'il <u>découvrirait</u> l'assassin.** (*Sherlock pensava que <u>descobriria</u> o assassino.*)

Veja mais sobre o **conditionnel** no Capítulo 18.

O subjuntivo

Le subjonctif (*o subjuntivo*) é geralmente usado para dizer que você quer que alguém *faça* alguma coisa, que está feliz ou triste por algo que *esteja* acontecendo ou que tem medo de que algo *aconteça*. Veja alguns exemplos de **subjonctif**:

Pierre veut que vous partiez. (*Pierre quer que você vá embora.*)

Il faut que tu prennes une décision. (*É preciso que você tome uma decisão.*)

Les enfants sont contents que l'école finisse. (*As crianças estão felizes que a escola tenha acabado.*)

Uma frase com um verbo no subjuntivo começa com uma expressão "gatilho" e tem dois sujeitos diferentes.

- ✔ Nos três exemplos anteriores, **veut que**, **il faut que** e **sont contents que** são gatilhos para o subjuntivo. Há vários tipos de gatilhos. Vou lhe mostrar uma longa lista dos gatilhos mais úteis no Capítulo 19.

- ✔ Os três exemplos anteriores são frases com duas *orações* (partes) e dois sujeitos diferentes: **Pierre** e **vous** no primeiro exemplo; **il** e **tu** no segundo; e **les enfants** e **l'école** no terceiro.

O Capítulo 19 vai abordar o subjuntivo com mais detalhes.

O imperativo

Use o imperativo para dizer a uma ou mais pessoas o que fazer ou o que não fazer. Esse não é um modo regular, porque o sujeito não é explicitado e porque só tem três formas, que são emprestadas do presente do indicativo para a maioria dos verbos, apresentando quase a mesma conjugação (para mais detalhes e exceções, consulte o Capítulo 20).

Veja, por exemplo, as três formas imperativas para os verbos terminados em **-er**:

- ✔ Da forma do presente do indicativo **tu** (*você*) de **parler**: **Parle!** (*Fale!*)

- ✔ Da forma do presente do indicativo **nous** (*nós*): **Parlons!** (*Falemos!*)

- ✔ Da forma do presente do indicativo **vous** (*vocês*): **Parlez!** (*Falem!*)

Os comandos negativos são formados do mesmo jeito. É só acrescentar **ne** antes do imperativo e **pas** depois dele, assim:

- ✔ Do comando afirmativo **parle** (*fale*) para **ne parle pas** (*não fale*).

- ✔ Do comando afirmativo **parlons** (*falemos*) para **ne parlons pas** (*não falemos*).

- ✔ Do comando afirmativo **parlez** (*falem*) para **ne parlez pas** (*não falem*).

Os tempos compostos

Os tempos compostos em francês são verbos de duas palavras que sempre expressam uma ação que está mais no passado do que a ação principal. Por exemplo, em *Ele já tinha levantado quando seu alarme finalmente disparou*, a locução verbal no pretérito mais-que-perfeito é *tinha levantado*. O francês tem vários tempos compostos, e os mais comuns são: o **passé composé** (*pretérito perfeito*), do qual já falei antes neste capítulo, o pretérito mais-que-perfeito, o **futur antérieur** (*futuro anterior*) e o **conditionnel passé** (*pretérito condicional*).

Um tempo composto em francês é formado juntando-se a forma conjugada de um dos dois *verbos auxiliares* — **être** (*ser/estar*) e **avoir** (*ter*) — com o particípio passado do verbo principal (o Capítulo 15 tem mais detalhes sobre como formar particípios passados).

Os tempos compostos em português e francês são semelhantes na sua formação, porém não idênticos. Enquanto, em francês, os verbos auxiliares são **être** (*ser/estar*) e **avoir** (*ter*), em português, os verbos auxiliares são *ter* e *haver*. Veja alguns exemplos de tempos compostos em francês, com traduções não literais em português:

- ✔ Pretérito mais-que-perfeito: **Il était déjà allé à la boulangerie.** (*Ele já tinha ido à padaria.*)

- ✔ **Futur antérieur** (*futuro anterior*): **Je m'amuserai quand j'aurai fini mon travail.** (*Vou me divertir quando tiver terminado o meu trabalho.*)

- ✔ **Conditionnel passé** (*pretérito condicional*): **Si elle avait su, elle aurait choisi l'autre solution.** (*Se ela tivesse sabido, teria escolhido a outra solução.*)

Veja o Capítulo 21 para mais detalhes sobre tempos compostos.

Capítulo 2

A Pronúncia das Palavras Francesas

Neste Capítulo

- ► A pronúncia de vogais e consoantes
- ► O acréscimo de acentos e cedilhas no lugar certo
- ► Entendendo a ligação
- ► Compreendendo a tonicidade e as sílabas francesas

*O*s idiomas francês e português compartilham o mesmo alfabeto. No entanto, a maneira como cada idioma pronuncia as suas letras — em especial as vogais — é muito diferente. É essencial dominar a pronúncia quando se aprende um novo idioma. Afinal, para a comunicação oral, de nada adianta ter um vocabulário amplo se a pessoa não consegue pronunciá-lo corretamente. Os principais desafios da pronúncia francesa são:

- ✔ A articulação das vogais, especialmente o **u** e os sons nasais.
- ✔ A relação entre a escrita e o som, notadamente como o mesmo som pode ter diferentes formas de escrita e como os acentos e outros sinais diacríticos podem alterar a pronúncia de algumas letras.
- ✔ O ritmo de uma frase, ou a maneira como as sílabas estão agrupadas e o modo como as palavras se ligam umas às outras por meio de sons, que, às vezes, nem sequer aparecem no texto escrito.

Este capítulo explica como pronunciar vogais e consoantes em francês, apresenta os sinais diacríticos (incluindo a cedilha), introduz o conceito de **liaison** para pronúncia e ajuda a entender a tonicidade e as sílabas francesas.

Há muitas ferramentas excelentes à sua disposição que vão ajudar-lhe a pronunciar as palavras francesas. Talvez você nem sequer conheça algumas delas! Estou me referindo aos órgãos da fala. Toda vez que se diz *oi* ou *bom dia* a alguém, sua mandíbula, sua língua, seus lábios e suas cordas vocais estão se movendo, tudo ao mesmo tempo. Sua mandíbula pode se abrir mais ou menos, dependendo do som a ser produzido; seus lábios podem produzir sons diferentes quando franzidos, abertos ou esticados; sua língua ajuda a direcionar o fluxo de ar para cima ou para baixo, em relação ao palato; e a sua garganta libera mais ou menos ar para produzir vários sons. À medida que for aprendendo a pronunciar as palavras, sugiro que use um espelho para observar como sua boca e lábios articulam. Também é possível visitar vários *sites* nos quais poderá escutar palavras francesas (como `pt.forvo.com/languages/fr`), bem como consultar livros sobre a fonética (nome oficial para regras de pronúncia) francesa.

Primeiro as Vogais

As vogais francesas se assemelham, no geral, às vogais portuguesas. As seções a seguir vão revisar a pronúncia de cada vogal e depois combinar vogais para criar novos sons (chamados ditongos). Eu até acrescentei sons nasais — acho que você vai pegar o jeito.

A pronúncia de vogais isoladas

Cada uma das vogais francesas tem um ou mais sons, como mostram as seções a seguir.

A vogal a

O **a** francês tem o som de *a*, como em *fácil*, com as mandíbulas tensas e a boca bem aberta. Dentre as palavras francesas que apresentam esse som, destacamos: **machine** (má-chin) (*máquina*), **madame** (má-dám) (*senhora*) e **façade** (fá-sád) (*fachada*).

A vogal e

A letra **e** tem vários sons em francês. Para pronunciá-la isoladamente, deixe os seus lábios quase juntos e ligeiramente para a frente, com a ponta da língua tocando os dentes inferiores da frente. Não há correspondente em português para essa vogal. Assemelha-se ao *e* fechado, como em *dê*, porém com os lábios quase fechados, ao invés de abertos. É usada de duas maneiras principais em francês:

✔ **e** é geralmente mudo quando está no fim de uma palavra singular ou plural, como **la table** ou **les tables** (*a mesa, as mesas*) e em todos os verbos terminados em **-er** do presente do indicativo, como **je parle** (*eu falo*), **tu manges** (*você come*), **il joue** (*ele brinca*) e **elles écoutent** (*elas escutam*). No caso dessas palavras, você para de falar logo antes do **e**. Por exemplo, a palavra **table** é pronunciada como tá-bl. (Vá ao Capítulo 6 para saber mais sobre os verbos terminados em **-er** no presente do indicativo.)

✔ **e** é pronunciado como na palavra *dê*, em duas situações:

• No fim de oito palavrinhas francesas: **de** (*de*), **le** (*o*), **je** (*eu*), **me** (*me*), **se** (*se reflexivo*), **que** (*que*), **ce** (*este, esse*) e **ne** (*não*).

- No meio das palavras. Dentre as palavras que apresentam esse som, destacamos: **venir** (vê-nir) (*vir*), **jeter** (jê-tê) (*jogar fora*) e **leçon** (lê-sô) (*lição*).

✔ **e** é pronunciado como *é*, como na palavra *jacaré*, geralmente, quando antecede uma dupla consoante. Dentre as palavras que apresentam esse som, destacamos: **belle** (bél) (*bela*), **cette** (sét) (*esta*) e **chaussette** (chô-sét) (*meia*).

A vogal i

O **i** francês tem o som de *i*, como em *esqui* ou *pequi*, com os lábios bem esticados. Dentre as palavras francesas que incluem esse som, destacamos: **petit** (pê-ti) (*pequeno*) e **assis** (á-ssi) (*sentado*).

A vogal o

O **o** francês tem dois sons:

✔ A vogal **o** é pronunciada com os lábios arredondados, assemelhando-se ao **o** em *hora*, mas querendo pronunciar um **a**. Não há correspondente em português para esse som. Veja alguns exemplos de palavras que apresentam esse som: **octobre** (ók-tó-br) (*outubro*), **comme** (cóm) (*como*) e **bonne** (bón) (*bom*).

✔ O **o** também pode soar como o **o** em *ouro*. Seus lábios ficam mais arredondados do que quando se pronuncia o outro **o**; é pronunciado como ô (como em *capô*). Veja alguns exemplos de palavras que apresentam esse som: **mot** (mô) (*palavra*), **gros** (grô) (*gordo*), **moto** (mô-tô) (*motocicleta*) e **chose** (chôz) (*coisa*).

A vogal u

O som do **u** é bastante peculiar em francês; o mais perto que se pode chegar em português é *iu*, mas sem o som de ditongo. Talvez contar até *mil* possa ajudar! Ao pronunciar a palavra portuguesa *mil* sem o ditongo, chegará perto do som do **u** francês. Pode-se escutar esse som em palavras francesas como **fume** (fium) (*fumaça*) e **musique** (miu-zik) (*música*).

Se não estiver a fim de contar até mil, tente pronunciar o **u** encostando a língua nos dentes inferiores da frente e franzindo os lábios, como num beijo à distância! Se está tendo dificuldades, tente pronunciar a letra **i** francesa (que tem o som de *i*), mas com os lábios arredondados.

Tente dizer estes pares de palavras várias vezes seguidas para praticar a posição da língua (a diferença é a mudança dos lábios esticados para franzidos): **si-su**; **ti-tu**; **pi-pu**.

Combinando vogais

Agora que já sabe como soam as vogais individualmente, prepare-se para combiná-las para criar novos sons. É possível fazer várias combinações, como descobrirá nas seções seguintes: duas ou três vogais juntas ou uma vogal e uma consoante. Atenção! Nesses casos, todo som produzido é o som de uma vogal, mesmo quando se inclui uma consoante (veja adiante a seção "Que Dizer das Consoantes?" para mais detalhes).

Combinações com a

A combinação de **a** + **i** tem o som da primeira vogal (*é*) em *prego*. Exemplos: **mais** (mé) (*mas*), **faire** (fér) (*fazer*) e **jamais** (já-mé) (*nunca*).

As combinações **a** + **u** e **e** + **a** + **u** têm o som de ô, como o **o** em *capô*. Exemplos: **cadeau** (cá-dô) (*presente*) e **l'eau** (lô) (*água*).

Combinações com e

A combinação **e** + **t** tem o som do **e** na palavra portuguesa *seco*. É o equivalente do **é** francês (**e** com o acento agudo; vou falar sobre esse acento mais adiante neste capítulo). Dentre as palavras com esse som, destacamos: **bonnet** (bô-nê) (*gorro de lã*), **sonnet** (sô-nê) (*soneto*) e **cadet** (cá-dê) (*caçula*).

A combinação **e** + **u** tem o som semelhante ao da vogal francesa isolada **e.** Exemplos : **jeu** (jê) (*jogo*), **peu** (pê) (*um pouco*), **deux** (dê) (*dois*) e todos os adjetivos terminados em **eux**, como **heureux** (ê-rrê) (*feliz*).

A combinação **e** + **z** também tem um som como o do **e** da palavra portuguesa *seco*. É equivalente ao **é** francês. Exemplos incluem: **nez** (nê) (*nariz*), **chez** (chê) (*na casa de*) e a maioria dos sufixos dos verbos da forma **vous** do presente do indicativo, como **jouez** (ju-ê) (*vocês brincam*). (Veja o Capítulo 6 para mais detalhes sobre o presente do indicativo.)

Combinações com o

A combinação de **o** + **i** e **o** + **y** tem o som de *uá*, como na palavra *suar*. Exemplos: **quoi** (kuá) (*que*), **foire** (fuár) (*feira*), **moi** (muá) (*eu*) e palavras com **y**, como **voyager** (vuá-iá-jê) (*viajar*).

A combinação **o** + **u** tem o som de *u*, como o **u** de *uva*. Exemplos: **mousse** (mus) (*espuma*), **coude** (cud) (*cotovelo*) e **chou** (chu) (*repolho*).

Sons nasais

Acontece algo curioso quando as letras **n** e **m** ficam muito "à vontade" com uma vogal: elas desaparecem! E o par formado por uma vogal + **n/m** vira um novo som de vogal nasalizado. Talvez alguns desses sons sejam difíceis para você pronunciar, pois são distintos dos sons nasais existentes em português. Portanto, seja paciente.

Existem três sons nasais principais:

- ✔ O som nasal **an** (ã), como na palavra *vã*, mas com os lábios mais arredondados.
- ✔ Escrita: **an**, **am**, **en**, **em**

  Exemplos: **croissant** (cruá-ssã) (*croissant*), **enfant** (ã-fã) (*criança*), **lampe** (lãp) (*lâmpada*) e **argent** (ár-jã) (*dinheiro*).
- ✔ O som nasal **in** (aN), que tem o som parecido com o da palavra *entrar*, mas com os lábios mais esticados.

  Escrita: **in**, **im**, **ym**, **en**, **ein**, **ain**, **un**, **um**, **ien**, **aim**, **é**, **en**

  Exemplos: **vin** (vaN) (*vinho*), **plein** (plaN) (*cheio*), **lundi** (laN-di) (*segunda-feira*), **parfum** (par-faN) (*perfume*) e **faim** (faN) (*fome*).
- ✔ O som nasal **on** (õ) é como o **on** das palavras portuguesas *som* e *ronco*, com os lábios mais arredondados.

  Escrita: **on**, **om**

  Exemplos: **mouton** (mu-tõ) (*ovelha*), **non** (nõ) (*não*) e **nom** (nõ) (*nome*).

  Uma notável exceção é o **on** da palavra **monsieur** (mê-ssi-ê) (*senhor*). Tanto o **on** como o **eu** têm o som da letra **e** isolada.

As palavras do exercício a seguir têm uma ou mais de uma combinação de sons (sublinhados). Relacione o(s) som(ns) das palavras da lista abaixo às palavras nas questões, usando a letra dada a cada som. Veja o exemplo antes de começar.

A. som como o de *capô*

B. som como o de *seco*

C. som como o de *som*

D. som como o de *entrar, com os lábios esticados*

E. som como o de *vã*

F. som como o de *suar*

G. som como o de *dê, com os lábios quase fechados*

H. som como o de *uva*

P. chap<u>eau</u>

R. <small>A</small>

1. c<u>om</u>b<u>ien</u> _____

2. l<u>oi</u> _____

3. ch<u>am</u>bre _____

4. <u>Eu</u>rope _____

5. v<u>en</u>dredi _____

6. p<u>ain</u> _____

7. m<u>an</u>t<u>eau</u> _____

8. parl<u>ez</u> _____

9. p<u>ou</u>ssette _____

10. tr<u>ois</u> _____

O Que Dizer das Consoantes?

Um falante nativo de português não costuma apresentar muitas dificuldades em pronunciar a maior parte das consoantes em francês. Algumas consoantes, contudo, constituem um desafio para o falante de português, como o **r**, cujo som é produzido mais fundo na garganta do que o **r** português.

As seções a seguir vão lhe ensinar como pronunciar as consoantes francesas, independentemente do seu lugar na palavra.

Conquistando algumas consoantes isoladamente

Esta seção dá detalhes sobre as consoantes francesas, iniciando com o infame **r**.

O infame r

Já ouviu isso antes? Dito de modo simples, pronunciar o **r** francês não é tão fácil. Ele se assemelha ao **r** carioca, seja qual for sua posição na sílaba. Em algumas posições, o **r** francês é tão suave, que se torna quase inaudível.

Para fazer o **r** francês, encoste a ponta da língua nos dentes inferiores da frente. (Essa dica é destinada principalmente a falantes do português que utilizam o **r** retroflexo — como o **r** inglês — e o vibrante — como o **r** espanhol.) Siga estes passos para praticar:

1. **Tente fazer os seguintes sons:**

   iri-ere-oro-ara, ga-ra-gra, go-ro-gro, gou-rou-grou, gan-gran-grande, gon-gron-gronde, gain-grin-graine

2. **Agora que a sua boca pode estar um pouco acostumada ao r francês, tente dizer estas palavras:**

   garage, carafe, parade, coraux, peureux

3. **As palavras do grupo a seguir têm um r mais suave, como em *mar*. Seja cuidadoso:**

   père, mère, hiver, misère, légère, meilleur, rivière

Outras consoantes complicadas

Além do **r**, algumas outras consoantes francesas têm alguns traços de pronúncia interessantes:

- ✔ O **c** francês tem som de **s** na frente de **e** e **i** e de **k** antes de **a**, **o** e **u**. (Às vezes, essa regra deve ser quebrada; veja adiante a seção "A cedilha" para mais detalhes.)

  Exemplos de palavras que têm o som de **s**: **cigale** (si-gál) (*cigarra*), **pouce** (pus) (polegar) e **face** (fás) (*face*).

  Exemplos de palavras que têm o som de **k**: **cuisine** (kiui-zin) (*cozinha*), **haricot** (á-ri-kô) (*feijão*) e **curé** (kiu-rê) (*pároco*).

- ✔ O **g** francês tem o som de *j* (como o **j** na palavra *jaca*) quando vem antes de **e** e **i/y** e tem o som duro de **g** (como *gui*a) antes de **a**, **o** e **u**.

  Exemplos de palavras que apresentam o som de *j*: **gymnase** (jim-náz) (*academia*), **original** (ô-ri-ji-nál) (*original*) e **végétal** (vê-jê-tál) (*vegetal*).

  Exemplos de palavras que apresentam o som duro: **baguette** (bá-guét) (*baguete*), **garçon** (gár-sô) (*rapaz*) e **frigo** (fri-gô) (*geladeira*).

- ✔ O **j** francês tem o som de *j*, como o **j** na palavra *jaca*. A única exceção é a palavra **jean**, que é importada diretamente do inglês, tendo o som de *dj*! Algumas palavras que têm esse som incluem **janvier** (jã-vi-ê) (*janeiro*), **ajoute** (á-jut) (*acrescenta*) e **Jean** (jã) (*João*).

✔ O **h** francês tem uma história triste: é ignorado na maioria das palavras francesas. Normalmente, é ignorado para efeitos da **liaison**, que descreverei depois neste capítulo. Há, no entanto, palavras que começam com um h que impede a realização da **liaison**; ele é chamado de *h aspirado*.

Veja alguns exemplos do h aspirado: **des haricots** (dê á-ri-kô) (*alguns feijões*), **en haut** (ã ô) (*em cima*) e **la Hollande** (lá ô-lãd) (*Holanda*; em vez de **l'Hollande**).

✔ Em francês, o **s** tem som de **z** (como em **z**oológico), quando estiver sozinho entre duas vogais, como nas palavras **rose** (rôz) (*rosa*) e **fraise** (fréz) (*morango*). Tem som de **s** (como em **s**uave) em todas as outras situações.

✔ O **t** francês tem som de **s** (como em **s**uave) nas palavras que terminam com **-tion** e **-tie**. Em geral, essas palavras são femininas e correspondem, respectivamente, a palavras portuguesas terminadas em -ção e em -cia.

Exemplos: **aristocratie** (ar-ris-tô-krá-si) (*aristocracia*), **tradition** (trá-di-siô) (*tradição*) e **mention** (mã-siô) (*menção*).

Juntando consoantes

Agora que entendeu como se pronuncia cada uma das consoantes, o que acha de colocá-las em algumas palavras e ver como funcionam?

✔ O **gn** francês tem o som do **nh**, como na palavra *minha*.

Exemplos: **signal** (si-nhal) (*sinal*), **poignant** (puá-nhã) (comovente), **indigne** (aN-dinh) (*indigno*).

✔ O **qu** tem quase o mesmo som do **k**, como na palavra *querer*.

Exemplos: **banquet** (bã-kê) (*banquete*), **sequin** (sê-kaN) (*cequim*), **équivalent** (ê-ki-vá-lã) (*equivalente*).

✔ Em francês, o **th** tem som de **t**. Lembre-se dessa pronúncia mesmo quando a palavra francesa for bem parecida com o seu equivalente em inglês.

Exemplos: **thé** (tê) (*chá*), **théâtre** (tê-átr) (*teatro*), **mythe** (mit) (*mito*).

As consoantes no final de uma palavra

Você já sabe que em algumas ocasiões a(s) consoante(s) no fim de uma palavra não é(são) pronunciada(s) em francês. Quer uma prova disso? Pronuncie as seguintes palavras francesas incorporadas à língua portuguesa: *ballet, croissant* e *buffet*. Não pronuncie a última consoante quando:

✔ For um **s**, indicando que se trata de plural, como em **amis** (á-mi) (*amigos*) ou **voitures** (vuá-tiur) (*carros*).

✔ For a última consoante de uma palavra, como em **petit** (pê-ti) (*pequeno*), **parent** (pá-rã) (*pai*) e **Paris** (pá-ri) (*Paris*).

✔ For o **r** dos verbos infinitivos terminados em **-er**, como em **parler** (par-lê) (*falar*), **jouer** (ju-ê) (*brincar*) e **manger** (mã-jê) (*comer*).

É claro que essa regra tem exceções. Ela deve ser pronunciada se a última consoante for uma dessas letras: C R F L. Veja alguns exemplos dessas últimas consoantes que são pronunciadas:

✔ **C**: **parc** (párk) (*parque*), **chic** (chik) (*chique*), **avec** (á-vék) (*com*)

✔ **R**: **l'amour** (lá-mur) (*amor*), **pour** (pur) (*para*)

✔ **F**: **chef** (chéf) (*chefe*), **bref** (bréf) (*breve*)

✔ **L**: **sel** (sél) (*sal*), **idéal** (i-dê-ál) (*ideal*), **Noël** (nô-el) (*Natal*)

Mas, espere! Ainda não acabou. Essas exceções têm suas próprias exceções!

✔ Não pronuncie o último **r** em verbos infinitivos terminados em **-er**. Por exemplo, não se devem pronunciar as últimas letras de **parler** (párl-ê) (*falar*) e **manger** (mã-jê) (*comer*).

✔ Não pronuncie as últimas consoantes das seguintes palavras, mesmo que elas terminem com C R F L:

banc (bã) (*banco*)	**léger** (lê-jê) (*leve*)
blanc (blã) (*branco*)	**nerf** (nér) (*nervo*)
boulanger (bu-lã-jê) (*padeiro*)	**outil** (u-ti) (*ferramenta*)
dernier (dér-ni-ê) (*último*)	**papier** (pá-pi-ê) (*papel*)
escalier (es-ká-li-ê) (*escadas*)	**porc** (pór) (*porco*)
estomac (és-tô-má) (*estômago*)	**premier** (prê-mi-ê) (*primeiro*)
franc (frã) (*franco*)	**tabac** (tá-bá) (*tabaco*)
gentil (jã-ti) (*gentil*)	

✔ Pronuncie a última consoante nas seguintes palavras, mesmo que elas não terminem com C R F L:

abrupt (á-briupt) (*abrupto*)	**contact** (kõ-tákt) (*contato*)
as (áss) (*ás*)	**coq** (kók) (*galo*)
autobus (ô-tô-bius) (*ônibus*)	**direct** (di-rékt) (*direto*)
cap (káp) (*boné*)	**est** (ést) (*leste*)
concept (kõ-sépt) (*conceito*)	**fils** (fis) (*filho*)

gas (gáz) (*gás*)

hélas (hê-lás) (*infelizmente*)

index (aN-déks) (*índice*)

maïs (má-is) (*milho*)

net (nét) (*limpo*)

ouest (uést) (*oeste*)

script (skript) (*roteiro*)

sens (sãs) (*sentido*)

sud (siud) (*sul*)

✔ Pronuncie a última consoante de palavras de origem estrangeira, como **tennis**, **parking**, **sandwich** e **jean**.

Colocando Acentos e Cedilha

O francês usa acentos em certas vogais por vários motivos, mas, ao contrário do português, marcar a tonicidade não é um deles. Um acento pode mudar o som de uma vogal ou ajudar a diferenciar duas palavras que, de outra forma, seriam escritas da mesma maneira, como **sur** (*sobre*) e **sûr** (*certeza*). A cedilha funciona da mesma forma que em português: transforma o som de **k** para o som suave de **s**, como em *poça*. As seções a seguir vão explicar os acentos e cedilhas com mais detalhes.

Os diferentes tipos de acentos

Sempre que há um acento diferente na letra **e**, ela tem um som diferente. Quanto às outras vogais, um acento não altera o som delas, somente a aparência. A exceção é quando se usa o trema. O francês usa quatro acentos:

✔ O agudo, que vai só em cima do **e**: **é**.

✔ O grave, que vai em cima de **e**, **a** ou **u**, assim: **è**, **à**, **ù**.

✔ O circunflexo, que geralmente vai em cima do **e** (assim: **ê**) e, ocasionalmente, sobre **a** (**â**), **o** (**ô**) e **u** (**û**).

✔ O acento menos utilizado é o trema, que é usado apenas em combinações de vogais, como em **oë**.

O agudo

O agudo fica só em cima do **e**, alterando o seu som de **e** isolado (que não existe em português, mas que se assemelha ao *ê* de *dê* pronunciado com os lábios quase fechados), para o **e** da palavra *seco*.

É é o acento do tempo pretérito. Todos os verbos em **-er** formam o seu particípio passado com um **-é**, assim: **il a mangé** (*ele comeu*). (Veja o Capítulo 15 para saber mais detalhes sobre o **passé composé** [*pretérito perfeito*].)

Exemplos de palavras terminando em **é** são: **liberté** (li-bér-tê) (*liberdade*), **égalité** (ê-gá-li-tê) (*igualdade*) e **fraternité** (frá-tér-ni-tê) (fraternidade).

O grave

O grave fica em cima do **a** quando tem o valor da preposição **à**. Isso o distingue do seu homônimo **a**, que é a forma do verbo **avoir** na terceira pessoa do singular no presente do indicativo. Por exemplo, **Il a une belle voiture** (*Ele tem um carro bonito*) não é o mesmo que **Elle habite à Nice** (*Ela mora em Nice*). O acento não muda a pronúncia do **a**. Outras palavras com **à** são **déjà** (*já*) e **voilà** (*eis*).

O mesmo acontece com o **ù**. O acento ajuda a fazer distinção entre homônimos, como **ou** e **où** (*ou* e *onde*), por exemplo.

O acento grave muda a pronúncia do **e**. O **è** francês corresponde ao *é* aberto do português, como em *sete* ou *café*.

Para entender bem a diferença entre os sons do **é** (acento agudo) e o **è** (acento grave), treine os seguintes pares de palavras que terminam com **é** e **è**:

cuisinier-cuisinière (kiui-zi-ni-ê – kiui-zi-ni-ér) (*cozinheiro – cozinheira*)

berger-bergère (bér-jê – bér-jér) (*pastor – pastora*)

boulanger-boulangère (bu-lã-jê – bu-lã-jér) (*padeiro – padeira*)

O circunflexo

O circunflexo é um acento tímido. Ele não aparece com muita frequência e, quando aparece, é só para imitar o som do seu irmão, o acento grave sobre a letra **e** (veja a seção anterior). Veja alguns exemplos: **bête** (bét) (*fera*), **forêt** (fó-ré) (*floresta*), **fête** (fét) (*festa*), **même** (mém) (*mesmo*).

Quando em cima do **a**, **o** e **u**, o circunflexo não faz diferença nenhuma no som! Veja alguns exemplos: **mâle** (mál) (*macho*), **pâle** (pál) (*pálido*), **théâtre** (tê-á-tr) (*teatro*), **sûr** (siur) (*certeza*) e **tôt** (tô) (*cedo*).

No entanto, o circunflexo é útil para fazer distinção entre palavras praticamente idênticas! Ele faz a diferença entre **du** e **dû** (diu) (*do e devido*), **jeune** e **jeûne** (jên) (*jovem e jejum*) e **mur** e **mûr** (miur) (*muro e maduro*).

O trema

O trema (chamado de **tréma** em francês) é apenas um primo dos três acentos das seções anteriores, já que não faz nenhuma mudança — nenhuma absolutamente — no som de um par de vogais. Quando está em cima da segunda letra do par, o trema indica que cada vogal deve ser pronunciada individualmente. Por exemplo, na palavra **mais** (mé) (*mas*), o par **a** + **i** forma um único som (é). Contudo, colocar o trema sobre o **i** resulta em uma palavra diferente: **maïs** (má-is) (*milho*), em que o **a** e o **i** são pronunciados individualmente.

A cedilha

Era uma vez, a pequena letra **c**, que tinha a obrigação de fazer o som duro do **k**, mas ficou mais branda com as letras **e** e **i**. Toda vez que as via, o **c** se transformava no suave **s** e assobiava *sssss* (não assobiava muito bem). Agora o **c** tem dois sons diferentes: o duro **k**, como na palavra portuguesa *cama*, antes de **a**, **o** e **u**, e o suave **s**, como em *cinema*, antes de **e** e **i**!

Se quiser o som suave de **s** antes de **a**, **o** e **u**, use o **c** com uma cedilha. **Garçon** (gár-sõ) (*rapaz*) e **reçu** (rê-siu) (*recebido*) são exemplos do uso do **ç**. Nesses casos, o som do **c** não é duro como de costume; é suave.

Corrija a escrita das palavras a seguir acrescentando a cedilha quando necessário ou um 0 quando nenhuma alteração for necessária.

P. ca (*aquele*)

R. ça

11. francais (*francês*) _____

12. facon (*maneira*) _____

13. cet (*este*) _____

14. facade (*fachada*) _____

15. foncé (*escuro*) _____

16. garcon (*rapaz*) _____

17. glace (*gelo*) _____

18. commencer (*começar*) _____

19. fiancailles (*noivado*) _____

20. saucisse (*salsicha*) _____

Melhorando o seu Francês com a Liaison

Você tenta identificar palavras individuais que já conhece quando escuta alguém falando francês? Não consegue fazer isso na maioria das vezes? Isso é porque as pessoas que falam francês gostam de juntar todas as palavras!

A **liaison** é a principal culpada nesse assunto, porque ela liga as palavras acrescentando sons a uma frase. Fique alerta, pois essa regra da pronúncia francesa é invisível (não aparece na escrita).

Os sons mais comuns acrescentados pela **liaison** são:

🗸 O som do **z** que ocorre entre **s** ou **x** e uma vogal, como em **les amis** (lê-zá-mi) (*os amigos*) e **beaux oiseaux** (bô-zuá-zô) (*lindos pássaros*).

🗸 O som de **t** entre **t** ou **d** e uma vogal, como em **petit enfant** (pê-ti-tan-fã) (*criancinha*) e **grand arbre** (grahN-tár-br) (*grande árvore*).

🗸 O som de **n** entre **n** e uma vogal, como em **un étudiant** (aN-nê-tiu-di-ã) (*um estudante*) e **on aime** (õ-ném) (*nós gostamos*).

Estas ligações ocorrem com menos frequência:

🗸 O som de **p** entre **p** e uma vogal, como em **beaucoup aimé** (bô-ku-pé-mê) (*bem amado*).

🗸 O som de **v** entre **f** e as palavras **an** (*ano*) e **heure** (*hora*), como em **neuf heures** (nê-vêr) (*nove horas*) e **neuf ans** (nê-vã) (*nove anos*).

No entanto, tenha cuidado, porque não é possível usar a **liaison** toda vez que encontrar uma palavra terminando em uma dessas consoantes seguidas por uma vogal! Como vai descobrir nas seções a seguir, às vezes se deve usá-la ou, outras vezes, não.

A **liaison** tem um parceiro, chamado de *encadeamento* (**l'enchaînement**). Ele consiste no uso na junção da última consoante pronunciada (no fim de uma palavra) com a primeira vogal da palavra seguinte, pronunciando as duas palavras como se fossem uma só. Veja um exemplo: **Paul est arrivé** (*Paul chegou*) tem essa pronúncia quando se usa o **enchaînement** e a **liaison**: pô-lé-tá-rri-vê, com o **l** de **Paul** agora agrupado com a próxima palavra. Veja adiante a seção "Separando palavras e frases em sílabas" para mais informação.

Quando se deve usar a liaison

Se você sabe um pouco de francês e lê a frase **elle est ici** (é-lé-ti-si) (*ela está aqui*), talvez se lembre das regras das últimas consoantes que expliquei na seção "As consoantes no final de uma palavra" e conclua que o **t** deve ser mudo. No entanto, quando se lê essa frase em voz alta, escuta-se um **t** claramente. Por quê? Por causa da **liaison** entre **est** e **ici**; tem um som de *t* entre o **t** de **est** e o **i** de **ici**. Isso sempre acontece porque se trata de uma ligação obrigatória. Outros tipos de **liaison** também são obrigatórios.

A **liaison** entre duas palavras deve ser feita nos seguintes casos:

✔ As duas palavras são um determinante e um substantivo que começa com uma vogal, quer esteja no singular, quer esteja no plural.

Por exemplo: **un ami** (aN-ná-mi) (*um amigo*), **des enfants** (dé-zã-fã) (*algumas crianças*), **ces étudiants** (sê-zê-tiu-di-ã) (*estes estudantes*).

Um determinante é uma palavrinha usada para determinar um substantivo. Os determinantes concordam com o substantivo em gênero e número, e são necessários em 99% das vezes. Eles são: artigos, possessivos, demonstrativos e interrogativos, como **quel** (*qual/que*) (veja o Capítulo 3 para conhecer mais determinantes).

✔ As duas palavras são um adjetivo e um substantivo, no plural ou no singular, que começa com uma vogal.

Por exemplo: **petit éléphant** (pê-ti-tê-lê-fahN) (*pequeno elefante*), **beaux arbres** (bô-zár-br) (*belas árvores*).

O contrário não é verdadeiro: em geral, não se faz ligação entre um substantivo seguido por seu adjetivo, como em **enfants ° intelligents** (*crianças inteligentes*). (O símbolo ° significa que não há ligação entre essas duas palavras.)

✔ As duas palavras são uma preposição ou um advérbio curtos e uma palavra que começa com vogal.

Por exemplo: **en acier** (ã-nás-i-ê) (*de aço*)

✔ As duas palavras são um pronome sujeito e um verbo que começa com vogal.

Por exemplo: **ils arrivent** (il-zá-riv) (*eles estão chegando*), **nous aimons** (nu-zê-mõ) (*nós gostamos*)

✔ As duas palavras são um pronome objeto e um verbo que começa com vogal.

Por exemplo: **tu en as** (tiu ã-ná) (*você tem algum*)

✔ As duas palavras são um verbo e um objeto ou pronome sujeito que começa com uma vogal (**il**, **elle**, **on**, **ils** e **elles**) ou um pronome objeto: **en** e **y**.

Por exemplo: **Vas-y!** (vá-zi) (*Vá!*)

✔ As duas palavras são a terceira pessoa do singular e do plural (**ils/elles**; **il/elle/on**) do verbo **être** em qualquer tempo e uma palavra que começa com vogal.

Por exemplo: **c'est affreux** (sê-tá-frê) (*é horrível*), **c'était inévitable** (sê-té-ti-nê-vi-tábl) (*era inevitável*)

Quando não usar a liaison

Em outras ocasiões, não se deve usar a **liaison**, mesmo que encontre um par cuja primeira palavra termine com uma consoante e a segunda comece com uma vogal. Não faça a **liaison** entre duas palavras quando elas forem:

🖊 A conjunção **et** (*e*) e qualquer palavra que comece com vogal: **toi et °elle** (tuá-ê-él) (*você e ela*).

🖊 Um nome e uma palavra que comece com vogal: **Robert ° arrive** (rô-bér-á-riv) (*Robert está chegando*).

🖊 Um substantivo no singular e um adjetivo que comece com vogal: **avocat ° attentif** (á-vô-ká-á-tã-tif) (*advogado atento*).

🖊 Um substantivo no plural e um verbo que comece com vogal: **les filles ° aiment danser** (lê-fi-ém-dán-sê) (*as garotas gostam de dançar*).

🖊 **ils**, **elles** ou **on** e um particípio passado que comece com vogal, numa inversão: **Ont-ils ° aimé le film?** (Õ-til-é-mê-lê-film) (*Eles gostaram do filme?*)

🖊 As palavras interrogativas **comment** (*como*), **combien** (*quanto*) e **quand** (*quando*), e uma palavra que comece com vogal: **Quand ° irez-vous** (kã-i-rê-vu) (*Quando vocês vão*), **Combien ° avez-vous** (kôn-bi-ã-á-vê-vu) (*Quanto você tem?*), **Comment ° ont-ils fait ça?** (kô-mã-ôn-til-fé-sa) (*Como conseguiram fazer isso?*)

Duas expressões fixas são exceções a esta última regra: **Comment allez-vous?** (kô-mán-tá-lê-vu) (*Como vai?*) e perguntas que comecem com **quand est-ce que . . .** (kã-tés-kê) (*Quando é que . . .*)

Tonicidade e Sílabas

Não resta dúvida de que demora um pouco para dominar a pronúncia francesa. O que é mais distinto em francês é a "musicalidade" de uma frase em comparação com o português. Na música, o que importa é a batida, o ritmo. A música de um idioma tem um ritmo também! Para ajudá-lo a pegar o ritmo, pense em duas coisas: sílabas (unidades de som) e tonicidade, ou melhor, a falta dela em francês.

Compreendendo a tonicidade das palavras francesas

Você já escutou um francês falar a palavra *caipirinha*? Não se parece em nada com o original! O problema para um francês está na ênfase que um brasileiro coloca na sílaba **-ri** (a penúltima sílaba). O português é, em regra, uma língua paroxítona, enquanto o francês é percebido como uma língua oxítona.

Todas as sílabas são criadas iguais em francês. O problema com isso é que, ao pronunciar as palavras em francês, nenhuma sílaba deve ser enfatizada. De outro modo, um francês talvez não o compreenda muito bem. Um francês só coloca ênfase relacionada com sua emoção em uma palavra, enfatizando a palavra inteira (diferentemente do uso da sílaba tônica em português) na frase, como em **Tu as vu ça?!** (Tiu-á-viu-sá) (*Você viu aquilo?*), com grande ênfase no **ça**.

Tente pronunciar as palavras francesas a seguir marcando a sílaba tônica na última sílaba. Depois pronuncie-as novamente sem ênfase nenhuma. Que diferença, não? A última sílaba foi separada do resto da palavra com um hífen.

- **constitu-tion** (kõs-ti-tiu-siõ)
- **démocra-tique** (dê-mô-krá-tik)
- **élec-trique** (ê-lêk-trik)
- **élé-phant** (ê-lê-fã)
- **i-diot** (i-diõ)
- **medi-cal** (mê-di-kál)
- **ré-flexe** (rê-fléks)
- **républi-cain** (rê-piu-bli-kaN)
- **restau-rant** (rés-tô-rã)
- **Virgi-nie** (vir-ji-ni)

Separando palavras e frases em sílabas

Entender o conceito de sílabas e o que elas podem fazer o leva um passo à frente no seu caminho para dominar a pronúncia francesa. Uma *sílaba* é uma unidade de pronúncia. Cada frase que pronuncia pode ser dividida em um grande número de sílabas. Por exemplo, a frase *Os estudantes estão felizes* tem dez sílabas: os-es-tu-dan-tes-es-tão-fe-li-zes. Perceba que as sílabas são isoladas, independentes do que há ao redor delas! São apenas sons, sem significado intrínseco.

Para dividir as sílabas, simplesmente diga a palavra em voz alta e conte quantos sons escuta:

- A palavra **bonjour** (*bom dia*) tem duas sílabas: **bon-jour**
- **Déjeuner** tem três sílabas: **dé-jeu-ner**
- **Provençal** tem três sílabas: **pro-ven-çal**

Para fazer a divisão de sílabas em uma frase, leve em conta os sons acrescentados pela **liaison** e o encadeamento das palavras (já falei sobre a ligação antes, neste capítulo). Veja este exemplo:

> **Paul est arrivé.** (*Paul chegou.*)

Essa frase é dividida em cinco sílabas ao ser pronunciada, independentemente do fim das palavras e da escrita: pô-lé-tá-rri-vê. A segunda sílaba, lé, vem do encadeamento de **Paul** e **est**. Veja a terceira sílaba (tá). Acrescentei um som de **t**, que não estava ali no princípio, por causa da **liaison** entre as palavras **est** e **arrivé**.

Veja outro exemplo que inclui a **liaison** e o encadeamento. **C'est pour un ami.** (*É para um amigo.*) Posso dividir essa frase em cinco sílabas, assim: **sê-pu-raN-ná-mi**. Você notou o **ná** extra? Novamente é por causa da ligação, nesse caso entre as palavras **un** e **ami**.

Ainda é possível que o compreendam se tentar dizer essas frases palavra por palavra. No entanto, se tentar pronunciá-las do jeito que mostrei, seu ouvido vai se acostumar com o ritmo e isso vai ajudá-lo a entender quando outros falarem em francês.

Escreva quantas sílabas estas palavras e frases têm. Veja um exemplo:

P. matin

R. 2

21. Virginie _____

22. constitution _____

23. il déjeune à midi _____

24. elle est belle _____

25. c'est un ami _____

26. petit à petit _____

27. bonjour maman _____

28. la ratatouille est un plat provençal _____

29. écoutez le professeur _____

30. je n'ai pas compris _____

Respostas

1	C e D	**16**	**garçon**
2	F	**17**	0
3	E	**18**	0
4	G	**19**	**fiançailles**
5	E	**20**	0
6	D	**21**	3: vir-gi-ni
7	E e A	**22**	4: kõ-sti-tiu-siõ
8	B	**23**	6: il-dê-jê-ná-mi-di
9	H	**24**	3: él-é-bél
10	F	**25**	4: sê-taN-na-mi
11	**français**	**26**	5: pê-ti-ta-pê-ti
12	**façon**	**27**	4: bôn-jur-má-mã
13	0	**28**	10: lá-rá-tá-tui-é-taN-plá-prô-vã-sál
14	**façade**	**29**	7: ê-ku-tê-lê-prô-fé-sêr
15	0	**30**	5: jê-né-pá-kã-pri

Capítulo 3

O Uso de Substantivos e Determinantes

*E*m francês, assim como em português, um substantivo serve para dar nome a seres vivos e coisas. Como em português, o francês se refere a todos os seres vivos e todas as coisas como masculinos ou femininos. Tudo tem gênero, desde aranhas até santos.

Há vários modos de descobrir se um substantivo é masculino ou feminino. Primeiro, por meio de um dicionário francês-português. Verifique se a palavra está indicada como **s.m.** (substantivo masculino) ou **s.f.** (substantivo feminino). Uma segunda opção é considerar uma série de características que o ajudarão a diferenciar os substantivos masculinos dos femininos, como os artigos, os possessivos e os demonstrativos que acompanham os substantivos. Este capítulo traz detalhes sobre esse assunto.

De que Gênero É?

Quando um substantivo descreve um ser vivo, o seu gênero geralmente descreve o sexo do ser vivo em questão. Por exemplo: a palavra **cheval** (*cavalo*) é masculina, enquanto **jument** (*égua*) é feminina, já que ambas refletem o sexo do animal. Faz sentido? Ótimo. Mas determinar gêneros nem sempre é tão lógico, em especial com objetos inanimados e elementos abstratos, como coisas e ideias.

A lógica não tem nada a ver com o gênero quando o substantivo descreve coisas e conceitos. Por exemplo, alguns substantivos são sempre masculinos, como **un sac** (*uma bolsa*), **un manteau** (*um casaco*) e **un ordinateur** (*um computador*). Outros são sempre femininos, como **une voiture** (*um carro*), **une maison** (*uma casa*) e **une école** (*uma escola*). Algumas palavras, porém, são mais traiçoeiras, assumindo diferentes significados dependendo do seu gênero, como **livre**, que significa *livro* quando masculina, mas *libra* quando feminina!

As seções a seguir o ajudarão a identificar vários substantivos masculinos e femininos; explicarão também alguns detalhes sobre substantivos de gêneros fixos e substantivos femininos derivados dos masculinos.

Procure sempre ver o gênero de um substantivo desconhecido em um dicionário francês-português.

Identificando substantivos masculinos

As seções a seguir abrangem vários padrões que podem ser utilizados para identificar substantivos masculinos inanimados ou abstratos. Mas tenha em mente que, independentemente de quão úteis esses padrões possam ser, deve-se estar sempre preparado para lidar com substantivos que não se enquadram nessas categorias. Listar todos eles resultaria numa lista muito longa, e esse não é o objetivo do livro.

Identificando substantivos masculinos pelos seus sufixos

É possível identificar muitos substantivos masculinos pelo sufixo que eles têm. A Tabela 3-1 contém alguns dos exemplos mais comuns dos sufixos masculinos.

Tabela 3-1	Os Sufixos Mais Comuns de Substantivos Masculinos
Sufixos	**Exemplos**
-acle	**miracle** (*milagre*), **spectacle** (*espetáculo*), **obstacle** (*obstáculo*)
-age	**fromage** (*queijo*), **voyage** (*viagem*), **bagage** (*bagagem*)
-aire	**frigidaire** (*geladeira*), **anniversaire** (*aniversário*), **commentaire** (*comentário*)
-é (mas não **-té**)	**degré** (*grau*), **marché** (*mercado*), **congé** (*férias*)
-eau	**drapeau** (*bandeira*), **chapeau** (*chapéu*), **cadeau** (*presente*)
-er e **-ier**	**dîner** (*jantar*), **panier** (*cesta*), **cahier** (*caderno*)
-isme	**tourisme** (*turismo*), **absolutisme** (*absolutismo*), **capitalisme** (*capitalismo*)
-ment	**gouvernement** (*governo*), **ornement** (*ornamento*), **divertissement** (*divertimento*)

Identificando substantivos masculinos pela categoria

Além de decorar os sufixos dos substantivos (como na seção anterior), também é possível identificar os substantivos masculinos por pertencerem a certa categoria. Na maioria das vezes, os substantivos inclusos nas categorias a seguir são masculinos:

- Nomes de árvores: **chêne** (*carvalho*), **olivier** (*oliveira*), **pommier** (*macieira*).

- Nomes de metais: **or** (*ouro*), **acier** (*aço*), **fer** (*ferro*).

- Nomes de unidades métricas: **mètre** (*metro*), **kilo** (*quilo*), **centimètre** (*centímetro*).

- Nomes de cores: **le rouge** (*vermelho*), **le vert** (*verde*), **le bleu** (*azul*).

- Nomes de idiomas: **le chinois** (*chinês*), **l'allemand** (*alemão*), **le français** (*francês*).

- Nomes de origem inglesa: **tennis** (*tênis*), **parking** (*estacionamento*), **football** (*futebol*).

Os artigos (**le** e **l'**) estão na frente das cores e idiomas, porque, sem eles, as palavras francesas seriam adjetivos em vez de substantivos. Aprenda mais sobre artigos na seção "O Uso de Artigos na Identificação dos Gêneros dos Substantivos" adiante.

Identificando substantivos femininos

As seções a seguir darão algumas dicas úteis sobre como identificar um substantivo feminino, baseando-se no seu sufixo ou na categoria.

Identificando substantivos femininos pelos seus sufixos

A Tabela 3-2 apresenta os sufixos dos substantivos que geralmente indicam o gênero feminino e alguns exemplos.

Tabela 3-2	Os Sufixos Mais Comuns de Substantivos Femininos
Sufixos	*Exemplos*
-ade	**façade** (*fachada*), **promenade** (*passeio*), **limonade** (*limonada*)
-ance	**enfance** (*infância*), **naissance** (*nascimento*), **assurance** (*seguro*)
-ée	**idée** (*ideia*), **journée** (*jornada*), **mosquée** (*mesquita*)
-ence	**différence** (*diferença*), **innocence** (*inocência*), **influence** (*influência*)
-ette	**crevette** (*camarão*), **chaussette** (*meia*), **baguette** (*baguete*)
-ie	**comédie** (*comédia*), **industrie** (*indústria*), **démographie** (*demografia*)

-sion	**prévision** (*previsão*), **compréhension** (*compreensão*), **révision** (*revisão*)
-té	**société** (*sociedade*), **publicité** (*propaganda*), **charité** (*caridade*)
-tié	**amitié** (*amizade*), **moitié** (*metade*), **pitié** (*piedade*)
-tion	**information** (*informação*), **éducation** (*educação*), **question** (*pergunta*)
-ure	**voiture** (*carro*), **couverture** (*cobertor*), **confiture** (*geleia*)

Identificando substantivos femininos pela categoria

Algumas categorias mais lógicas também o ajudarão a identificar substantivos femininos. Na maioria das vezes, substantivos inclusos nas categorias a seguir são femininos:

- Nomes de ciências e matérias escolares: **chimie** (*química*), **histoire** (*história*) e **médecine** (*medicina*). Em especial, sufixos de ciências e matérias escolares terminados com **-graphie** — como **photographie** (*fotografia*), **géographie** (*geografia*) e **choréographie** (*coreografia*) — são femininos.

- Nomes de carros: **une Renault** (*um Renault*), **une Porsche** (*um Porsche*), **une Fiat** (*um Fiat*).

- Nomes de negócios: **boulangerie** (*padaria*), **parfumerie** (*perfumaria*), **charcuterie** (*salsicharia*).

Determine se os substantivos a seguir são masculinos (escreva M) ou femininos (escreva F) com base nos sufixos. Veja o exemplo:

P. boucherie

R. F

1. littérature _____

2. isolement _____

3. épicerie _____

4. rouge _____

5. cadeau _____

6. modération _____

7. anniversaire _____

8. baguette _____

9. fer _____

10. publicité _____

Substantivos de gêneros fixos

Alguns substantivos que se referem a seres vivos são sempre masculinos ou sempre femininos, independentemente do sexo do ser vivo. Por exemplo, **professeur** (*professor*) é sempre masculino em francês, não importando se a pessoa em questão é homem ou mulher. Veja alguns exemplos de substantivos de gênero fixo:

- **une personne** (*uma pessoa*, homem ou mulher)
- **une connaissance** (*um conhecido*, homem ou mulher)
- **une mouche** (*uma mosca*, macho ou fêmea)
- **une victime** (*uma vítima*, homem ou mulher)
- **un bébé** (*um bebê*, homem ou mulher)

Se a profissão de uma mulher for nomeada com palavra masculina, como **un peintre** (*um pintor*), tudo o que é preciso fazer é acrescentar a palavra **femme** (*mulher*) na frente do substantivo masculino, assim: **une femme peintre**. Outros exemplos são **une femme soldat** (*uma mulher soldado*) e **une femme médecin** (*uma médica*).

O substantivo **médecine**, apresentado anteriormente, não é a forma feminina de **médecin** (*médico*). Refere-se à *ciência médica* e é usado com artigo definido: **la médecine**.

Derivando substantivos femininos dos seus correspondentes masculinos

Alguns substantivos masculinos que descrevem homens têm os seus equivalentes femininos para descrever suas respectivas representantes do sexo feminino. Esses substantivos femininos são, em geral, derivados da forma masculina, da mesma maneira que os adjetivos vão do masculino para o feminino (veja o Capítulo 4).

Veja alguns exemplos:

Masculino	*Feminino*
président (*o presidente*)	**présidente** (*a presidenta*)
infirmier (*enfermeiro*)	**infirmière** (*enfermeira*)

acteur (*ator*)

boulanger (*padeiro*)

veuf (*viúvo*)

actrice (*atriz*)

boulangère (*padeira*)

veuve (*viúva*)

O substantivo feminino nem sempre é derivado do masculino. Nessas ocasiões, é útil ter um dicionário francês-português à mão! Veja alguns exemplos:

Masculino	*Feminino*
roi (*rei*)	reine (*rainha*)
homme (*homem*)	femme (*mulher*)
garçon (*rapaz*)	fille (*moça*)
oncle (*tio*)	tante (*tia*)

Em outros casos, os substantivos têm a mesma forma, tanto no masculino como no feminino, e a única coisa que faz a diferenciação entre eles é o artigo, como em **un camarade** (masculino para *camarada*) e **une camarade** (feminino para *camarada*). Alguns substantivos desse tipo incluem os seguintes (veja "O Uso de Artigos na Identificação dos Gêneros dos Substantivos" adiante para saber mais sobre artigos):

Masculino	*Feminino*
un enfant (*uma criança; menino*)	**une enfant** (*uma criança; menina*)
un malade (*um doente*)	**une malade** (*uma doente*)
un athlète (*um atleta*)	**une athlète** (*uma atleta*)
un touriste (*um turista*)	**une touriste** (*uma turista*)
un artiste (*um artista*)	**une artiste** (*uma artista*)

Substantivos no Plural

Como em português, o francês também usa o plural de um substantivo quando precisa falar a respeito de mais de uma coisa. As seções a seguir vão mostrar como fazer um substantivo ir do singular para o plural.

Uma regra simples

A maneira mais comum de formar o plural é acrescentando **-s** ou **-x** a um substantivo masculino ou feminino. A maioria dos substantivos leva **-s** para sua forma plural. Veja alguns exemplos:

Singular	*Plural*
résultat (*resultado*)	résultats (*resultados*)

ville (*cidade*)	**villes** (*cidades*)
fou (*louco*)	**fous** (*loucos*)
fleur (*flor*)	**fleurs** (*flores*)

Acrescentar **-s** para tornar um substantivo plural não altera a sua pronúncia. Veja o Capítulo 2 para saber mais sobre a pronúncia das palavras francesas.

Substantivos que terminam em **-au** levam **-x** no plural. Veja alguns exemplos:

Singular	*Plural*
manteau (*casaco*)	**manteaux** (*casacos*)
bateau (*barco*)	**bateaux** (*barcos*)
traineau (*trenó*)	**traineaux** (*trenós*)

Substantivos especiais

Alguns substantivos ficam um pouco estranhos quando vão para o plural. Por exemplo, a maioria dos substantivos terminados em **-ou** leva **-s** no plural, mas alguns levam **-x**. Eles incluem:

Singular	*Plural*
chou (*repolho*)	**choux** (*repolhos*)
bijou (*joia*)	**bijoux** (*joias*)
genou (*joelho*)	**genoux** (*joelhos*)
caillou (*pedrinha*)	**cailloux** (*pedrinhas*)

Substantivos que terminam em **-al** substituem esse sufixo por **-aux** no plural. Eles incluem:

Singular	*Plural*
cheval (*cavalo*)	**chevaux** (*cavalos*)
hôpital (*hospital*)	**hôpitaux** (*hospitais*)
journal (*jornal*)	**journaux** (*jornais*)
signal (*sinal*)	**signaux** (*sinais*)
animal (*animal*)	**animaux** (*animais*)

Substantivos que terminam em **-s**, **-x** ou **-z** não mudam no plural; os artigos mudam, assim:

Singular	*Plural*
une fois (*uma vez*)	**des fois** (*vezes*)

un virus (*um vírus*)	**des virus** (*vírus, p.*)
un Français (*um francês*)	**des Français** (*franceses*)
un prix (*um preço*)	**des prix** (*preços*)
un nez (*um nariz*)	**des nez** (*narizes*)

Nomes de família não recebem plural em francês, como em português. Por exemplo, *a família Martin* em francês é: **les Martin**.

Como em português, existem alguns substantivos em francês que são sempre plurais. Nem sempre esse fenômeno é equivalente nas duas línguas. Por exemplo, **vacances** (*férias*) é sempre plural tanto em francês como em português, enquanto **cheveux** (*cabelo*) é exclusivamente plural em francês, mas não em português.

Consulte um dicionário francês-português sempre que não tiver certeza sobre as características de uma palavra.

Dê o plural dos seguintes substantivos masculinos e femininos.

P. fois

R. fois

11. animal (*animal*) _____

12. quartier (*vizinhança*) _____

13. eau (*água*) _____

14. bijou (*joia*) _____

15. fille (*moça*) _____

16. Français (*francês*) _____

17. fruit (*fruta*) _____

18. cadeau (*presente*) _____

19. roi (*rei*) _____

20. cou (*pescoço*) _____

O Uso de Artigos na Identificação dos Gêneros dos Substantivos

Uma maneira segura de identificar o gênero dos substantivos é pelo seu artigo — quando disponível, é claro! O francês tem artigos definidos, indefinidos e partitivos. Você tem muitos artigos à disposição e frequentemente deve escolher um, porque, em francês, um substantivo é precedido de artigo em 99% das vezes. As seções a seguir vão analisar os diferentes tipos de artigos e lhe dizer como usá-los.

Artigos definidos

Os artigos definidos em francês são os equivalentes de *o/a/os/as*. Eles são chamados de **articles définis**. A Tabela 3-3 mostra essas formas e como usá-las.

Tabela 3-3	Artigos Definidos Franceses	
Artigo francês	**Uso em francês**	**Exemplos**
le	Antes de substantivos masculinos no singular	**le matin** (*a manhã*)
la	Antes de substantivos femininos no singular	**la vie** (*a vida*)
l'	Antes de substantivos masculinos ou femininos no singular começando com vogal ou **-h** mudo	**l'amour** (*o amor*) **l'hôpital** (*o hospital*)
les	Antes de substantivos masculinos ou femininos no plural	**les bonbons** (*as balas*)

Le e **les** desaparecem completamente quando são precedidos das preposições **à** (*a*) e **de** (*de*). Essa omissão é chamada de contração. Veja o que acontece:

- ✔ **à** + **le** muda para **au**
- ✔ **de** + **le** muda para **du**
- ✔ **à** + **les** muda para **aux**
- ✔ **de** + **les** muda para **des**

Veja alguns exemplos:

Il va au (**à** + **le**) **travail.** (*Ele vai ao trabalho.*)

Nous rentrons des (**de** + **les**) **îles.** (*Estamos retornando das ilhas.*)

Então, quando usar os artigos definidos?

✔ Use artigo definido para acompanhar um substantivo quando expressar preferência, usando um verbo como **aimer** (*gostar/amar*), **préférer** (*preferir*) ou **détester** (*detestar*). Veja alguns exemplos:

> **J'aime le chocolat.** (*Eu gosto de chocolate.*)
>
> **Il déteste les huîtres.** (*Ele odeia ostras.*)

Preferências negativas contam como preferências (veja o Capítulo 8 para saber mais sobre palavras e expressões negativas). Veja alguns exemplos:

> **Elle n'aime pas les bananes.** (*Ela não gosta de banana.*)
>
> **Tu n'aimes pas le froid.** (*Você não gosta do frio.*)

✔ Use artigo definido antes de uma categoria comum, como **les hommes** (*os homens*) ou **le pain** (*o pão*), ou um conceito, como **la vie** (*a vida*) ou **l'amour** (*o amor*). Veja alguns exemplos:

> **C'est la vie.** (*É a vida.*)
>
> **Le prix de l'essence a encore augmenté.** (*O preço do combustível aumentou de novo.*)

✔ Use artigo definido para falar sobre alguma coisa conhecida dos ouvintes porque é algo único (só existe um). Por exemplo:

> **Le président va faire un discours.** (*O presidente vai fazer um discurso.*)
>
> **Le Pape est allé au Mexique.** (*O Papa foi ao México.*)

✔ Use artigo definido para falar sobre alguma coisa específica, determinada pelo contexto da frase. Por exemplo:

> **Le chat des voisins est un siamois.** (*O gato dos vizinhos é siamês.*)
>
> **Le livre que tu m'as prêté est formidable.** (*O livro que você me emprestou é ótimo.*)

✔ Use artigo definido antes de um local geográfico.

> **la France** (*França*)
>
> **les États-Unis** (*os Estados Unidos*)

Alguns nomes de países não vêm acompanhados de artigo: **Israël, Cuba, Madagascar**.

✔ Use artigo definido antes de algum dia da semana para indicar *frequência*.

le lundi (*às segundas-feiras*)

le dimanche (*aos domingos*)

✔ Use artigo definido antes de uma parte do corpo, com verbo reflexivo (para saber mais sobre verbos reflexivos, consulte o Capítulo 7). Veja alguns exemplos:

Tu te brosses les dents. (*Você escova os dentes.*)

Nous nous lavons les mains. (*Nós lavamos as mãos.*)

✔ Use artigo definido antes de idiomas. Por exemplo:

Il apprend l'italien. (*Ele está aprendendo italiano.*)

J'étudie le français. (*Eu estudo francês.*)

Dê o artigo definido apropriado para cada substantivo. Para descobrir o gênero, siga as instruções da seção "De que Gênero É?".

P. ____ États-Unis

R. les

21. ____ amour

22. ____ médecin

23. ____ couverture

24. ____ fromage

25. ____ céréales

Artigos indefinidos

Você faz perguntas sobre *uma* coisa, descreve *umas* outras e faz planos para *um* passeio que não foi definido? Nesse caso, você é uma pessoa que gosta de usar artigos indefinidos, como em francês! Como tal, trate o **article indéfini** como o artigo-padrão em francês. Os artigos indefinidos em francês são os equivalentes a *um/uma/uns/umas* (mas o português geralmente os omite). A Tabela 3-4 mostra os artigos indefinidos franceses.

Tabela 3-4	Artigos Indefinidos Franceses		
Artigo Francês	*Uso em Francês*	*Equivalente em Português*	*Exemplo*
un	Antes de substantivo masculino singular	*um*	**un chat** (*um gato*)
une	Antes de substantivo feminino singular	*uma*	**une maison** (*uma casa*)
des	Antes de substantivos masculinos ou femininos no plural	*uns/umas*	**des enfants** (*umas crianças*)
de ou **d'** antes de substantivos que começam com vogal ou **-h** mudo	No lugar de qualquer artigo indefinido, após verbo de negação	*nenhum/ nenhuma*	**pas de problème** (*nenhum problema*) **pas d'ordinateur** (*nenhum computador*)

Use o artigo indefinido quando falar sobre uma ou várias coisas individuais que é possível contar, em oposição a uma categoria inteira de coisas.

> **Il y a un livre sur la table.** (*Há um livro na mesa.*)
>
> **Tu as mangé une banane.** (*Você comeu uma banana.*)
>
> **Il a vu des lions au zoo.** (*Ele viu leões no zoológico.*)

É possível usar os artigos indefinidos **un** e **une** antes de uma expressão de quantidade, como **une tranche de** (*uma fatia de*), **um morceau de** (*um pedaço de*) e **un peu de** (*um pouco de*). Para mais exemplos, veja o Capítulo 5.

Em uma frase com verbo seguido por negação, **un**, **une** e **des** são substituídos por **de**, ainda que o substantivo que ele introduz esteja no plural. Veja alguns exemplos.

> **Il n'y a pas de souris dans notre garage.** (*Não há ratos na nossa garagem.*)
>
> **Elle ne veut pas d'enfants.** (*Ela não quer filhos.*)

Essa regra tem uma exceção. Não use **de** quando o verbo na negação for **être** (*ser*). Use o artigo indefinido como se a frase fosse afirmativa. Veja alguns exemplos:

> **Cet animal n'est pas un chien. C'est un renard.** (*Este animal não é um cão. É uma raposa.*)
>
> **— C'est une voiture rouge, n'est-ce pas? — Non, ce n'est pas une voiture rouge! C'est une voiture noire.** (*— É um carro vermelho, certo? — Não, não é um carro vermelho! É um carro preto.*)

Escolha entre artigos definidos (**le**, **la**, **l'**, **les**) e artigos indefinidos (**un**, **une**, **des** e **de**) para completar as frases. Consulte um dicionário francês-português se precisar de ajuda com o vocabulário. Veja o exemplo.

P. **Nous avons mangé _____ tarte.**

R. **une**

26. _____ France est magnifique.

27. Vous étudiez _____ français.

28. Il n'aime pas _____ chocolat.

29. As-tu déja mangé _____ escargots?

30. Ce n'est pas _____ avion. C'est un nuage.

31. As-tu _____ enfants?

32. Il y a _____ oiseaux sur la branche.

33. C'est _____ livre du prof.

34. Nous avons visité _____ Canada récemment.

35. Il n'y a pas _____ pommes sur l'arbre.

Artigos partitivos

Você comeu *um frango inteiro* (**un poulet**) ontem à noite? Ou só *um pedaço* dele (**du poulet**)? Você tomou *todo o café do mundo* (**le café**) de manhã ou foi mais razoável e tomou *um pouco de café* (**du café**)? Os artigos partitivos são justamente do que se precisa para expressar quantidades razoáveis das coisas que não podem ser tratadas como um todo e, ao mesmo tempo, não podem ser contadas como um, dois, três. O francês tem quatro partitivos. A Tabela 3-5 mostra quais são eles e os seus correspondentes em português. Lembre-se de que nem sempre essa equivalência é possível. Muitas vezes, o artigo partitivo corresponde à ausência de artigo em português.

Tabela 3-5	Artigos Partitivos Franceses		
Artigo Francês	*Uso em Francês*	*Equivalente em Portugês*	*Exemplo*
du	Antes de substantivo masculino singular	Sem equivalente	**du pain** (*pão*)
de la	Antes de substantivo feminino singular	Sem equivalente	**de la soupe** (*sopa*)
de l'	Antes de substantivo masculino ou feminino no singular que comece com vogal ou -**h** mudo	Sem equivalente	**de l'eau** (*água*)
des	Antes de substantivos masculinos e femininos no plural	Sem equivalente	**des petit pois** (*ervilhas*)
de	No lugar de qualquer artigo partitivo, antes de um verbo de negação	*não tem*	**pas de café** (*não tem café*)

É possível usar os artigos partitivos das seguintes maneiras:

✔ Use o partitivo antes de um substantivo que descreve uma categoria parcial. Por exemplo:

> **Elle met du sucre dans son café.** (*Ela põe açúcar no café.*)

> **À table nous buvons de l'eau minérale.** (*Tomamos água mineral à mesa.*)

✔ Use **d'** em vez de **des** antes do adjetivo plural **autres** (*outros*). Por exemplo:

> **Avez-vous d'autres idées?** (*Tem mais alguma ideia?*)

✔ Use o partitivo depois de **faire** (*fazer/praticar*) + esporte, instrumento musical ou matéria escolar. Por exemplo:

> **Paul fait de l'escrime.** (*Paul pratica esgrima.*)

> **Je fais du violon.** (*Eu toco violino.*)

> **Ce semestre elle fait de la chimie.** (*Neste semestre, ela está estudando química.*)

✔ Use o partitivo depois de **jouer** (*tocar*) + instrumento musical. (**Jouer** é mais comum do que **faire** nessa expressão.) Por exemplo:

> **Nous jouons du piano et nous chantons.** (*Nós tocamos piano e cantamos.*)

Em uma frase negativa, **du**, **de la**, **de l'** e **des** são substituídos por **de**, quer o substantivo esteja no singular, quer esteja no plural. Veja alguns exemplos:

> **Cet homme n'a pas de chance.** (*Este homem não tem sorte.*)
>
> **Nous ne mettons pas de glaçons dans notre eau.** (*Não colocamos cubos de gelo na água.*)

Essa regra tem uma exceção. Assim como no caso dos artigos indefinidos na seção anterior, não use **de** quando o verbo com negação for **être** (*ser*). Use o partitivo, como se a frase fosse afirmativa. Veja alguns exemplos:

> **Ne bois pas ça. Ce n'est pas de l'eau, c'est de la vodka!** (*Não beba isso. Isso não é água, é vodca!*)
>
> **Ce ne sont pas des haricots verts, ce sont des fèves.** (*Isso não são vagens, são favas.*)

Escolha o partitivo correto para completar as frases. Escolha entre **du**, **de la**, **de l'**, **des** e **de**.

P. **Il faut gagner _____ argent.**

R. **de l'**

36. Le vendredi, mangez _____ poisson.

37. Paul fait _____ gym.

38. Je mets _____ sucre dans mon café.

39. Vous buvez _____ eau.

40. Tu n'as pas _____ chance!

Escolha o artigo correto

Un pain? Du pain? Le pain? Ainda não tem certeza? Nesta seção eu comparo alguns artigos para lhe dar mais algumas dicas sobre como escolher o artigo certo.

> ✔ **Partitivo ou definido?** A diferença entre artigos partitivos e definidos é a diferença entre a categoria parcial e a categoria como um todo. Por exemplo, você bebe *um pouco* de água (categoria parcial, necessitando de artigo partitivo), não toda a água do mundo (a categoria como um todo, necessitando de artigo definido). Veja outro exemplo que contrasta os dois:

> **Quand on travaille, on gagne de l'argent.** (*Quando se trabalha, ganha-se dinheiro.*) Mas não se ganha todo o dinheiro do mundo.
>
> **L'argent est nécessaire.** (*O dinheiro é necessário.*) Refere-se a *dinheiro* de uma forma generalizada.
>
> ✔ **Partitivo ou indefinido?** A diferença entre os artigos partitivos e indefinidos é a diferença entre alguma coisa que não se pode contar — como *água* (**de l'eau**), *espinafre* (**des épinards**) e *café* (**du café**), todos eles necessitando de artigo partitivo — e algo que se pode contar — como *um gato* (**un chat**) e *uma maçã* (**une pomme**), todos eles necessitando de artigo indefinido. Veja alguns exemplos que contrastam os dois:
>
> Incontável: **Nous mangeons du poisson.** (*Comemos peixe.*)
>
> Contável: **Tu as acheté des baguettes.** (*Você comprou algumas baguetes.*)

Expressando Posse

O *livro é do Paul*? Ou o *livro é dele*? Existem duas maneiras de expressar posse em português, assim como em francês, como exemplificado nas frases anteriores. As seções a seguir vão mostrar como proceder nesses casos.

Possessivos comuns

A ideia de *posse* implica um dono e um objeto que pertence a esse dono. Em francês, da mesma forma que em português, ambos são relevantes para escolher o possessivo correto: quem é o dono (você, ele, eles), mas também o gênero e o número do objeto possuído. A Tabela 3-6 mostra o esquema de adjetivos possessivos em francês e seus respectivos equivalentes em português.

Tabela 3-6	Adjetivos Possessivos Franceses		
Dono	**Gênero e Número do Objeto Possuído**	**Possessivo Francês**	**Exemplo**
je (*eu*)	masculino singular	**mon** (*meu*)	**mon sac** (*minha bolsa*)
	feminino singular	**ma** (*minha*)	**ma voiture** (*meu carro*)
	masculino ou feminino plural	**mes** (*meus/minhas*)	**mes amis** (*meus amigos*)
tu (*você* [singular informal]*)	masculino singular	**ton** (*seu/teu*)	**ton sac** (*sua/tua bolsa*)

Dono	Gênero e Número do Objeto Possuído	Possessivo Francês	Exemplo
	feminino singular	**ta** (*sua/tua*)	**ta voiture** (*seu/teu carro*)
	masculino ou feminino plural	**tes** (*seus/teus/suas/tuas*)	**tes amis** (*seus/teus amigos*)
il e elle (*ele e ela*)	masculino singular	**son** (*seu/sua, dele/dela*)	**son sac** (*sua bolsa, a bolsa dele/dela*)
	feminino singular	**sa** (*seu/sua, dele/dela*)	**sa voiture** (*seu carro, o carro dele/dela*)
	masculino ou feminino plural	**ses** (*seus/suas, dele/dela*)	**ses amis** (*seus amigos, os amigos dele/dela*)
nous (*nós*)	masculino ou feminino singular	**notre** (*nosso/nossa*)	**notre sac** (*nossa bolsa*) **notre voiture** (*nosso carro*)
	masculino ou feminino plural	**nos** (*nossos/nossas*)	**nos amis** (*nossos amigos*)
vous (*vocês* [singular formal ou plural formal e informal])	masculino ou feminino singular	**votre** (*seus/suas, de vocês*)	**votre sac** (*suas bolsas, a bolsa de vocês*) **votre voiture** (*seus carros, o carro de vocês*)
	masculino ou feminino plural	**vos** (*seus/suas, de vocês*)	**vos amis** (*seus amigos, os amigos de vocês*)
ils e elles (*eles e elas*)	masculino ou feminino singular	**leur** (*seus/suas, deles/delas*)	**leur sac** (*suas bolsas, a bolsa deles/delas*) **leur voiture** (*seus carros, o carro deles/delas*)
	masculino ou feminino plural	**leurs** (*seus/suas, deles/delas*)	**leurs amis** (*seus amigos, os amigos deles/delas*)

Quando **ma**, **ta** e **sa** vêm antes de substantivo que começa com vogal ou **-h** mudo, eles mudam para **mon**, **ton** e **son,** a fim de que a pronúncia fique mais fluida. Veja alguns exemplos:

Ma amie (*minha amiga*) deve mudar para **mon amie**.

Ta éducation (*sua educação*) deve mudar para **ton éducation**.

Sa humeur (*o humor dele/dela*) muda para **son humeur**.

Use os adjetivos possessivos apropriados baseando-se no sujeito entre parêntesis e no número e gênero do substantivo. Consulte um dicionário francês-português se precisar de ajuda com o vocabulário. Veja um exemplo:

P. (ils) _____ amis

R. leurs

41. (je) _____ amies

42. (vous) _____ maison

43. (Paul) _____ amie

44. (tu) _____ voiture

45. (nous) _____ livres

Outros modos de expressar posse

Há ocasiões em que é necessário informar o nome do dono de um objeto. Nesses casos, não é possível usar um adjetivo possessivo, como **son chien** (*o cão dele*). Se precisar informar exatamente de quem é o cão, será necessária uma estrutura diferente em francês, formulada exatamente como em português: **Le chien de Paul** (*O cão de Paul*). Agora está claro! Veja alguns exemplos:

l'ami de ma fille (*o amigo da minha filha*)

les enfants des Dupont (*as crianças dos Dupont*)

Às vezes, é necessário usar um artigo definido ao se referir ao dono de um objeto, como **le chien de la voisine** (*o cachorro da vizinha*). Tenha em mente que **de + le** (*do*) se contrai em **du** e que **de + les** (*dos/das*) se contrai em **des** (veja a seção "Artigos definidos" para mais informações).

Expresse posse com a tradução correta em francês (adjetivos possessivos ou uma expressão usando **de**). Veja o exemplo:

P. o carro de Julie

R. la voiture de Julie

46. o livro do professor _____

47. a esposa dele _____

48. nossa casa _____

49. o carro do meu pai _____

50. os filhos deles _____

Apontando para as Coisas com Demonstrativos

Você prefere *esta* coisa ou *aquela* ali? *Este(s)*, *esta(s)*, *esse(s)*, *essa(s)*, *isto*, *isso*, *aquilo* são os demonstrativos em português. Eles são utilizados para mostrar com mais exatidão o que a pessoa deseja entre duas coisas. Esta seção apresenta os adjetivos demonstrativos em francês, sendo três no singular e um no plural. Eles estão na Tabela 3-7 para o seu proveito.

O demonstrativo francês por si só não poderá ajudá-lo a decidir entre *esta* cor e *aquela* cor! Seria como se você estivesse comparando *esta cor* e . . . *esta cor*! Veja quais são os demonstrativos compostos:

- ✔ **ce** [substantivo]-**ci**
- ✔ **cet** [substantivo]-**ci**
- ✔ **cette** [substantivo]-**ci**
- ✔ **ces** [substantivo]-**ci**

- ✔ **ce** [substantivo]-**là**
- ✔ **cet** [substantivo]-**là**
- ✔ **cette** [substantivo]-**là**
- ✔ **ces** [substantivo]-**là**

A parte invariável, **-ci** ou **-là**, é juntada com hífen ao substantivo; **-ci** indica que o objeto está mais perto do locutor, e **-là**, mais longe do locutor.

Tabela 3-7	Demonstrativos Franceses	
Demonstrativo Francês	*Uso em Francês*	*Exemplos*
ce (*este/esse/aquele*)	Antes de substantivo masculino singular	**ce matin-ci** (*esta manhã*)
		ce matin-là (*aquela manhã*)
cet (*este/esse/aquele*)	Antes de substantivo masculino singular que começa com vogal ou **-h** mudo	**cet homme-ci** (*este homem*)
		cet homme-là (*aquele homem*)
cette (*esta/essa/aquela*)	Antes de substantivo feminino singular	**cette maison-ci** (*esta casa*)
		cette maison-là (*aquela casa*)
ces (*estes/estas/esses/ essas/aqueles/aquelas*)	Antes de substantivo masculino ou feminino no plural	**ces enfants-ci** (*estas crianças*)
		ces enfants-là (*aquelas crianças*)

Veja alguns exemplos dos demonstrativos na prática:

> **J'aime ce gâteau-ci, mais pas ce gâteau-là.** (*Eu gosto deste bolo, mas não daquele.*)
>
> **Tu préfères ces lunettes-ci ou ces lunettes-là?** (*Você prefere estes óculos ou aqueles?*)

Preencha os espaços em branco com o adjetivo demonstrativo apropriado. Para descobrir o gênero dos substantivos, veja a seção "De que Gênero É?" Veja o exemplo.

P. ____ **livre est intéressant.**

R. Ce

51. ____ obstacle est incontournable!

52. Regarde ____ choses!

53. Est-ce que tu connais ____ fille?

54. ____ chapeau est ridicule.

55. ____ panier est plein.

Apresentando Coisas e Pessoas

Em algumas ocasiões, a palavra *ela* em português não é traduzida como **elle** em francês. Por exemplo: *Ela é minha amiga* em francês é **C'est mon amie**. O que aconteceu com *ela*? Aprenda quando usar esse recurso nas seções a seguir.

O uso de c'est e ce sont

Se alguém pergunta "Quem é essa mulher?", a resposta provavelmente é: "*Ela é . . .*" Para responder a esse tipo de pergunta, o francês usa **c'est** no singular (masculino e feminino) e **ce sont** no plural, em vez de **il/elle est** e **ils/elles sont**. A expressão **c'est** é composta pelo adjetivo demonstrativo **ce** (abreviado para **c'** antes de **est**) + a terceira pessoa do singular do verbo **être** (*ser*), e **ce sont** é o adjetivo demonstrativo **ce** + a terceira pessoa do plural de **être**. Veja mais exemplos:

> **C'est un chien.** (*Ele/isso é um cachorro.*)
>
> **Ce sont mes enfants.** (*Eles são meus filhos.*)

Use **ce** para o negativo (singular e plural) antes de **ne** (veja o Capítulo 8 para saber mais sobre palavras e expressões negativas).

> **Ce n'est pas mon sac.** (*Essa bolsa não é minha.*)
>
> **Ce ne sont pas des diamants!** (*Isso não são diamantes!*)

Então, por que usar a expressão **c'est** para dizer *ela é minha amiga*? Porque, nesse caso, o gênero não importa tanto quanto o ato de apresentar a pessoa ou coisa. Essas são as ocasiões em que se devem usar **c'est** ou **ce sont**, em vez de **elle/il est** ou **ils/elles sont**.

- ✔ Use **c'est** ou **ce sont** antes de substantivo, nome próprio ou pronome oblíquo tônico (veja o Capítulo 13) para se referir a uma pessoa ou responder à pergunta **qui est-ce** (*quem é?*). Por exemplo:

  > **C'est ma mère.** (*Esta é minha mãe.*)
  >
  > **Ce sont Julie e Anne.** (*Estas são Julie e Anne.*)

- ✔ Use **c'est** ou **ce sont** antes de substantivo, ao fazer referência a uma coisa ou responder à pergunta **qu'est-ce que c'est?** (*o que é?*). Por exemplo:

  > **Cette machine? C'est une agrafeuse.** (*Esta máquina? É um grampeador.*)
  >
  > **C'est le Grand Canyon.** (*Este é o Grand Canyon.*)

C'est também expressa a sua reação a uma situação ou a um objeto quando é seguido por adjetivo no singular, em vez de substantivo. Por exemplo, a expressão usada ao ver o pôr do sol é: **C'est beau!** (*Que bonito!*)

O que fazer com il/elle est

Se é usado **c'est** para apresentar pessoas, a pergunta que talvez esteja na sua cabeça é: quando usar **il/elle est**? A resposta é tanto simples como complicada. **Il/elle est** vem acompanhado de adjetivo; **c'est** vem acompanhado de substantivo, assim:

Use **il/elle est** ou **ils/elles sont** + o adjetivo apropriado

Use **c'est/ce sont** + artigo + substantivo

Ficou bem entendido, certo? O problema são as nacionalidades, religiões e profissões, que podem ser usadas tanto como substantivos (utilizados com artigo) quanto como adjetivos (utilizados sem artigo)! Em outras palavras, a escolha é sua. Vou dar alguns exemplos que mostram a diferença entre os dois tipos de frase:

✔ Ao descrever uma mulher cuja nacionalidade é francesa, use o adjetivo: **Elle est française.**

Ao apresentar uma mulher francesa, você diz: **C'est une Française.**

Quando uma nacionalidade, como **français** (*francês*), é usada como adjetivo, não começará com letra maiúscula (**il est français**). Contudo, quando é usada como substantivo (*francês*), leva letra maiúscula e é usada com artigo: **un Français** (*um francês*).

✔ Ao descrever um homem que é católico, use o adjetivo: **Il est catholique.**

Ao apresentar um homem como católico, você diz: **C'est un catholique.**

✔ Ao descrever alguém que é professor, use o adjetivo: **Il/elle est professeur.**

Ao apresentar uma pessoa como professor, diga: **C'est un professeur.**

Complete as frases usando **c'est** ou **il/elle est**. Veja o exemplo:

P. _____ **ma meilleure amie.**

R. C'est

56. _____ un professeur.

57. _____ brésilienne.

58. _____ ma mère.

59. _____ moi.

60. _____ américaines.

Respostas

1	F		22	le		43	son
2	M		23	la		44	ta
3	F		24	le		45	nos
4	M		25	les		46	le livre du prof
5	M		26	La		47	sa femme
6	F		27	le		48	notre maison
7	M		28	le		49	la voiture de mon père
8	F		29	des		50	leurs enfants
9	M		30	un		51	Cet
10	F		31	des		52	ces
11	animaux		32	des		53	cette
12	quartiers		33	le		54	Ce
13	eaux		34	le		55	Ce
14	bijoux		35	de		56	C'est
15	filles		36	du		57	Elle est
16	Français		37	de la		58	C'est
17	fruits		38	du		59	C'est
18	cadeaux		39	de l'		60	Elles sont
19	rois		40	de			
20	cous		41	mes			
21	l'		42	votre			

Capítulo 4

O Uso de Adjetivos para Descrever Substantivos

Neste Capítulo
- A concordância entre adjetivos e substantivos
- O uso de adjetivos irregulares
- A posição correta dos adjetivos

*E*m francês, assim como em português, os substantivos e os verbos compõem a parte principal de uma frase. Por exemplo, entende-se muito bem o que as frases **l'enfant dort** (*a criança dorme*) e **l'opération a réussi** (*a cirurgia foi bem-sucedida*) querem dizer. Mas a criança poderia ser pequena e estar febril, e a cirurgia poderia ter sido delicada. O contexto dessas frases muda ao se incluírem os adjetivos, que são palavras como *pequena*, *febril* e *delicada*, indicando o tamanho, a cor, a forma, o gosto ou quaisquer outras características dos substantivos. O francês e o português usam os adjetivos de forma similar. Neste capítulo, vou explicar a maneira correta de incluí-los nas frases em francês.

Concordância: os Adjetivos Devem Concordar com os Substantivos que Descrevem

Como visto no Capítulo 3, os substantivos franceses têm número e gênero, de modo que qualquer palavra que descreva um substantivo, em especial um adjetivo, tem de refletir isso. Em outras palavras, os adjetivos devem concordar com o gênero (masculino ou feminino) e com o número (singular ou plural) dos substantivos que descrevem. Já que um substantivo pode ser masculino singular, feminino singular, masculino plural ou feminino plural, um adjetivo tem quatro formas em potencial: masculino singular (MS), feminino singular (FM), masculino plural (MP) e feminino plural (FP).

Nas seções a seguir, darei detalhes das formas dos adjetivos regulares; falarei sobre as formas irregulares adiante, na seção "Adjetivos Irregulares".

Como obter o feminino singular a partir do masculino singular

Um dicionário francês-português contém a forma masculina singular. Dependendo do substantivo que quer modificar, talvez seja preciso mudar a forma do seu adjetivo para o feminino. A maneira costumeira de fazer essa mudança é acrescentando um **-e** à forma-padrão do adjetivo (masculino singular). Se quiser falar, por exemplo, que um vestido (**une robe**) é verde, você vai precisar transformar o **vert** (*verde*) em feminino singular para concordar com **une robe** (um substantivo feminino singular). Então, é só acrescentar um **-e** à forma-padrão de **vert**: **une robe verte** (*um vestido verde*). A Tabela 4-1 tem mais alguns exemplos.

Tabela 4-1	Adjetivos Masculinos e Femininos no Singular	
Forma Masculina	*Forma Feminina*	*Tradução em Português*
bleu	bleue	*azul*
content	contente	*contente*
dur	dure	*duro/dura*
fatigué	fatiguée	*cansado/cansada*
mauvais	mauvaise	*mau/má*
préféré	préférée	*preferido/preferida*
ravi	ravie	*encantado/encantada*
supérieur	supérieure	*superior*
vrai	vraie	*verdadeiro/verdadeira*

Em muitos casos, o acréscimo do **-e** para obter o feminino singular pode alterar a pronúncia de adjetivos, como **mauvais** (*mau*) e **petit** (*pequeno*), que acabam com uma consoante muda no masculino. Com o acréscimo do **-e**, a consoante, que antes era muda, deve ser pronunciada. Por exemplo, **mauvaise** deve ser pronunciada com o som de **z** no final e **petite** com o som de **t** (veja o Capítulo 2 para mais informações sobre a pronúncia das palavras francesas).

Alguns adjetivos masculinos no singular já terminam em **-e**. Nesses casos, não se deve acrescentar um **-e** a mais para obter a forma feminina. Ele fica do jeito que está. Por exemplo, **aimable** (*amável*), **bête** (*burro*), **calme** (*calmo*), **énorme** (*enorme*), **facile** (*fácil*), **jeune** (*jovem*), **moderne** (*moderno*), **timide** (*tímido*), **riche** (*rico*), **triste** (*triste*) e **utile** (*útil*) têm a mesma forma masculina e feminina no singular. No plural, eles têm a mesma forma masculina e feminina também: **aimables**, **bêtes**, **calmes**, **énormes**, **faciles**, **jeunes**, **modernes**, **timides**, **riches**, **tristes** e **utiles**. Em outras palavras, esses adjetivos têm apenas duas formas, uma para o MS e o FS, e outra para o MP e o FP, em vez das quatro formas costumeiras (veja a seção seguinte para mais informações sobre adjetivos plurais).

Dê a forma feminina dos adjetivos a seguir. Veja o exemplo:

P. petit

R. petite

1. occupé (*ocupado*) _____

2. sincère (*sincero*) _____

3. anglais (*inglês*) _____

4. parfait (*perfeito*) _____

5. court (*curto*) _____

6. noir (*preto*) _____

7. final (*final*) _____

8. haut (*alto*) _____

9. américain (*americano*) _____

10. gris (*cinza*) _____

Como obter o plural do singular

A maneira costumeira de levar um adjetivo para o plural é acrescentando um **-s** à sua forma masculina ou feminina no singular. O **-s** adicional não altera a pronúncia — ele é mudo. A Tabela 4-2 mostra alguns exemplos.

Tabela 4-2	Adjetivos no Singular e no Plural		
Masculino Singular	*Masculino Plural*	*Feminino Singular*	*Feminino Plural*
bleu	bleus	bleue	bleues
content	contents	contente	contentes
dur	durs	dure	dures
fatigué	fatigués	fatiguée	fatiguées
mauvais	mauvais	mauvaise	mauvaises
préféré	préférés	préférée	préférées
ravi	ravis	ravie	ravies
supérieur	supérieurs	supérieure	supérieures
vrai	vrais	vraie	vraies

O adjetivo não precisará de um **-s** a mais para obter o plural se já terminar com **-s** ou **-x** no masculino singular, como **mauvais** (*mau*), na Tabela 4-2. Ele continua do jeito que está, tendo a mesma forma para o masculino singular e o plural. Outros adjetivos desse tipo são **épais** (*grosso*), **anglais** (*inglês*), **gris** (*cinza*), **gros** (*gordo*), **frais** (*fresco*), **bas** (*baixo*), **chinois** (*chinês*), **curieux** (*curioso*), **amoureux** (*apaixonado*), **honteux** (*vergonhoso*), **jaloux** (*ciumento*) e **heureux** (*feliz*).

Dê o plural dos adjetivos masculinos e femininos a seguir. Veja o exemplo:

P. **carré (***quadrado***)**

R. **carrés**

11. **gris** (*cinza*) _____

12. **gentil** (*gentil*) _____

13. **anxieux** (*ansioso*) _____

14. **intelligente** (*inteligente*) _____

15. **jeune** (*jovem*) _____

16. **bonne** (*boa*) _____

17. **bref** (*breve*) _____

18. **blanc** (*branco*) _____

19. jolie (*bonita*) _____

20. américaine (*americano*) _____

Adjetivos Irregulares

Em um mundo perfeito, este capítulo teria terminado aqui. Infelizmente, porém, alguns adjetivos não seguem as regras da maioria. Alguns têm pequenas irregularidades, enquanto outros são simplesmente perversos! Mas as seções a seguir vão lhe mostrar quais são esses adjetivos e o que fazer para dominar as variações que eles apresentam.

Os sufixos irregulares no feminino singular

Alguns adjetivos no masculino singular precisam de mais do que o acréscimo do **-e** (como descrito na seção "Como obter o feminino singular a partir do masculino singular") para se obter a forma do feminino singular. Esta seção lista os adjetivos femininos irregulares em nove categorias baseadas nos sufixos dos adjetivos masculinos para facilitar a compreensão.

- ✔ **Terminando em vogal + consoante**: Para adjetivos que terminam em vogal + consoante, obtém-se o adjetivo FS duplicando essa consoante antes de acrescentar o **-e** do feminino singular. Dentre alguns exemplos, destacamos: **ancien** (*ancião*) vira **ancienne**, **exceptionnel** (*excepcional*) vira **exceptionnelle** e **net** (*limpo*) vira **nette**.

  Essa regra tem exceções. Nem todos os adjetivos terminados em vogal + consoante dobram a consoante antes do **-e** do feminino. Veja alguns exemplos: **féminin** (*feminino*) vira **féminine**, **fin** (*bom*) vira **fine**, **normal** (*normal*) vira **normale**, **brun** (*castanho*) vira **brune** e **gris** (*cinza*) vira **grise**.

- ✔ **Terminando em -eur ou eux:** Para adjetivos que terminam em **-eur** ou **-eux**, substitua o sufixo do masculino singular por **-euse** para obter o feminino singular. Dentre alguns exemplos, destacamos: **fumeur** (*fumante*) vira **fumeuse** e **luxueux** (*luxuoso*) vira **luxueuse**.

  Essa regra também tem exceções. Nem todos os adjetivos terminados em **-eur** vão para **-euse** no feminino. Em alguns casos, só é preciso acrescentar **-e** à forma masculina **-eur**: **inférieur** (*inferior*) vira **inférieure**, **supérieur** (*superior*) vira **supérieure**, **intérieur** (*interior*) vira **intérieure** e **meilleur** (*melhor*) vira **meilleure**.

- ✔ **Terminando em -teur:** Para adjetivos que terminam em **-teur**, substitua **-teur** por **-trice** para obter o feminino singular: **protecteur** (*protetor*) vira **protectrice**, **conservateur** (*conservador*) vira **conservatrice** e **indicateur** (*indicativo*) vira **indicatrice**.

✔ **Terminando em -er:** Para adjetivos que terminam em **-er**, substitua **-er** por **-ère** para obter o feminino singular: **dernier** (*último*) vira **dernière**, **premier** (*primeiro*) vira **première** e **cher** (*caro*) vira **chère**.

✔ **Terminando em -et:** Para adjetivos que terminam em **-et**, substitua o **-et** por **-ète** para obter o feminino singular, como **discret/discrète** (*discreto/discreta*), **complet/complète** (*completo/completa*) e **secret/secrète** (*secreto/secreta*).

✔ **Terminando em -f:** Para adjetivos que terminam em **-f**, substitua o **-f** por **-ve** para obter o feminino singular: **neuf** vira **neuve** (*nova*), **naïf** vira **naïve** (*inocente*), **négatif** vira **négative** (*negativa*) e **sportif** vira **sportive** (*esportiva*).

✔ **Terminando em -on ou -ien:** Para adjetivos que terminam em **-on** ou **-ien**, dobre o **-n** antes de acrescentar o **-e** para obter o feminino singular, como **mignon/mignonne** (*bonitinha*).

Muitos adjetivos pátrios se enquadram nessa categoria, como **canadien/canadienne** (*canadense*), **parisien/parisienne** (*parisiense*) e **italien/italienne** (*italiano/italiana*). No entanto, adjetivos pátrios que terminam em **-ain**, como **américain/américaine** (*americano/americana*) **mexicain/mexicaine** (*mexicano/mexicana*) e **marocain/marocaine** (*marroquino/marroquina*) não dobram o **-n**.

✔ Alguns adjetivos têm forma completamente irregular, não seguindo nenhum padrão. Listei os mais comuns na Tabela 4-3 para que você possa conhecê-los.

Tabela 4-3 Adjetivos Comuns que Mudam Completamente no Feminino Singular

Masculino Singular	Feminino Singular	Tradução para o Português
beau	belle	bonito, bonita
blanc	blanche	branco, branca
bref	brève	breve
doux	douce	suave
faux	fausse	falso, falsa
favori	favorite	favorito, favorita
fou	folle	louco, louca
frais	fraîche	fresco, fresca
franc	franche	franco, franca
grec	grecque	grego, grega
long	longue	longo, longa
mou	molle	mole
noveau	nouvelle	novo, nova

Masculino Singular	Feminino Singular	Tradução para o Português
public	publique	*público, pública*
rigolo	rigolote	*engraçado, engraçada*
roux	rousse	*ruivo, ruiva*
sec	sèche	*seco, seca*
vieux	vieille	*velho, velha*

Dê a forma irregular do feminino singular dos seguintes adjetivos masculinos no singular.

P. **sec**

R. sèche

21. long _____

22. bon _____

23. américain _____

24. premier _____

25. luxueux _____

26. conservateur _____

27. complet _____

28. sportif _____

29. mignon _____

30. parisien _____

31. beau _____

32. blanc _____

33. favori _____

34. mauvais _____

35. fin _____

Os sufixos irregulares no plural

Como visto antes neste capítulo, o que em geral se faz para obter a forma plural de um adjetivo é acrescentar um **-s** à sua forma masculina singular (se o substantivo que está descrevendo for masculino) ou à sua forma feminina singular (se o substantivo for feminino). No entanto, alguns adjetivos necessitam de uma abordagem diferente para se obter o plural. Para alguns, só é preciso um ajustezinho, enquanto outros ficam muito diferentes no plural.

Os sufixos irregulares do masculino plural entram em uma dessas três categorias:

✔ Para adjetivos masculinos no singular que terminam em **-al**, troque o **-al** por **-aux** para obter o plural. Por exemplo: **normal** vira **normaux** e **global** vira **globaux**.

No entanto, muitos adjetivos que terminal em **-al** não seguem essa regra. O seu plural é obtido do modo normal, acrescentando **-s** à sua forma no singular. Eles são: **banal/banals** (*banal*), **fatal/fatals** (*fatal*), **final/finals** (*final*), **glacial/glacials** (*glacial*) e **naval/navals** (*naval*).

✔ Adjetivos masculinos no singular que terminam em **-eau** obtêm o plural acrescentando-se **-x** em vez de **-s**. Por exemplo, **beau** vira **beaux** no plural e **nouveau** vira **nouveaux**.

✔ O adjetivo masculino singular **tout** (*tudo*) vira **tous** no masculino plural. Simples!

Boas notícias! Não existem sufixos femininos irregulares no plural. Tudo o que é preciso fazer é acrescentar **-s** à forma feminina no singular, independentemente de o adjetivo ser regular ou irregular. Por exemplo: a forma feminina singular de **vert** (*verde*) é **verte**. Assim, seu feminino plural é **vertes**. A forma feminina singular de **beau** (*bonito*) é **belle**. Assim, seu feminino plural é **belles**.

Dê o plural dos adjetivos masculinos irregulares a seguir.

P. petit

R. petits

36. fatal _____

37. nouveau _____

38. tout _____

39. final _____

40. normal _____

O Lugar Certo dos Adjetivos

A maioria dos adjetivos é posicionada depois dos substantivos que descrevem. Outros, porém, são posicionados antes do substantivo que descrevem. Outros ainda podem estar antes ou depois do substantivo, dependendo do seu significado. As seções a seguir explicam isso mais detalhadamente.

Adjetivos que vêm depois dos substantivos que descrevem

Assim como em português, os adjetivos geralmente são colocados depois do substantivo que descrevem. Veja alguns exemplos:

> **une maison blanche** (*uma casa branca*)
>
> **un visage intéressant** (*uma face interessante*)
>
> **des gâteaux délicieux** (*bolos deliciosos*)

Nesses exemplos, os adjetivos são **blanche** (*branca*), **intéressant** (*interessante*) e **délicieux** (*deliciosos*). Fácil de lembrar, certo?

Adjetivos que vêm antes dos substantivos que descrevem

Nem todos os adjetivos franceses vêm depois dos substantivos; as seções a seguir dividem esses adjetivos em algumas categorias.

Começando com BIBT

Adjetivos que se referem a algumas qualidades específicas têm de vir antes do substantivo que descrevem, em vez de vir depois dele. Essas qualidades podem ser resumidas pelo acrônimo BIBT:

- ✔ B para beleza: **beau** (*belo*), **joli** (*bonito*)
- ✔ I para idade: **jeune** (*jovem*), **vieux** (*velho*), **nouveau** (*novo*)
- ✔ B para bondade: **bon** (*bom*), **meilleur** (*melhor*), **mauvais** (*mau*), **gentil** (*gentil*)
- ✔ T para tamanho: **petit** (*pequeno*), **haut** (*alto*), **gros** (*gordo*)

Alguns adjetivos que se referem às qualidades incluídas no BIBT não virão antes do substantivo. Na categoria de beleza, as exceções são **laid** (*feio*) e **affreux** (*horrível*); em idade, **âgé** (*idoso*) e, na categoria de bondade, **méchant** (*malvado*). Veja essa diferença na prática:

> **une maison laide** (*uma casa feia*)
>
> **des personnes âgées** (*pessoas idosas*)
>
> **un chien méchant** (*um cão malvado*)

Outros adjetivos que vêm antes dos substantivos

Adjetivos ordinais — quer dizer, adjetivos que descrevem a ordem em que as coisas vêm, como primeiro, segundo, último — vêm antes dos substantivos. Veja alguns exemplos:

> **Le premier jour de la semaine est lundi.** (*O primeiro dia da semana é segunda-feira.*)
>
> **Nous vivons au vingt-et-unième siècle.** (*Vivemos no vigésimo primeiro século.*)
>
> **C'est la deuxième fois qu'il fait une erreur.** (*É a segunda vez que ele comete um erro.*)

O adjetivo **tout** (*tudo, todo*) não vem apenas antes do substantivo, mas também do artigo + substantivo. Veja exemplos com as quatro formas de **tout** (masculino singular, feminino singular, masculino plural e feminino plural):

> **Elle mange tout le temps.** (*Ela come o tempo todo.*)
>
> **Il a plu toute la journée.** (*Choveu o dia inteiro.*)
>
> **Tu travailles tous les jours.** (*Você trabalha todo dia.*)
>
> **Toutes les filles de la classe sont blondes.** (*Todas as meninas da classe são loiras.*)

Os adjetivos **autre** (*outro*), **même** (*mesmo*), **tel** (*tal*) e **faux** (*falso, mentiroso*) também vêm antes dos substantivos. Veja mais alguns exemplos:

> **Je voudrais voir un autre film.** (*Eu gostaria de ver outro filme.*)
>
> **une fausse sortie** (*uma saída falsa*)

Quando o adjetivo muda de lugar, muda de significado

Alguns adjetivos podem vir antes ou depois do substantivo, dependendo do seu significado. Em caso de significado literal, o adjetivo vai depois do substantivo; em caso de sentido figurado, antes. Veja a Tabela 4-4 para alguns adjetivos mais comuns com mudança de significado.

Tabela 4-4	Adjetivos com Mudança de Significado	
Adjetivo	*Tradução em Português Antes do Substantivo*	*Tradução em Português Depois do Substantivo*
ancien	*anterior, último*	*antigo, velho*
certain	*alguns*	*certo*
cher	*querido*	*caro*
dernier	*último* (para lugar)	*passado*
grand (para pessoas)	*excelente*	*alto*
pauvre	*pobre, coitado*	*pobre, falido*
prochain	*próximo* (em uma sequência)	*perto*
propre	*próprio*	*limpo*
seul	*único*	*sozinho*
simple	*mero*	*simples*

Veja o uso desses adjetivos na prática:

Le dernier jour de la semaine est dimanche. (*O último dia da semana é o domingo.*)

Dimanche dernier, el a fait des crêpes. (*Ela fez crepes domingo passado.*)

Ces pauvres animaux ont faim. (*Estes pobres animais têm fome.*)

Paul est un homme pauvre. (*Paul é um homem pobre.*)

Leur ancienne voiture était une Fiat. (*O último carro deles foi um Fiat.*)

Il a acheté une armoire ancienne. (*Ele comprou um armário antigo.*)

Traduza as expressões nominais a seguir para o francês. Consulte um dicionário francês-português se precisar de ajuda. Certifique-se de colocar os adjetivos no lugar apropriado (antes ou depois do substantivo), baseando-se no seu significado, e de fazer a concordância com os substantivos.

P. *coisa certa*

R. **chose certaine**

41. *Seu único amigo*

_____

42. *Seu próprio carro*

_____

43. *Um grande homem*

_____

44. *Um vestido caro*

_____

45. *O último dia do ano*

_____

46. *Uma solução simples*

_____

47. *Sábado passado*

_____

48. *Alguns alunos*

_____

49. *Seu último carro*

_____

50. *Queridos amigos, como estão?*

_____

Respostas

1 occupée

2 sincère (nenhuma alteração)

3 anglaise

4 parfaite

5 courte

6 noire

7 finale

8 haute

9 américaine

10 grise

11 gris (nenhuma alteração)

12 gentils

13 anxieux (nenhuma alteração)

14 intelligentes

15 jeunes

16 bonnes

17 brefs

18 blancs

19 jolies

20 américaines

21 longue

22 bonne

23 américaine

24 première

25 luxueuse

26 conservatrice

27 complète

28 sportive

29 mignonne

30 parisienne

31 belle

32 blanche

33 favorite

34 mauvaise

35 fine

36 fatals

37 nouveaux

38 tous

39 finals

40 normaux

41 son seul ami

42 as propre voiture

43 un grand homme

44 une robe chère

45 le dernier jour de l'année

46 une solution simple

47 Samedi dernier

48 Certains étudiants

49 son ancienne voiture

50 Chers amis, comment allez-vous?

Capítulo 5

Números, Datas e Horas

Neste Capítulo

- ► Contando com números cardinais
- ► Listando coisas usando números ordinais
- ► Quantidades
- ► O nome dos dias, meses, estações do ano e datas
- ► As horas

Números são necessários em tudo o que se faz. Além de serem usados para contar, eles também cumprem um grande papel quando se trata de dizer datas, horas e muito mais. Este capítulo fala sobre números, quantidades, datas e horas de todos os tipos.

De Zero a Bilhões: Números Cardinais

Les nombres cardinaux (*os números cardinais*) servem para contar. Nas seções a seguir, vou listar os números cardinais de 0 a 100 e além. Darei também algumas dicas sobre o uso dos números cardinais em francês.

De 0 a 16

É uma boa ideia começar devagar com os números cardinais em francês. A Tabela 5-1 lista os números de 0 a 16.

Tabela 5-1	Números de 0 a 16		
Número	*Francês*	*Número*	*Francês*
0	zéro	9	neuf
1	un	10	dix
2	deux	11	onze
3	trois	12	douze
4	quatre	13	treize
5	cinq	14	quatorze
6	six	15	quinze
7	sept	16	seize
8	huit		

Atenção à pronúncia dos números! As consoantes finais de **cinq, six, sept, huit, neuf** e **dix** devem ser pronunciadas sempre que esses números aparecerem isoladamente (em uma contagem, por exemplo). Quando seguidas de uma palavra, as consoantes de **six, huit** e **dix** desaparecem (ficam mudas), exceto se a palavra começar por vogal ou **h** mudo, casos em que haverá **liaison**.

De 17 a 69

Depois de 16 (**seize**), tudo muda. Os números passam a usar novamente os números cardinais menores. Escrevem-se as dezenas (10, 20, 30, 40, 50 ou 60) e as unidades (de 1 a 9) com hífen entre eles, exceto 21, 31, 41, 51 e 61, que são unidos pela conjunção **et**, sem hífen. A Tabela 5-2 lista os números de 17 a 29 e, a partir daí, as dezenas 30, 40, 50 e 60.

Tabela 5-2	Números de 17 a 29 e dezenas 30, 40, 50 e 60
Número	*Francês*
17	dix-sept
18	dix-huit
19	dix-neuf
20	vingt
21	vingt et un
22	vingt-deux
23	vingt-trois
24	vingt-quatre
25	vingt-cinq
26	vingt-six

Número	Francês
27	**vingt-sept**
28	**vingt-huit**
29	**vingt-neuf**
30	**trente**
40	**quarante**
50	**cinquante**
60	**soixante**

De 70 a 99

Os números mudam de novo depois de 69. O 70 em francês é **soixante-dix**, o que literalmente significa **60-10**! Segue-se o mesmo padrão para os outros números da dezena do 70: comece com **soixante** e acrescente o número apropriado da dezena. Para 71, diga **soixante et onze** (ou **60 + 11**); para 72, diga **soixante-douze** (60 + 12), e assim por diante (perceba que se deve acrescentar **et** antes de **onze** para o 71).

Para o 80, diga **quatre-vingts**, que literalmente é **4-20s**; a ideia é que se está multiplicando 4 por 20! Para 81 e para o resto da dezena do 80, simplesmente acrescente as unidades depois de **quatre-vingts**, menos o **-s**, assim: **quatre-vingt-un** (81), **quatre-vingt-deux** (82), **quatre-vingt-trois** (83), **quatre-vingt-quatre** (84), **quatre-vingt-cinq** (85), e assim por diante.

O número 21 é **vingt et un** (como visto na seção anterior), mas não se usa o **et** no 81. É só **quatre-vingt-un**.

É necessário acrescentar mais números para dizer o 90: **quatre-vingt-dix**, que significa **80-10**, o que significa que se está somando 10 a 80. Para o resto da dezena do 90, acrescente as dezenas a **quatre-vingt**, assim: **quatre-vingt-onze** (91), **quatre-vingt-douze** (92), **quatre-vingt-treize** (93), e assim por diante.

Você está pronto para contar. Para cada número listado, dê o número anterior e o posterior. Veja o exemplo.

P. vingt-deux

R. vingt et un e vingt-trois

1. dix _____

2. dix-neuf _____

3. quatre-vingt-dix-sept _____

4. trente-deux _____

5. soixante-dix _____

6. soixante-dix-neuf _____

7. quarante-neuf _____

8. neuf _____

9. quatre-vingt-deux _____

10. un _____

Os grandes: 100 e além

Os números franceses a partir de 100 têm algumas características notáveis, as quais descrevo a seguir.

- 100 em francês é **cent** (não se pronuncia o **-t** no final). As centenas não usam **et** nem hífen entre o **cent** e o número que vem depois dele. 101 é **cent un**, 102 é **cent deux**, e assim por diante, usando todos os números de 1 a 99 vistos nas seções anteriores.

- Para falar as centenas, como 200, 300 até 900, diga **deux cents**, **trois cents**, e assim por diante, usando os números cardinais de dois até nove antes do **cents**. Utiliza-se o **-s** se não houver nenhum número depois do **cent**. Caso contrário, não se deve utilizar o **-s**, assim: **deux cent un** (201), **deux cent cinquante** (250), e assim por diante.

- A palavra para *mil* em francês é **mille**. Em francês, 1.000 é escrito sem o ponto, assim: **1000**. Os milhares não usam **et** nem hífen entre **mille** e o número seguinte. 1.001 é **mille un**, 1.002 é **mille deux**, e assim por diante. Repete-se o mesmo processo tanto para os milhares como para as centenas. Por exemplo, para 2.000 e 3.000, você diz **deux mille** e **trois mille**.

  Nota: Em francês, como em português, a vírgula indica um número decimal.

- *100* (**cent**) e *1.000* (**mille**) nunca são precedidos por artigo. Por exemplo:

  Il a fait le tour cent fois. (*Ele deu a volta 100 vezes.*)

  Un chèque de mille dollars. (*Um cheque de 1.000 dólares.*)

- Todos os números grandes a partir de 1.000.000 (**un million**) levam **-s** se forem plural, como em **trois millions** (*3 milhões*), **deux milliards** (*2 bilhões*). Estes são alguns números significativos:

- **mille** (*1.000*)
- **dix mille** (*10.000*)
- **cent mille** (*100.000*)
- **un million** (*1 milhão*)
- **dix millions** (*10 milhões*)
- **cent millions** (*100 milhões*)
- **un milliard** (*1 bilhão*)

Escreva por extenso os números cardinais a seguir em francês. (Perceba que os números estão na forma de escrita portuguesa, com o ponto indicando os milhares.) Veja o exemplo:

P. 4.367

R. quatre mille trois cent soixante-sept

11. 201 _____

12. 3.000 _____

13. 150 _____

14. 1.000 _____

15. 2.999 _____

Colocando as Coisas em Ordem: Números Ordinais

Os números ordinais ajudam a ordenar coisas por meio de palavras, como **premier** (*primeiro*), **deuxième** (*segundo*), e assim por diante. Para obter um número ordinal em francês, simplesmente adicione **-ième** ao número cardinal. Por exemplo, **sept** (*sete*) vira **septième** (*sétimo*). Alguns números precisam de mais ajustes antes de se adicionar o **-ième**, contudo:

✔ Todos os números que terminam em **-e** perdem o **-e** e o substituem por **-ième**. Por exemplo:

> **quatre** → **quatrième** (*quarto*)
>
> **onze** → **onzième** (*décimo primeiro*)

mille → **millième** (*milésimo*)

✔ Para números que terminam em **cinq**, acrescente **-u** antes do **-ième**, assim: **cinquième** (*quinto*)

✔ Para números que terminam em **neuf**, troque o **-f** por **-v** antes do **-ième**, assim: **neuvième** (*nono*)

Para abreviar um número ordinal, como *7.º* em português, escreva o número cardinal seguido pela letra **-e** sobrescrita, assim: **7ᵉ**. Esse símbolo funciona para todos os números, exceto o **un**. *Primeiro* em francês é **premier** (ou **première** antes de substantivo feminino; também se acrescenta **-s** para as formas plurais). Para abreviá-lo, use **-er** ou **-ère** sobrescrito, assim: **1ᵉʳ** ou **1ᵉʳᵉ**.

Veja alguns exemplos de números ordinais em uma frase:

> **Mon bureau est au cinquième étage.** (*Meu escritório está no quinto andar.*)

> **C'est la millième fois que je te le dis!** (*É a milésima vez que eu te digo isso!*)

Pratique a escrita dos números ordinais a partir dos números cardinais dados abaixo. Primeiro veja o exemplo.

P. 6 (six)

R. sixième

16. 100 (**cent**) _____

17. 30 (**trente**) _____

18. 45 (**quarante-cinq**) _____

19. 99 (**quatre-vingt-dix-neuf**) _____

20. 207 (**deux cent sept**) _____

Quantidades

É claro que não é possível usar números quando se quer *um pouco* de açúcar no café. Para isso, é necessário usar expressões de quantidade (incluindo aquelas relacionadas a comida). As seções a seguir vão falar sobre as expressões de quantidade mais comuns.

Expressões específicas de quantidade

Expressões de quantidade devem ser usadas para indicar uma quantidade menos específica do que um número, mas mais específica do que um artigo partitivo, como **du** — (veja o Capítulo 3 para mais detalhes sobre o uso de artigos). A maioria das expressões de quantidade termina com **de** (*de*). Há, porém, exceções: **quelques** (*alguns*), **plusieurs** (*vários*) e **aucun/aucune** (*nenhum/nenhuma*). Veja uma lista das expressões de quantidade mais comuns:

- **assez de** (*o suficiente de*)
- **beaucoup de** (*muito*)
- **combien de** (*quanto/quantos*)
- **la plupart de** (*a maior parte de*)
- **moins de** (*menos de*)
- **ne . . . plus de** (*não mais de*)
- **peu de** (*um pouco de*)
- **plus de** (*mais de*)
- **plusieurs** (*vários*)
- **quelques** (*alguns/um pouco*)
- **trop de** (*muito de[de forma exagerada]*)
- **un peu de** (*um pouquinho de*)

Veja o uso dessas expressões na prática:

> **Il y a beaucoup d'emissions intéressantes ce soir.** (*Vão passar muitos programas interessantes hoje à noite.*)
>
> **Dépêche-toi! Nous avons peu de temps.** (*Depressa! Temos pouco tempo.*)
>
> **Ils ont plusieurs enfants.** (*Eles têm vários filhos.*)

Expressões de quantidade relacionadas a comida

Você quer *uma fatia de torta*? Ou *uma travessa de ostras com uma taça de vinho*? A lista a seguir contém todas as palavras de que vai precisar para fazer pedidos em um restaurante, fazer uma lista de compras ou ler uma receita em francês.

- **une bouteille de** (*uma garrafa de*)
- **un verre de** (*uma taça de/um copo de*)
- **un litre de** (*um litro de*)

✔ **un quart de** (*um quarto de*)

✔ **une tasse de** (*uma xícara de*)

✔ **une douzaine de** (*uma dúzia de*)

✔ **une boîte de** (*uma caixa de*)

✔ **un paquet de** (*um saco de/pacote de*)

✔ **un pot de** (*um pote/frasco de*)

✔ **un morceau de** (*um pedaço de*)

✔ **une tranche de** (*uma fatia de*)

✔ **une cannette de** (*uma lata*; somente para bebidas)

✔ **un kilo de** (*um quilo de*)

✔ **une assiette de** (*um prato de*)

✔ **une tablette de chocolat** (*uma barra de chocolate*)

✔ **un plat de** (*um prato/uma travessa de*)

Complete as frases a seguir com as expressões de quantidade apropriadas. Consulte um dicionário francês-português se precisar de ajuda com o vocabulário. Podem existir várias respostas, embora eu dê somente uma. Veja o exemplo:

P. un _____ pommes

R. kilo de

21. une _____ petits pois

22. une _____ jambon

23. un _____ fromage

24. une _____ thé

25. une _____ oeufs

26. un _____ vin

27. une _____ coca

28. une _____ chocolat

29. un _____ lait

30. un _____ riz

Dias, Meses, Estações do Ano e Datas

Para falar uma data, é preciso conhecer os números (assunto coberto antes neste capítulo), os dias da semana e os meses. As seções a seguir vão apresentar todo esse vocabulário (incluindo as estações do ano).

Os dias da semana

A semana (**la semaine**) francesa começa na segunda-feira (**lundi**). Veja a seguir os dias da semana (**les jours de la semaine**), começando com a segunda-feira.

- ✔ **lundi** (*segunda-feira*)
- ✔ **mardi** (*terça-feira*)
- ✔ **mercredi** (*quarta-feira*)
- ✔ **jeudi** (*quinta-feira*)
- ✔ **vendredi** (*sexta-feira*)
- ✔ **samedi** (*sábado*)
- ✔ **dimanche** (*domingo*)

Usar o artigo definido **le** (*o*) + [dia da semana] quer dizer *todo* + [dia da semana]. Por exemplo: **Le jeudi j'allais chez ma grand-mère** (*Toda quinta-feira, eu ia à casa da minha avó*). Veja o Capítulo 3 para saber mais sobre artigos definidos.

Meses e estações do ano

Os nomes dos meses (**mois**) nunca são precedidos de artigo. Veja aqui os 12 meses com suas respectivas traduções em português:

- ✔ **janvier** (*janeiro*)
- ✔ **février** (*fevereiro*)
- ✔ **mars** (*março*)
- ✔ **avril** (*abril*)
- ✔ **mai** (*maio*)

✔ **juin** (*junho*)

✔ **juillet** (*julho*)

✔ **août** (*agosto*)

✔ **septembre** (*setembro*)

✔ **octobre** (*outubro*)

✔ **novembre** (*novembro*)

✔ **décembre** (*dezembro*)

Em + *mês* em francês é **en** + *mês*, assim:

> **En août, tout ferme en France.** (*Em agosto, tudo fecha na França.*)
>
> **Noël est toujours en décembre.** (*O Natal é sempre em dezembro.*)

As quatro estações do ano (**saisons**) são masculinas em francês:

✔ **le printemps** (*primavera*)

> *Na primavera* em francês é **au printemps**.

✔ **l'été** (*verão*)

> *No verão* em francês é **en été**.

✔ **l'automne** (*outono*)

> *No outono* em francês é **en automne**.

✔ **l'hiver** (*inverno*)

> *No inverno* em francês é **en hiver**.

Datas

É fácil dizer uma data (**la date**) em francês. Basta seguir esta fórmula simples:

> Dia da semana + le + número cardinal + mês + ano

Por exemplo: **mercredi le 12 septembre 2012** (*quarta-feira, 12 de setembro de 2012*).

Se não for dizer o nome do dia da semana, simplesmente diga o número cardinal e o mês, como em **le 12 septembre** (*12 de setembro*), usando o artigo definido **le** antes do número cardinal. Por exemplo:

> **Ils sont partis le 4 janvier.** (*Eles foram embora no dia 4 de janeiro.*)
>
> **La date de son anniversaire est le 5 avril.** (*A data do aniversário dele é 5 de abril.*)

Nunca use números ordinais, como *15.º*, para dizer uma data em francês. Diga apenas **le 25** (literalmente, *o 25*). Uma exceção é o primeiro dia do mês: **le 1er janvier** (*1.º de janeiro*).

Veja algumas expressões úteis para dizer as datas em francês:

- **aujourd'hui** (*hoje*)
- **demain** (*amanhã*)
- **hier** (*ontem*)
- **avant-hier** (*antes de ontem*)
- **après-demain** (*depois de amanhã*)
- **quelle est la date?** (*qual é a data?*)
- **quel jour sommes-nous?** (*que dia é hoje?*)
- **quel jour?** (*que dia?*)
- **en quel mois?** (*em que mês?*)
- **en quelle année?** (*em que ano?*)
- **début** + [mês] (*no começo de*)
- **mi-**[mês] (*no meio de*)
- **fin** + [mês] (*no fim de*)
- **aujourd'hui c'est** + [dia da semana] (*hoje é*)
- **demain ce sera** + [dia da semana] (*amanhã vai ser*)
- **hier c'était** + [dia da semana] (*ontem foi*)

Escreva as datas a seguir em francês. Veja o exemplo:

P. 5/8/12

R. le 5 août 2012

31. 31/1/07 _____

32. 1/6/13 _____

33. 12/12/01 _____

34. 14/7/05 _____

35. 2/11/10 _____

As Horas

Ao falar sobre dias, meses e datas (cobertas antes neste capítulo), pode ser preciso também dizer as horas (**l'heure**). As seções a seguir vão ensiná-lo a fazer isso, tanto no padrão de 12 como no de 24 horas.

O padrão de 12 horas

Geralmente, o tempo é expresso em um relógio de 12 horas. Em francês, primeiro se diz a hora e depois os minutos. Dizer as horas em francês é um pouco diferente de como se faz em português. Esta seção explica tudo sobre isso.

Na hora

Para dizer a hora em francês, use **il est** + [número] + **heure(s)**. Por exemplo: **il est deux heures** (*são duas horas*). **Nota:** Quando for *uma hora*, diga: **il est une heure** (*é uma hora*), usando o feminino singular **une** em vez de **un,** porque a palavra **heure** (*hora*) é feminina.

Sempre use a palavra **heure(s)** (*hora[s]*) quando falar as horas. Ainda que o costume na linguagem coloquial seja pular o **il est**, nunca pule **heure(s)**. Por exemplo: **quelle heure est-il?** (*que horas são?*) **Huit heures** (*oito horas*).

Quantos minutos!

Os minutos (**minutes**) em francês apresentam algumas variações com as quais você talvez não contasse. Veja quais são:

- Para dizer de 1 a 30 minutos, simplesmente diga o número de minutos passados, assim:

   Il est deux heures dix. (Literalmente, *Ele é duas horas dez*, o que quer dizer: *São 2h10*.)

   Il est sept heures vingt-cinq. (*São 7h25*.)

- Para 15 minutos de uma hora, diga **et quart** (*e um quarto*[de hora]). Por exemplo: **Il est une heure et quart.** (*É uma hora e quinze minutos*.)

- Para 30 minutos de uma hora, diga **et demie** (*e meia*). Por exemplo: **Il est une heure et demie.** (*É uma e meia*.)

- De 31 a 59 minutos de uma hora, diga a próxima hora **moins** (*menos*) o número de minutos que faltam, assim:

   Il est quatre heures moins dix. (Literalmente, *4 horas menos 10* ou *3h50*.)

   Il est huit heures moins vingt. (Literalmente, *8 horas menos 20*, o que quer dizer *7h40*.)

- Para 15 minutos até a próxima hora, diga **moins le quart** (*menos um quarto*).

Por exemplo: **Il est trois heures moins le quart.** (*Falta um quarto de hora [15min] para as 3*, ou seja, *2h45.*)

✔ Para abreviar uma hora em francês, use a letra **h** (para **heure**), assim: **8h 10** (*8h10*).

✔ O francês tem palavras específicas para o meio-dia e para a meia-noite: **midi** (*meio-dia*) e **minuit** (*meia-noite*). Essas duas palavras são usadas sem dizer **heures**. Por exemplo: **Il est minuit. Tout le monde au lit!** (*É meia-noite. Todo mundo para a cama!*)

✔ No padrão de 12 horas, há a necessidade de esclarecer se são *8 da manhã* ou *8 da noite*. Isso pode fazer uma grande diferença! O francês usa algumas expressões para diferenciar *a manhã* (**le matin**), *a tarde* (**l'après-midi**) e *a noite* (**le soir**).

- **du matin** (*da manhã*)

  Por exemplo: **Il part à six heures et demie du matin.** (*Ele vai embora às 6h30 da manhã.*)

- **de l'après-midi** (*da tarde*)

  Por exemplo: **En hiver il fait nuit à cinq heures de l'après-medi.** (*No inverno, anoitece às 5 horas da tarde.*)

- **du soir** (*da noite*)

  Por exemplo: **Ils dînent à sept heures du soir.** (*Eles jantam às 7 da noite.*)

As expressões a seguir podem ser úteis ao falar as horas em francês.

✔ **pile** (*em ponto*). Por exemplo: **Il mange à midi pile.** (*Ele come ao meio-dia em ponto.*)

✔ **à** (*às*). Por exemplo: **Viens à trois heures.** (*Venha às 3h.*)

✔ **C'est à quelle heure?** (*A que horas vai ser?*)

✔ **vers** (*por volta das*). Por exemplo: **Je passerai vers 9 heures.** (*Vou passar por volta das 9 horas.*)

Diga que horas são em francês usando o padrão das 12 horas. Não se esqueça de mencionar o equivalente em francês *da manhã*, *da tarde* ou *da noite* em cada frase. Veja o exemplo:

P. **São 8h10 da manhã.**

R. **Il est huit heures dix du matin.**

36. São 9h30 da noite. _____

37. É 1h15 da noite. _____

38. São 11h25 da manhã. _____

39. São 6h45 da noite. _____

40. É meia-noite. _____

O padrão de 24 horas

Esta seção pode significar a diferença entre conseguir chegar no horário ou perder o trem, caso você algum dia viaje para a França. O padrão de 24 horas é bem simples, porque tudo o que se tem de fazer é somar. Nada mais de **moins le quart** ou **et demie** e coisas assim. Tudo o que se precisa saber é que o padrão de 24 horas começa em **zéro heure** (*0h*) e termina às **23:59** (*23h59*), sendo necessário colocar dois pontos entre as horas e os minutos em vez do **h**. Por exemplo, **13:00** (**treize heures**) é *1 da tarde*; **14:00** (**quatorze heures**) são *2 da tarde*, **15:00** (**quinze heures**) são *3 da tarde*, e assim por diante. Fica claro também que todas as horas depois das 12 (meio-dia) são *da tarde/noite*, não havendo mais necessidade de **du matin**, **de l'après-midi** ou **du soir**.

Veja alguns exemplos:

> **Le film commence à 20:40** (**vingt heures quarante**). (*O filme começa às 20h40.*)
>
> **Le bureau est ouvert de 8:00** (**huit heures**) **à 17:30** (**dix-sept heures trente**). (*O escritório está aberto das 8h às 17h30.*)
>
> **Le déjeuner est servi à 12:15** (**douze heures quinze**) **et le diner à 19:45** (**dix-neuf heures quarante-cinq**). (*O almoço é servido às 12h15 e o jantar, às 19h45.*)

Converta as horas a seguir de 24 horas para o padrão de 12 horas, em francês. Certifique-se de indicar se se trata do período da manhã ou da tarde/noite. Veja o exemplo.

P. **13:45**

R. **deux heures moins le quart de l'après-midi**

41. 21:40 _____

42. 18:30 _____

43. 12:15 _____

44. 0:10 _____

45. 14:40 _____

Respostas

1 neuf e onze

2 dix-huit e vingt

3 quatre-vingt-seize e quatre-vingt-dix-huit

4 trente et un e trente-trois

5 soixante-neuf e soixante et onze

6 soixante-dix-huit e quatre-vingts

7 quarante-huit e cinquante

8 huit e dix

9 quatre-vingt-un e quatre-vingt-trois

10 zéro e deux

11 deux cent un

12 trois mille

13 cent cinquante

14 mille

15 deux mille neuf cent quatre-vingt-dix-neuf

16 centième

17 trentième

18 quarante-cinquième

19 quatre-vingt-dix-neuvième

20 deux cent septième

21 boîte de

22 tranche de

23 morceau de

24 tasse de

25 douzaine d'

26 verre de

27 cannette de

28 tablette de

29 litre de

30 paquet de

31 le 31 janvier 2007

32 le 1er juin 2013

33 le 12 décembre 2001

34 le 14 juillet 2005

35 le 2 novembre 2010

36 Il est neuf heures et demie du soir.

37 Il est une heure et quart de l'après-midi.

38 Il est onze heures vingt-cinq du matin.

39 Il est sept heures moins le quart du soir.

40 Il est minuit.

41 dix heures moins vingt du soir

42 six heures et demie du soir

43 midi et quart

44 minuit dix

45 trois heures moins vingt de l'après-midi

Parte II

Construindo Sentenças Afirmativas, Negativas e Interrogativas

As Palavras e Expressões Negativas Mais Comuns em Francês

Palavra Negativa em Francês	Equivalente em Português
aucun/aucune (+ substantivo)	*nenhum/nenhuma*
jamais	*nunca*
même pas	*nem mesmo*
ni . . . ni	*nem . . . nem*
nulle part	*em lugar nenhum*
pas	*não*
pas encore	*ainda não*
pas grand-chose (informal)	*não muito*
pas non plus	*nenhum dos dois*
personne	*ninguém*
plus	*não mais*
rien	*nada*

Nesta parte...

- ✔ Aprenda a construir frases básicas com sujeito e verbo no presente do indicativo.

- ✔ Aprenda a usar verbos pronominais, os quais são conjugados com o auxílio de um pronome reflexivo.

- ✔ Aprenda a dizer que não vai fazer alguma coisa com a ajuda de palavras e expressões negativas.

- ✔ Aprenda a construir perguntas simples e complexas e a reagir entusiasticamente com o uso de exclamações.

Capítulo 6

Familiarizando-se com o Presente do Indicativo

Neste Capítulo

- O básico sobre verbos franceses
- Como conjugar verbos regulares, verbos semi-irregulares e irregulares no presente do indicativo

O presente do indicativo é o tempo do aqui e agora. Um verbo no presente do indicativo (**le présent**) descreve uma ação que está acontecendo enquanto você fala. Trata-se de uma ação do dia a dia ou genérica. Por exemplo:

Il mange une pomme. (*Ele come/está comendo uma maçã.*)

Nous dînons toujours vers huit heures. (*Nós sempre jantamos por volta das 20h.*)

Les enfants aiment les bonbons. (*As crianças amam balas.*)

O presente do indicativo serve para falar sobre o que acontece à sua volta e sobre os seus pensamentos no momento em que fala, como em **Il pleut; je n'aime pas ça** (*Está chovendo; eu não gosto disso*). O presente é também o tempo da comunicação comum, como nestas perguntas do dia a dia: "Do que você precisa?" ou "O que você está fazendo?".

Como esses exemplos mostram, o português tem mais de um meio de expressar o presente: pode-se dizer *ela lê* ou *ela está lendo*. No entanto, o francês tem apenas uma forma de expressar ações no presente: usando o presente do indicativo. Você vai se familiarizar com ele neste capítulo, porque é o tempo verbal mais importante de todos. As seções a seguir farão um resumo dos pronomes sujeitos e dos infinitivos dos verbos, e depois explicarão como conjugar verbos regulares, semi-irregulares e irregulares. Em seguida, será possível escrever a sua primeira frase!

 Um dicionário não vai informar de cara se um verbo é regular ou irregular. A única maneira de descobrir isso é consultando um livro de verbos ou lendo os exemplos em francês dados no dicionário.

O Básico sobre os Verbos Franceses

O verbo é o que faz uma frase pulsar, independentemente do idioma. Afinal, ele transmite a ação de uma frase e indica se ela está acontecendo agora (no presente), se já aconteceu (no passado) ou se vai acontecer (no futuro). O verbo também indica quem está realizando aquela ação, através do uso de um sujeito, como **je** (*eu*), **tu** (*você*), **il** (*ele*), e assim por diante. Ele também sofre mudanças em sua forma, dependendo do sujeito da oração. As seções a seguir explicam o que são pronomes sujeitos e como eles ajudam a conjugar os verbos a partir do infinitivo.

Os pronomes sujeitos

Para fazer um verbo entrar em ação, é preciso saber quem está realizando essa ação: o sujeito. O francês tem nove possíveis opções de sujeito. Veja a lista dos pronomes sujeitos franceses com os seus respectivos equivalentes em português.

- **je** (**j'** antes de vogal) (*eu*)
- **tu** (*você* [singular informal])
- **il** (*ele*)
- **elle** (*ela*)
- **on** (*alguém/nós*)
- **nous** (*nós*)
- **vous** (*vocês* [singular formal ou plural formal e informal])
- **ils** (*eles*)
- **elles** (*elas*)

O pronome je

Je significa *eu*. Antes de vogal ou **-h** mudo, **je** vira **j'**. É o único pronome sujeito que é *elidido* (ou seja, o **-e** desaparece antes de vogal ou **-h** mudo; veja o Capítulo 3 para mais detalhes sobre elisão), como mostram os exemplos a seguir.

> **J'aime les bonbons.** (*Eu gosto de balas.*)
>
> **J'ai un chat.** (*Eu tenho um gato.*)

O pronome tu

Tu significa *você* na conversa do dia a dia. É usado para conversar com uma pessoa que se conhece bem, como um membro da família, um colega de classe ou uma criança. Não se diz **tu** a uma pessoa que nunca se viu antes, ou a alguém a quem se deve mostrar respeito, ou em uma relação de negócios, como ao falar com um médico ou um atendente em uma loja. (Para se dirigir a um desconhecido ou a um grupo de pessoas, use **vous**, o *você* formal ou *vocês* formal/informal. Vou falar sobre **vous** mais adiante neste capítulo.)

Os pronomes il, elle e on

Il significa *ele* e pode se referir a uma pessoa ou coisa masculina, como **un livre** (*um livro*). Por exemplo:

> **Où est ton livre? Il est sur mon bureau.** (*Onde está o seu livro? Está na minha escrivaninha.*)

Il também pode se referir a um sujeito impessoal. É usado em expressões que só existem no modo impessoal, como em **il faut** (*é preciso*), **il fait beau** (*o tempo está bom*), **il pleut** (*está chovendo*), **il est midi** (*é meio-dia*) e em todas as demais expressões sobre tempo e clima.

Um verbo conjugado por **il**, em francês, nunca termina com **-s**. Dependendo do grupo de conjugação, o **-s** aparece nas conjugações de **je** e **tu**.

O pronome **elle** pode se referir a uma pessoa ou coisa feminina, como **une maison** (*uma casa*). Por exemplo:

> **Regarde cette maison! Elle est vraiment belle.** (*Olhe essa casa! Ela é bonita mesmo.*)

O pronome **on** tem alguns usos diferentes.

- ✔ Ele pode significar *a pessoa/alguém*, como em **Écoute! On ouvre la porte!** (*Escute! Alguém está abrindo a porta!*)

- ✔ Ele também é usado para falar sobre as pessoas em geral, como em **On ne se parle plus; on envoie des textos.** (*As pessoas não conversam mais; elas mandam mensagens de texto.*)

- ✔ E, finalmente, é o equivalente informal de **nous** (*nós*), como em **On se voit demain** (*Nos vemos amanhã*). Até quando **on** quer dizer *nós* (um sujeito do plural), o verbo é conjugado na terceira pessoa do singular. Só o contexto vai dizer a qual **on** a frase se refere.

Com o sentido generalizante, **on** pode equivaler, em português, ao índice de indeterminação do sujeito -se, como no exemplo: **En France on mange bien.** (*Come-se bem na França.*)

O pronome nous

Nous significa *nós*. Ao usar **nous**, você está se incluindo no grupo. Todos os verbos conjugados por **nous** apresentam a terminação **-ons** em todos os tempos, com exceção de **être** (*ser*) no presente, que é conjugado como **nous sommes** . Veja alguns exemplos: **nous aimons** (*nós gostamos*), **nous finissons** (*nós terminamos*) e **nous avons** (*nós temos*).

O pronome vous

O pronome **vous** expressa o singular formal *você* (em português, corresponderia a *o senhor/a senhora*) e também o plural *vocês*, tanto do registro formal como informal. Deve-se dirigir a um grupo de crianças ou vários membros da família como **vous**, mas deve-se fazer o mesmo a um grupo de professores. Mesmo quando expressar o *você* singular informal, **vous** ainda requer um verbo no plural, ou seja, sempre terminando em **-ez**. As exceções são os verbos **dire** (*dizer*), **faire** (*fazer*) e **être** (*ser*). Vou falar mais detalhadamente sobre esses verbos adiante, neste capítulo.

Os pronomes ils e elles

Ils é o equivalente plural do singular **il**. Significa *eles* quando *eles* se referir a todos os sujeitos masculinos ou a uma mistura de sujeitos masculinos e femininos. Mesmo se um grupo for composto na maior parte por sujeitos femininos e apenas um sujeito masculino, ainda assim será descrito com **ils**. Veja o que quero dizer neste exemplo:

> **Ton fils et tes trois filles, comment vont-ils?** (*Seu filho e suas três filhas, como eles estão?*)

Elles é o equivalente plural do singular **elle**. Significa *elas* apenas se os sujeitos a que se refere na frase forem todos femininos, como quando se fala sobre um grupo de estudantes do sexo feminino: **Elles sont intelligentes** (*Elas são inteligentes*).

Todas as formas de **ils/elles** no presente do indicativo terminam em **-ent**, exceto **être** (*ser*), **avoir** (*ter*), **aller** (*ir*) e **faire** (*fazer*). Essas exceções terminam em **-ont** (esses verbos serão considerados adiante neste capítulo).

Complete as frases a seguir com o pronome sujeito apropriado, baseando-se na tradução em português de cada uma. Veja o exemplo:

P. _____ **aime le chocolat.** (*Eu gosto de chocolate.*)

R. J'

1. _____ **va au cinéma.** (*Nós* [**informal**] *vamos ao cinema.*)

2. _____ **danse bien.** (*Ela dança bem.*)

3. **Voulez-**_____ **du café?** (*Você* [**singular formal**] *quer café?*)

4. _____ **suis fatigué aujourd'hui.** (*Hoje eu estou cansado.*)

5. **Est-ce que** _____ **peux m'aider?** (*Você* [**informal singular**] *pode me ajudar?*)

6. _____ **sortons ce soir.** (*Nós vamos sair hoje à noite.*)

7. **Où est ton livre?** _____ **est sur la table.** (*Onde está seu livro? Ele está na mesa.*)

8. **Jules et ses soeurs vont en France.** _____ **ont de la chance!** (*Jules e suas irmãs vão para a França. Eles têm sorte.*)

9. **"Salut mes amis!** _____ **voulez venir au ciné avec moi?"** (*"Olá, meus amigos! Vocês querem ir ao cinema comigo?"*)

10. Ces boissons [f.] fument! _____ sont trop chaudes! (*Está saindo fumaça dessas bebidas. Elas estão muito quentes!*)

Os infinitivos e as conjugações

Um *infinitivo* é a forma de um verbo que não apresenta marcas de pessoa, tempo ou modo. Em português, o infinitivo sempre termina em *-ar*, *-er* ou *-ir*. Por exemplo, *falar*, *comer* e *sair*. Em francês, o infinitivo pode ter uma destas quatro terminações: **-er**, **-ir**, **-oir** ou **-re**. Por exemplo, **parler** (*falar*), **finir** (*terminar*), **savoir** (*saber*) e **vendre** (*vender*).

Em francês, cada forma verbal corresponde a um sujeito diferente. A conjugação de qualquer verbo tem seis formas distintas: três para o singular e três para o plural. Veja a conjugação do verbo **parler** (*falar*) no presente do indicativo:

parler (*falar*)	
je **parle**	nous **parlons**
tu **parles**	vous **parlez**
il/elle/on **parle**	ils/elles **parlent**

Em alguns verbos, as conjugações de **je** e de **tu** são iguais e, em outros, as conjugações de **je** e de **il/elle/on** são iguais. Fora isso, todas as conjugações são diferentes.

Todo tempo verbal simples (composto de uma única forma verbal) tem essas seis formas, do presente do indicativo ao subjuntivo. Os tempos simples essenciais são o presente do indicativo, o pretérito imperfeito do indicativo (veja o Capítulo 16), o futuro do presente do indicativo (veja o Capítulo 17), o condicional (veja o Capítulo 18) e o subjuntivo presente (veja o Capítulo 19). São muitas conjugações para estudar, não é? Mas espere! Cada tempo tem o seu padrão, uma maneira de ajudá-lo a conjugar, algo que é compartilhado pela maioria dos verbos.

Por exemplo, as conjugações do presente do indicativo seguem um padrão que se aplica a todos os verbos regulares. Para obter o radical da maioria dos verbos, tire o sufixo do infinitivo (**-er, -ir, -oir** ou **-re**). Uma vez que obteve o radical, é só ligar as terminações a ele. As terminações são diferentes para cada um desses grupos (veja a próxima seção para obter mais detalhes).

A Conjugação dos Verbos Regulares

Pense em todas as coisas que poderia fazer em um dia. Sim, é muita coisa! Isso também significa muitos verbos para conjugar. Para simplificar as coisas, o francês classificou os verbos em três tipos, com base nos sufixos dos seus infinitivos.

- O grupo maior é o dos verbos que terminam em **-er**, como **parler** (*falar*).

- O que vem em segundo lugar é o grupo dos verbos que terminam em **-ir** (mas nem todos), como **finir** (*terminar*).

- O terceiro grupo consiste nos verbos que terminam em **-re**, em **-oir** e em **-ir**, mas que não estão no segundo grupo, como **vendre** (*vender*), **voir** (*ver*) e **partir** (*partir*).

  Nota: Dentre os verbos do terceiro grupo, apenas aqueles que terminam em **-re** são regulares (com poucas exceções). Os demais verbos são irregulares e serão abordados adiante, na seção "Os Verbos Irregulares".

Cada um desses tipos segue um padrão de conjugação para cada tempo verbal. As seções a seguir explicarão o padrão do presente do indicativo para cada grupo e como conjugar.

Pense no infinitivo como um nome de família do verbo: uma família tem o mesmo sobrenome, mas cada membro da família tem as suas próprias características, não é? Use o infinitivo para reconhecer o tipo de verbo (**-er, -ir, -oir** ou **-re**), o que possibilitará que você descubra o padrão de conjugação e encontre o verbo no dicionário para consulta.

Os verbos em -er

Os verbos em **-er** compõem mais de 80% dos verbos franceses. Isso é bom; afinal, depois de aprender o seu padrão de conjugação no presente do indicativo, você vai poder conjugar 80% dos verbos franceses. Isso não é ótimo?

Para conjugar um verbo em **-er** regular, tire o **-er** do infinitivo para obter o radical. Depois, adicione as seis terminações do presente do indicativo específicas para os verbos em **-er**: **-e, -es, -e, -ons, -ez, -ent** e pronto. Fácil! A tabela a seguir conjuga um verbo em **-er** regular: **aimer** (*gostar*).

aimer (*gostar*)	
j'aime	nous **aimons**
tu **aimes**	vous **aimez**
il/elle/on **aime**	ils/elles **aiment**

Aller (*Ir*) é um verbo muito comum e se parece com um verbo em **-er** regular, mas não é. **Aller** é um verbo irregular; veja a sua conjugação adiante, na seção "Os quatro verbos fatais: **être**, **avoir**, **aller** e **faire**".

Os verbos em -ir

O grupo de verbos em **-ir** vem em segundo lugar dentre os verbos mais comuns. Para conjugar um verbo em **-ir** regular no presente do indicativo, tire o **-ir** do infinitivo para obter o radical. Depois, adicione as terminações do presente do indicativo específicas para os verbos em **-ir**: **-is**, **-is**, **-it**, **issons**, **-issez** e **issent**. A tabela a seguir conjuga um verbo em **-ir** regular: **finir** (*terminar*).

finir (*terminar*)	
je **finis**	nous **finissons**
tu **finis**	vous **finissez**
il/elle/on **finit**	ils/elles **finissent**

Nem todos os verbos em **-ir** seguem esse padrão. A seção "Os verbos em **-ir** irregulares", adiante, o familiarizará com alguns verbos em **-ir** que pertencem ao terceiro grupo de conjugação e seguem um padrão diferente. Então, tenha cuidado quando usar verbos que terminam com **-ir**.

Os verbos em -re

Verbos regulares que terminam em **-re** formam uma parte do terceiro grupo de conjugação. Para conjugar um verbo regular em **-re** no presente do indicativo, tire o **-re** no infinitivo, da mesma maneira que se faz com verbos que terminam em **-er** e **-ir**. O resultado disso é o radical. Ao obter o radical, conjugue o verbo no presente do indicativo, adicionando as terminações do presente do indicativo específicas para os verbos em **-re**: **-s**, **-s**, nada, **-ons**, **-ez** e **-ent**. A tabela a seguir conjuga um verbo em **-re** regular: **vendre** (*vender*).

vendre (*vender*)	
je **vends**	nous **vendons**
tu **vends**	vous **vendez**
il/elle/on **vend**	ils/elles **vendent**

Os demais verbos do terceiro grupo são irregulares, por isso não foram apresentados nesta seção. Adiante, confira detalhes sobre verbos irregulares na seção "Os Verbos Irregulares".

Dê o presente do indicativo dos verbos em **-er**, **-ir** e **-re** regulares a seguir, usando o pronome sujeito entre parênteses. Veja o exemplo:

P. aimer (je)

R. j'aime

11. choisir (il) _____

12. entendre (vous) _____

13. réagir (nous) _____

14. travailler (tu) _____

15. grandir (ils) _____

16. donner (ils) _____

17. répondre (je) _____

18. réussir (elle) _____

19. descendre (elles) _____

20. jouer (on) _____

Alguns Verbos em -er Regulares, mas Desobedientes

Considerando a quantidade de verbos em **-er** que o francês tem, já era de se esperar que nem todos eles seguissem os padrões de conjugação com o mesmo nível de obediência. Esta seção lista os verbos em **-er** que se comportam mal em vários grupos, para que seja mais fácil identificá-los. A boa notícia, porém, é que a *maioria* deles segue o padrão de conjugação dos verbos em **-er** regulares: o **-er** desaparece do infinitivo e as terminações são as mesmas do presente do indicativo. É por isso que esses verbos desobedientes ainda são considerados regulares. A diferença está no radical, antes da terminação sufixo.

Verbos que terminam em -cer e -ger

Às vezes, um verbo precisa de um ajustezinho em prol da pronúncia, para manter um som consistente em todas as suas formas (não estou falando das terminações, claro). Os infinitivos desses verbos terminam em **-cer** e **-ger**. As seções a seguir mostram como ajustá-los.

Verbos que termiam em -cer

O **c**, em francês, tem dois sons: um suave, como na palavra portuguesa *suave*, e outro duro, como na palavra portuguesa *cama*. O **c** francês segue estas regras de pronúncia:

- ✔ o **c** é suave quando vem antes de **-e** ou **-i**
- ✔ o **c** é duro quando vem antes de **-a**, **-o** ou **-u**

Os verbos que terminam em **-cer** têm som suave no infinitivo e desejam continuar assim em todas as suas formas do presente do indicativo. Tudo está muito bem enquanto as terminações começarem com **-e** ou **-i.** A maioria das terminações no presente não gera problemas, pois são **c** + **e**, um som suave, como nas seguintes formas conjugadas do verbo **prononcer** (*pronunciar*): **je prononce**, **tu prononces**, **il/elle/on pononce**, **vous prononcez** e **ils/elles prononcent**.

O problema surge quando o sufixo **-ons,** resultado da conjugação de **nous,** é adicionado ao radical, porque **c** + **o** resulta em um som duro. Para voltar ao som suave do infinitivo, há a necessidade de modificar o próprio **c,** acrescentando uma cedilha nele, assim: **ç** (para saber mais sobre a cedilha e a pronúncia francesa, veja o Capítulo 2). O resultado é **nous prononçons**.

Outros verbos que seguem esse padrão incluem **commencer** (*começar*), **annoncer** (*anunciar*) e **remplacer** (*substituir*).

Verbos que termiam em -ger

O **g**, em francês, tem dois sons: um som suave de *j*, como na palavra portuguesa *jaca*, e um som duro, como na palavra portuguesa *guitarra*. O **g** francês segue estas regras de pronúncia:

- ✔ o **g** é suave antes de **-e** ou **-i**
- ✔ o **g** é duro antes de **-a**, **-o** ou **-u**

Verbos que terminam em **-ger** têm som suave no infinitivo e querem permanecer assim em todas as suas conjugações. Tudo está bem enquanto as terminações começarem com **-e** ou **-i.** A maioria das terminações no presente não gera problemas, pois são **g** + **e**, um som suave, como nas seguintes formas conjugadas do verbo **manger** (*comer*): **je mange, tu manges, il/elle/on mange, vouz mangez** e **ils/elles mangent**.

O problema surge quando o sufixo **-ons,** resultado da conjugação de **nous,** é adicionado ao radical, porque **g** + **o** tem som duro! Para voltar ao som suave do infinitivo, há a necessidade de acrescentar um **-e** antes do **-ons**, já que o som suave fica feliz com as terminações que começam com **-e**. A forma ajustada é **nous mangeons**. *Nota*: o **-e** não é pronunciado.

Outros verbos que seguem esse padrão incluem **changer** (*mudar*), **voyager** (*viajar*), **nager** (*nadar*) e **ranger** (*arrumar*).

Verbos que terminam em -yer

Verbos que terminam em **-yer** — como **payer** (*pagar*) — variam entre **-y** + [terminação] e **-i** + [terminação]. São dois casos principais:

Os verbos terminados em **-ayer** (híbridos)**:**

- ✔ Mantêm o **-y** do infinitivo antes das terminações de **nous** e **vous**: por exemplo, **nous payons** (*nós pagamos*) e **vous payez** (*vocês pagam*).

- ✔ Podem substituir ou não o **-y** do infinitivo por **-i** diante dos outros pronomes sujeitos, por exemplo, **je paie/paye** (*eu pago*), **tu paies/payes** (*você paga*), **il/elle/on paie/paye** (*ele/ela/alguém paga*) e **ils/elles paient/payent** (*eles/elas pagam*).

Os verbos terminados em **-oyer** ou **-uyer**:

- ✔ Mantêm o **-y** do infinitivo antes das terminações de **nous** e **vous**: por exemplo, **nous envoyons** (*nós enviamos*) e **vous envoyez** (*vocês enviam*).

- ✔ Substituem o **-y** do infinitivo por **-i** diante dos outros pronomes sujeitos: por exemplo, **j'envoie** (*eu envio*), **tu envoies** (*você envia*), **il/elle/on envoie** (*ele/ela/alguém envia*) e **ils/elles envoient** (*eles/elas enviam*).

Outros verbos que seguem esse padrão incluem **s'ennuyer** (*entediar-se*) e **nettoyer** (*limpar*).

Verbos que dobram sua consoante final

Alguns verbos seguem o padrão de **appeler** (*chamar*) e **jeter** (*jogar*). Em ambos, a última consoante, o **-l** e o **-t**, respectivamente, dobra em todas as formas da sua conjugação, exceto para **vous** e **nous**. Eles estão nas tabelas a seguir para futura referência.

appeler (*chamar*)	
j'appelle	nous **appelons**
tu **appelles**	vous **appelez**
il/elle/on **appelle**	ils/elles **appellent**

jeter (*jogar*)	
je **jette**	nous **jetons**
tu **jettes**	vous **jetez**
il/elle/on **jette**	ils/elles **jettent**

Nota: Nas formas conjugadas que apresentam dupla consoante, o **-e** que vem imediatamente antes da dupla consoante tem pronúncia aberta, ao passo que, nas formas de **nous** e **vous**, o mesmo **-e** tem pronúncia fechada.

Outros verbos que seguem esse padrão incluem **épeler** (*soletrar*), **étinceler** (*cintilar*), **renouveler** (*renovar*) e **feuilleter** (*folhear*).

Veja alguns exemplos:

> **Il feuillette toujours un livre avant de l'acheter.** (*Ele sempre folheia o livro antes de comprá-lo.*)

> **Épelez votre nom, s'il vous plait.** (*Soletre seu nome, por favor.*)

Verbos que terminam com e/é + consoante + -er

Verbos que terminam em **e/é** + consoante + **-er** têm radicais que variam entre **e/é** e **è**. Esses verbos:

- ✔ Mantêm o **e/é** antes das terminações de **nous** e **vous**: por exemplo, **nous achetons** (*nós compramos*).

- ✔ Substituem o **e/é** por **è** diante dos demais pronomes sujeitos: por exemplo, **ils achètent** (*eles compram*).

A tabela a seguir mostra a conjugação completa para **acheter** (*comprar*).

acheter (*comprar*)	
j'achète	nous **achetons**
tu **achètes**	vous **achetez**
il/elle **achète**	ils/elles **achètent**

Outros verbos dessa categoria incluem **amener** (*trazer*), **enlever** (*levantar*), **geler** (*congelar*), **se lever** (*levantar-se*), **se promener** (*passear*), **espérer** (*esperar*), **posséder** (*possuir*), **préférer** (*preferir*), **répéter** (*repetir*) e **suggérer** (*sugerir*).

Conjugue os verbos em **-er** desobedientes entre parênteses na forma correta do presente do indicativo. Veja o exemplo:

P. Elle _____ un papier sale. (jeter)

R. jette

21. Elle _____ Julie. (s'appeler)

22. Nous _____ en train. (voyager)

23. Vous _____ le français ou les maths? (préférer)

24. Il _____ la facture. (payer)

25. Nous _____ le chapitre. (commencer)

26. Le professeur _____ la conjugaison. (répéter)

27. Les étoiles _____ dans le ciel. (étinceler)

28. J' _____ que tu viendras me voir. (espère)

29. Tu _____ des emails souvent. (envoyer)

30. Ses parents _____ ses études. (payer)

Os Verbos Irregulares

Alguns verbos não seguem os padrões dos verbos regulares nem dos semi-irregulares vistos anteriormente nas seções "A Conjugação dos Verbos Regulares" e "Alguns Verbos em **-er** Regulares, mas Desobedientes" para conjugação no presente do indicativo. Eles compõem a maior parte do terceiro grupo de conjugação (terminados em **-re, -oir, -ir**), são irregulares e, na verdade, muitos deles não seguem padrão algum! Mas ainda é possível fazer uso de algumas características comuns a todos os verbos, sejam eles regulares ou irregulares: é preciso obter o radical ao qual todas as terminações são adicionadas; e as terminações para **nous**, **vous** e **ils/elles** ainda são, respectivamente, **-ons**, **-ez** e **-ent**.

Alguns dos verbos irregulares a seguir compartilham das mesmas irregularidades. Eles foram divididos em grupos separados para que seja mais fácil reconhecê-los no futuro. Prepare-se para conhecer as particularidades dos verbos irregulares!

Os verbos em -ir irregulares

Muitos verbos têm o sufixo **-ir**, mas nem todos eles são bonzinhos! Os verbos em **-ir** que apresentarei a seguir seguem os seus próprios padrões.

Verbos em -ir curtos

Cerca de 30 verbos em **-ir** não seguem o padrão de conjugação regular **-ir** de **finir,** que apresentei antes na seção "Os verbos em **-ir**". Eu os chamo de verbos *curtos,* porque eles não têm a parte **-iss** dos sufixos plurais que os verbos em **-ir** regulares apresentam. Para conjugar tais verbos em, a maneira mais simples é separar as formas singulares (**je**, **tu**, **il/elle/on**) das formas plurais (**nous, vous, ils/elles**).

Veja como conjugar os verbos em **-ir** curtos, no presente do indicativo, nas formas de **je**, **tu** e **il/elle/on**:

1. **Tire o sufixo -ir, bem como a última consoante antes dele.**

   Por exemplo, para o verbo **partir** (*partir*), tire **-tir**, ficando com **par-**.

2. **Agora acrescente a terminação que concorda com o seu sujeito: -s, -s ou -t.**

   Nesse exemplo, as formas conjugadas são: **je pars**, **tu pars**, **il/elle/on part**.

Veja, agora, como conjugar os verbos em **-ir** curtos, no presente do indicativo, nas formas de **nous**, **vous**, **ils/elles**:

1. **Tire o -ir do infinitivo para obter o radical.**

   Por exemplo, para o verbo **partir**, tire **-ir**, ficando com **part-**.

2. **Agora acrescente a terminação -ons, -ez ou -ent.**

   Conjugando o verbo **partir**, temos: **nous partons, vous partez, ils/ elles partent**.

As tabelas a seguir dão um exemplo da conjugação do **-ir** irregular, em comparação com a conjugação de um verbo em **-ir** regular, para que seja possível ver claramente o **-iss** inexistente no plural. O verbo em **-ir** curto (irregular) é **partir** e o longo (regular) é **grandir**.

partir *(partir)*	
je **pars**	nous **partons**
tu **pars**	vous **partez**
il/elle/on **part**	ils/elles **partent**

grandir *(crescer)*	
je **grandis**	nous **grandissons**
tu **grandis**	vous **grandissez**
il/elle/on **grandit**	ils/elles **grandissent**

Outros exemplos de verbos em **-ir** curtos incluem **dormir** *(dormir)*, **se sentir** *(sentir-se)*, **sortir** *(sair)* e **servir** *(servir)*.

Verbos em -ir que se comportam como verbos em -er

Alguns verbos em **-ir** se comportam como verbos em **-er**. Para conjugá-los, retire o sufixo **-ir**, como faria com um verbo regular como **finir**. Então, acrescente as terminações dos verbos em **-er** regulares que mostrei antes neste capítulo: **-e**, **-es**, **-e**, **-ons**, **-ez** e **-ent**! Veja a conjugação completa de um desses verbos, **ouvrir** *(abrir)*.

ouvrir *(abrir)*	
j'ouvre	nous **ouvrons**
tu **ouvres**	vous **ouvrez**
il/elle/on **ouvre**	ils/elles **ouvrent**

Outros verbos desse tipo incluem **découvrir** *(descobrir)*, **offrir** *(oferecer)* e **souffrir** *(sofrer)*.

Os verbos venir e tenir

E, por fim, apresento um grupo especial de verbos em **-ir**: **venir** *(vir)*, **tenir** *(segurar)* e todos os seus irmãos (chamados *verbos compostos*, pois são formados por um prefixo + **venir** ou **tenir**). Tais verbos incluem: **se souvenir** *(lembrar-se)*, **devenir** *(tornar-se)*, **revenir** *(voltar)*, **appartenir** *(pertencer)* e **soutenir** *(suportar)*.

Para conjugar esses verbos em **-ir** irregulares, retire o **-enir** do infinitivo e substitua-o por **-iens**, **-iens**, **-ient**, **-enons**, **-enez** ou **-iennent**. As tabelas a seguir apresentam a conjugação completa de **venir** e **tenir** no presente do indicativo.

venir *(vir)*	
je **viens**	nous **venons**
tu **viens**	vous **venez**
il/elle/on **vient**	ils/elles **viennent**

tenir *(segurar)*	
je **tiens**	nous **tenons**
tu **tiens**	vous **tenez**
il/elle/on **tient**	ils/elles **tiennent**

As formas **je**, **tu**, **il/elle/on** e **ils/elles** têm o mesmo radical (**-ien** + sufixo), enquanto **nous** e **vous** têm o mesmo radical do infinitivo (**-en**).

Lembre-se de que a dupla consoante da terceira pessoa do plural abre o som do **-e** posicionado imediatamente antes dela.

Conjugue os verbos em **-ir** irregulares no presente do indicativo. Veja o exemplo antes de começar:

P. je _____ (partir)

R. pars

31. tu _____ (ouvrir)

32. il _____ (revenir)

33. nous _____ (soutenir)

34. vous _____ (dormir)

35. ils _____ (offrir)

36. je _____ (appartenir)

37. elle _____ (sortir)

38. on _____ (devenir)

39. elles _____ (tenir)

40. ils _____ (servir)

Os quatro verbos fatais: être, avoir, aller e faire

Tanto em francês como em português, os verbos **être** (*ser/estar*), **avoir** (*ter*), **aller** (*ir*) e **faire** (*fazer*), provavelmente, são os mais usados do nosso repertório, sendo esse também o motivo pelo qual se tornaram tão distorcidos. Acontece com eles o que acontece com os nossos tênis favoritos: quanto mais usamos, mais gastos e deformados ficam! Mas não dá para ficar sem eles. As quatro tabelas a seguir mostram a conjugação desses verbos no presente do indicativo.

être (*ser*)	
je **suis**	nous **sommes**
tu **es**	vous **êtes**
il/elle/on **est**	ils/elles **sont**

avoir (*ter*)	
j'**ai**	nous **avons**
tu **as**	vous **avez**
il/elle/on **a**	ils/elles **ont**

Ao pronunciar, tenha muito cuidado com **ils sont** (*eles são*) e **ils ont** (*eles têm*), porque eles têm sons muito parecidos. A diferença está entre o som suave (de *s*) de **ils sont** e o som de *z* criado pela **liaison** (o elo verbal entre o **-s** final e a próxima vogal) em **ils ont** (para saber mais sobre **liaison**, veja o Capítulo 2).

aller (*ir*)	
je **vais**	nous **allons**
tu **vas**	vous **allez**
il/elle/on **va**	ils/elles **vont**

faire (*fazer*)	
je **fais**	nous **faisons**
tu **fais**	vous **faites**
il/elle/on **fait**	ils/elles **font**

Escolha o sujeito apropriado para cada uma das conjugações dos quatro verbos. As possibilidades são:

je (j')	**nous**
je ou **tu**	**vous**
tu	**ils/elles**
il/elle/on	

P. **faites**

R. **vous**

41. ai _____

42. fais _____

43. êtes _____

44. va _____

45. as _____

46. allons _____

47. font _____

48. ont _____

49. est _____

50. avez _____

Outros verbos ainda mais irregulares

O último subgrupo dos verbos irregulares inclui verbos bem comuns, os quais não seria bom ignorar. Sinto dizer que você terá de decorar regras irregulares para alguns verbos comuns, como **comprendre** (*entender*) e **dire** (*dizer*), bem como verbos que auxiliam outros verbos, como **pouvoir** (*poder*), **vouloir** (*querer*) e **devoir** (*dever*). Veja as seções a seguir para saber mais sobre isso.

Verbos auxiliares (e um amigo parecido)

Os verbos **pouvoir** (*poder*), **vouloir** (*querer*) e **devoir** (*dever*) são importantes, porque atuam como verbos auxiliares em combinação com outro verbo. Nesse caso, o verbo auxiliar é conjugado, mas o outro permanece no infinitivo. Veja alguns exemplos:

> **La police veut parler avec le suspect.** (*A polícia quer falar com o suspeito.*)

> **Tu peux me prêter ta voiture s'il te plaît?** (*Você pode me emprestar o seu carro, por favor?*)

> **Ils doivent finir leur travail.** (*Eles devem terminar o trabalho deles.*)

A menos que esteja lidando com o pretérito, como o **passé composé** (*pretérito perfeito*; veja o Capítulo 15), só pode haver verbos no infinitivo depois de um verbo conjugado.

Esses verbos são irregulares, pois eles têm dois radicais completamente diferentes: um para **je**, **tu**, **il/elle/on** e **ils/elles** e outro para **nous** e **vous**. Por exemplo, **pouvoir** varia entre um radical **peu-** e um radical **pouv-**. Para conjugar **pouvoir** no presente do indicativo, comece com o radical específico e acrescente a terminação apropriada para cada pronome sujeito: **-x**, **-x**, **-t**, **-ons**, **-ez** ou **-vent**.

Veja a conjugação completa de **pouvoir** na tabela a seguir.

pouvoir (*poder*)	
je **peux**	nous **pouvons**
tu **peux**	vous **pouvez**
il/elle/on **peut**	ils/elles **peuvent**

Vouloir varia entre um radical **veu-**, para **je**, **tu**, **il/elle/on** e **ils/elles**, e um radical **voul-**, para **nous** e **vous**, com as seguintes terminações: **-x**, **-x**, **-t**, **-ons**, **-ez** e **-lent**. A tabela a seguir mostra a conjugação completa.

vouloir (*querer*)	
je **veux**	nous **voulons**
tu **veux**	vous **voulez**
il/elle/on **veut**	ils/elles **veulent**

Devoir varia entre um radical **doi-**, para **je**, **tu**, **il/elle/on** e **ils/elles**, e um radical **dev-**, para **nous** e **vous**, com as seguintes terminações: **-s**, **-s**, **-t**, **-ons**, **-ez** e **-vent**. A tabela a seguir mostra a conjugação completa.

devoir (*dever*)	
je **dois**	nous **devons**
tu **dois**	vous **devez**
il/elle/on **doit**	ils/elles **doivent**

As terminações de **ils/elles** incluem a mesma consoante do infinitivo: **-v** para **pouvoir**, **-l** para **vouloir** e **-v** para **devoir**.

Embora não seja um verbo auxiliar, **boire** (*beber*) tem uma irregularidade dupla do radical, assim como **pouvoir**, **vouloir** e **devoir** (sua conjugação é muito parecida com a de **devoir**), fazendo sentido incluí-lo no mesmo grupo. Para conjugar **boire** no presente do indicativo, primeiro separe as conjugações de **je**, **tu**, **il/elle** e **ils/elles** das de **nous** e **vous**, assim como se faz com os verbos auxiliares **pouvoir**, **vouloir** e **devoir**.

- ✔ Para **je**, **tu**, **il/elle** e **ils/elles**, retire o **-re** para obter o radical **boi-** e acrescente as terminações adequadas: **-s**, **-s**, **-t** ou **-vent**.

- ✔ Para **nous** e **vous**, o radical é **buv-**. Acrescente as terminações **-ons** ou **-ez** para obter as respectivas formas conjugadas no presente do indicativo.

Veja a conjugação completa de **boire**.

boire (*beber*)	
je **bois**	nous **buvons**
tu **bois**	vous **buvez**
il/elle/on **boit**	ils/elles **boivent**

Para lembrar que **pouvoir**, **vouloir**, **devoir** e **boire** têm uma irregularidade parecida, use a seguinte frase: **Je veux et je peux boire, mais je ne dois pas** (*Eu quero e posso beber, mas não devo*).

Os verbos lire, dire e conduire

Os significados dos verbos **lire** (*ler*), **dire** (*dizer*) e **conduire** (*dirigir*) não têm nada em comum. No entanto, eles apresentam irregularidades parecidas. Assim, se forem agrupados juntos, vai ser mais fácil lembrar-se deles. Eles são conjugados da seguinte maneira, no presente do indicativo:

1. **Tire o -re do infinitivo para obter o radical.**

2. **Acrescente a terminação correspondente a cada pronome sujeito: -s, -s, -t, -sont, -sez ou -sent.**

   A exceção nesse grupo de verbos irregulares é o **vous** de **dire**. Conjuga-se **dites**, não **disez** (vou marcá-lo com um asterisco na tabela de conjugação para que você se lembre dele).

As tabelas a seguir conjugam **lire**, **dire** e **conduire** no presente do indicativo.

lire (*ler*)	
je **lis**	nous **lisons**
tu **lis**	vous **lisez**
il/elle/on **lit**	ils/elles **lisent**

dire (*dizer*)	
je **dis**	nous **disons**
tu **dis**	vous **dites***
il/elle/on **dit**	ils/elles **disent**

conduire (*dirigir*)	
je **conduis**	nous **conduisons**
tu **conduis**	vous **conduisez**
il/elle/on **conduit**	ils/elles **conduisent**

Os verbos écrire e mettre

Mais dois verbos, **écrire** (*escrever*) e **mettre** (*colocar*), têm comportamento muito similar a **lire**, **dire** e **conduire**, mas uma pequena diferença os coloca em grupos separados.

Para conjugar o verbo **écrire** no presente do indicativo:

1. **Tire o -re do infinitivo para obter o radical.**

2. **Acrescente a terminação correspondente a cada pronome sujeito: -s, -s e -t, para o singular, e -vons, -vez e -vent, para o plural.**

Veja a conjugação completa de **écrire**:

écrire (*escrever*)	
j'**écris**	nous **écrivons**
tu **écris**	vous **écrivez**
il/elle/on **écrit**	ils/elles **écrivent**

Para **mettre**, retire o **-tre** do infinitivo para obter o radical. Então, acrescente estas terminações: **-s**, **-s** e nada, para o singular, e **-tons**, **-tez** e **-tent,** para o plural. Veja a conjugação completa de **mettre** no presente do indicativo:

mettre *(colocar)*	
je **mets**	nous **mettons**
tu **mets**	vous **mettez**
il/elle/on **met**	ils/elles **mettent**

Os verbos prendre, apprendre e comprendre

Os verbos **prendre** *(pegar)*, **apprendre** *(aprender)* e **comprendre** *(entender)* podem ser úteis para você. Como poderá dizer que não entendeu uma coisa, se não souber conjugar **comprendre**? Tanto **apprendre** como **comprendre** vêm de **prendre** e apresentam o mesmo padrão irregular de conjugação. Veja como conjugar **prendre** no presente e, por extensão, como conjugar **apprendre** e **comprendre**.

1. **Retire o -dre do infinitivo para obter o radical.**

2. **Acrescente a terminação correspondente a cada pronome sujeito: -ds, -ds, -d, -ons, -ez ou -nent.**

O radical **pren-** é pronunciado de forma nasalizada, quando não é seguido por vogal nem por dupla consoante (ou seja, nas conjugações de **je**, **tu**, **il/elle**). Com as vogais das terminações de **nous** e **vous** (**-ons** e **-ez**), **pren-** perde sua nasalidade. Na terceira pessoa do plural, a pronúncia do primeiro **-e** antes da dupla consoante torna-se aberta (veja o Capítulo 2 para saber mais sobre pronúncia).

As tabelas a seguir mostram as conjugações completas de **prendre**, **apprendre** e **comprendre** no presente do indicativo.

prendre *(pegar)*	
je **prends**	nous **prenons**
tu **prends**	vous **prenez**
il/elle/on **prend**	ils/elles **prennent**

apprendre *(aprender)*	
j'**apprends**	nous **apprenons**
tu **apprends**	vous **apprenez**
il/elle/on **apprend**	ils/elles **apprennent**

comprendre *(entender)*	
je **comprends**	nous **comprenons**
tu **comprends**	vous **comprenez**
il/elle/on **comprend**	ils/elles **comprennent**

Os verbos voir e croire

Os verbos **voir** (*ver*) e **croire** (*acreditar*) têm um subgrupo só deles, embora a particularidade da sua conjugação os faça aparentados aos verbos semirregulares em **-yer** (descritos anteriormente neste capítulo). Eles têm terminações regulares, assim como aqueles verbos, mas seu radical é um pouco alterado: eles substituem o **-i** por **-y** nas conjugações de **nous** e **vous**. Veja como conjugar esses verbos:

- ✔ Para **je**, **tu**, **il/elle** e **ils/elles**, retire o sufixo do infinitivo para obter o radical (mantenha o **-i** de **voir**): **voi-** e **croi-**. Então, acrescente a terminação correspondente ao pronome sujeito: **-s**, **-s**, **-t** e **-ent**.

- ✔ Para **nous** e **vous**, faça o mesmo para obter o radical (**voi-** e **croi-**) e troque o **-i** por **-y**. Então, acrescente a terminação: **-ons** para **nous** e **-ez** para **vous**, assim: **vous voyons** (*nós vemos*) e **nous croyons** (*nós acreditamos*), e **vous voyez** (*vocês veem*) e **vous croyez** (*vocês acreditam*).

As tabelas a seguir apresentam as conjugações completas de **voir** e **croire**.

voir (*ver*)	
je **vois**	nous **voyons**
tu **vois**	vous **voyez**
il/elle/on **voit**	ils/elles **voient**

croire (*acreditar*)	
je **crois**	nous **croyons**
tu **crois**	vous **croyez**
il/elle/on **croit**	ils/elles **croient**

Conjugue corretamente os verbos irregulares a seguir no presente do indicativo.

P. il _____ (**vouloir**)

R. **veut**

51. vous _____ (**voir**)

52. il _____ (**croire**)

53. je _____ (**pouvoir**)

54. ils _____ (**lire**)

55. nous _____ (**comprendre**)

56. tu _____ (**mettre**)

57. ils _____ (**écrire**)

58. vous _____ (**dire**)

59. elle _____ (**conduire**)

60. on _____ (**boire**)

Respostas

1	On	**22**	voyageons	**42**	je ou tu
2	Elle	**23**	préférez	**43**	vous
3	vous	**24**	paie/paye	**44**	il/elle/on
4	Je	**25**	commençons	**45**	tu
5	tu	**26**	répète	**46**	nous
6	Nous	**27**	étincellent	**47**	ils/elles
7	Il	**28**	espère (J'espère)	**48**	ils/elles
8	Ils	**29**	envoies	**49**	il/elle/on
9	Vous	**30**	paient/payent	**50**	vous
10	Elles	**31**	ouvres	**51**	voyez
11	il choisit	**32**	revient	**52**	croit
12	vous entendez	**33**	soutenons	**23**	peux
13	nous réagissons	**34**	dormez	**54**	lisent
14	tu travailles	**35**	offrent	**55**	comprenons
15	ils grandissent	**36**	appartiens (j'appartiens)	**56**	mets
16	ils donnent	**37**	sort	**57**	écrivent
17	je réponds	**38**	devient	**58**	dites
18	elle réussit	**39**	tiennent	**59**	conduit
19	elles descendent	**40**	servent	**60**	boit
20	on joue	**41**	j'		
21	s'appelle				

Capítulo 7

Ações sobre Si Mesmo e Recíprocas: Verbos Pronominais

*Q*uando alguém *se* olha no espelho ou *se* prepara para sair, essa pessoa (o sujeito) está exercendo uma ação sobre si mesmo (o objeto). Em português, como em francês, utiliza-se o chamado verbo pronominal para expressar esse tipo de ação sobre si próprio. O termo *pronominal* pode ajudá-lo a entender melhor como se formam esses verbos: eles são conjugados com um pronome extra. Isso significa que, além do pronome sujeito (**je**, **tu**, e assim por diante), eles exigem outro tipo de pronome, chamado *pronome reflexivo* (**me**, **te**, **se** ou outro pronome apropriado).

Como verá neste capítulo, os verbos pronominais podem ser divididos em três categorias:

- **Verbos reflexivos:** Expressam uma ação realizada pelo sujeito, cujo efeito recai sobre si mesmo, tal como em **Je me regarde** (*Eu me olho*).

- **Verbos recíprocos:** Indicam que dois sujeitos estão fazendo alguma coisa, um com o outro, como em **Ils se parlent** (*Eles se falam*).

- **Verbos pronominais idiomáticos:** O pronome extra não se refere nem *a si mesmo* nem a *um com o outro*, como em **Tu te souviens** (*Você se lembra*).

Os Verbos Pronominais no Presente do Indicativo

Antes de usar qualquer tipo de verbo pronominal (reflexivo, recíproco ou idiomático), é preciso se familiarizar com os pronomes reflexivos e saber como utilizá-los no presente do indicativo (tanto com verbos regulares como com verbos que apresentam mudanças no radical). As seções a seguir vão falar mais sobre isso (veja o Capítulo 15 para saber em mais detalhes como utilizar verbos pronominais no pretérito).

Os pronomes reflexivos

Como regra geral, os pronomes reflexivos vêm logo antes do verbo no infinitivo. Por exemplo, em **se laver** (*lavar-se*), **laver** é o verbo no infinitivo e **se** é o pronome reflexivo que vem antes do verbo. Quando conjugar o verbo para indicar um sujeito diferente, o pronome reflexivo **se** também deverá ser modificado de acordo com o sujeito do verbo. Por exemplo, se o sujeito for **je** (*eu*), **se** vira **me**; para o sujeito **tu** (*você*), **se** vira **te,** e assim por diante. A Tabela 7-1 mostra os pronomes reflexivos e os seus equivalentes em português.

Tabela 7-1	Pronomes Reflexivos e seus Equivalentes em Português	
Sujeito	*Pronome Reflexivo*	*Tradução em Português*
je	**me/m'** (antes de vogal ou **-h** mudo)	*me*
tu	**te/t'** (antes de vogal ou **-h** mudo)	*te*
il	**se/s'** (antes de vogal ou **-h** mudo)	*se*
elle	**se/s'** (antes de vogal ou **-h** mudo)	*se*
on	**se/s'** (antes de vogal ou **-h** mudo)	*se*
nous	nous	*nos*
vous	vous	*vos*
ils/elles	**se/s'** (antes de vogal ou **-h** mudo)	*se*

No imperativo (modo que expressa uma ordem) de um verbo pronominal, o pronome é posicionado depois do verbo e ligado a ele por um hífen, assim: **lavez-vous** (*lavem-se*). O imperativo só tem três formas: **tu** (*você* [singular informal]), **nous** (*nós*) e **vous** (*vocês* [singular formal ou plural formal e informal]). Tenha em mente também que o pronome reflexivo **te** vira **toi** quando posicionado depois do verbo no imperativo: **Lave-toi** (*Lave-se!*). Veja o Capítulo 20 para mais detalhes sobre o imperativo.

Juntando um pronome reflexivo e um verbo

Siga estes passos simples para conjugar os verbos pronominais no presente do indicativo:

1. **Conjugue o verbo no presente, sem se preocupar com o pronome reflexivo, por enquanto.**

   Por exemplo, você quer dizer que está se aprontando. O verbo francês é **se préparer**. Visto que você está falando sobre si mesmo, conjugue **préparer** na primeira pessoa do singular, **je**: **prépare**. Sua unidade sujeito-verbo está pronta!

2. **Mude o pronome reflexivo "se", fazendo a concordância com o sujeito, e posicione-o logo antes do verbo.**

   Nesse exemplo, **se** precisa refletir o sujeito **je**, então use **me**. Agora, coloque o **me** logo antes do verbo, ou seja, entre o sujeito **je** e o verbo **prépare**, assim: **je me prépare**.

Por exemplo, veja a conjugação completa no presente do indicativo de **se laver** (*lavar-se*). Veja onde está o pronome reflexivo em cada pessoa da conjugação. (O verbo **laver** é um verbo em **-er** regular; veja o Capítulo 6 para saber mais sobre esse tipo de verbo.)

se laver (*lavar-se*)	
je **me lave**	nous **nous lavons**
tu **te laves**	vous **vous lavez**
il/elle/on **se lave**	ils/elles **se lavent**

Para tornar negativa qualquer uma dessas frases, adicione **ne** entre o sujeito e o pronome reflexivo; depois adicione **pas** após o verbo. Por exemplo, **je ne me lave pas** significa *eu não me lavo*. Veja o Capítulo 8 para saber mais sobre expressões negativas.

Complete as conjugações do presente do indicativo a seguir com o pronome reflexivo apropriado. Veja o exemplo:

P. Nous _____ lavons.

R. Nous nous lavons.

1. Je _____ coiffe.

2. Tu _____ laves.

3. Il _____ couche.

4. Vous _____ maquillez.

5. Nous _____ réveillons.

Verbos pronominais que mudam o radical

Boas notícias. A maioria dos verbos pronominais é um verbo em **-er** regular. Dessa forma, conjugá-los no presente do indicativo é o mesmo que conjugar qualquer outro verbo (exceto pelo pronome, é claro!). Então, no presente, tire o sufixo **-er** do infinitivo e acrescente as terminações **-e, -es, -e, -ons, -ez** ou **-ent**, baseando-se no sujeito escolhido (veja o Capítulo 6 para saber mais detalhes). Não se esqueça de que o pronome reflexivo deve concordar com o sujeito do verbo (como expliquei na seção anterior).

A má notícia, porém, é que alguns verbos em **-er** sofrem uma mudança no radical em quatro pessoas da conjugação: **je, tu, il/elle** e **ils/elles**. As outras duas pessoas, **nous** e **vous**, têm o mesmo radical que o infinitivo (veja o Capítulo 6 para saber mais sobre conjugações que exigem mudanças de radical no presente do indicativo).

Alguns verbos pronominais dobram a consoante no fim do radical. A tabela a seguir mostra como conjugar o verbo **s'appeler** (*chamar-se*), que é usado para dizer o nome de alguém.

s'appeler (*chamar-se*)	
je **m'appelle**	nous **nous appelons**
tu **t'appelles**	vous **vous appelez**
il/elle/on **s'appelle**	ils/elles **s'appellent**

Alguns verbos pronominais mudam o **y** no fim do radical para **i**. A tabela a seguir mostra como conjugar o verbo **s'ennuyer** (*entediar-se*).

s'ennuyer (*entediar-se*)	
je **m'ennuie**	nous **nous ennuyons**
tu **t'ennuies**	vous **vous ennuyez**
il/elle/on **s'ennuie**	ils/elles **s'ennuient**

Se lever (*levantar-se*) e **se promener** (*passear*) são verbos pronominais do tipo **e/é** + consoante + **er** que mudam o seu **e/é** para **è** nas conjugações de **je, tu, il/elle** e **ils/elles**. A tabela a seguir mostra como conjugar **se lever** no presente.

se lever (*levantar-se*)	
je **me lève**	nous **nous levons**
tu **te lèves**	vous **vous levez**
il/elle/on **se lève**	ils/elles **se lèvent**

 Se uma frase tem dois verbos (um conjugado e o outro pronominal no infinitivo), como em *Você quer se lavar*, coloque a forma apropriada do pronome reflexivo antes do infinitivo, assim: **Tu veux te laver** (*Você quer se lavar*).

Espelho, Espelho Meu: Ações sobre si Mesmo com Verbos Reflexivos

O espelho reflete a sua imagem quando você se olha nele. Quando o seu irmão se olha no espelho, ele vê o reflexo dele, não o seu. Quando quiser expressar essa reflexão em francês, use um verbo reflexivo. O nome diz tudo: um pronome reflexivo reflete o sujeito. Quando quiser indicar que você está fazendo alguma coisa que tem um efeito sobre si mesmo, use um verbo reflexivo com um pronome reflexivo.

Nota: O uso de um verbo reflexivo sem o pronome reflexivo correspondente indica que o sujeito está exercendo a ação sobre outra pessoa. Veja a diferença nestes exemplos:

> **Je me réveille.** (*Eu acordo.*)
>
> **Je réveille les enfants.** (*Eu acordo as crianças.*)

Muitos dos verbos reflexivos em francês também o são em português, em especial aqueles ligados à rotina diária. Veja alguns deles bem comuns:

- ✔ **se brosser** (**les dents**; **les cheveux**) (*escovar* [*os dentes/o cabelo*])
- ✔ **se casser** (**le bras**; **la jambe**) (*quebrar* [*o braço/a perna*])
- ✔ **se coucher** (*deitar-se*)
- ✔ **se couper/se couper les cheveux** (*cortar-se/cortar o cabelo*)
- ✔ **se coiffer** (*pentear-se*)
- ✔ **se doucher** (*banhar-se*)
- ✔ **se laver** (**les cheveux**; **les mains**) (*lavar-se/ lavar* [*o cabelo*; *as mãos*])
- ✔ **se lever** (*levantar-se*)
- ✔ **se mouiller** (*molhar-se*)

✔ **se maquiller** (*maquiar-se*)

✔ **se préparer** (*preparar-se*)

✔ **s'habiller** (*vestir-se*)

✔ **se regarder** (*olhar-se*)

✔ **se réveiller** (*acordar*)

✔ **se raser** (*barbear-se*)

Veja alguns verbos reflexivos comuns na prática:

> **Je me brosse les dents trois fois par jour.** (*Eu escovo os dentes três vezes por dia.*)
>
> **Tu t'habilles vite.** (*Você se veste rápido.*)
>
> **Elles se maquillent.** (*Elas se maquiam.*)

Quando verbos como **se brosser**, **se casser** e **se laver** forem seguidos de uma parte do corpo, essa parte do corpo deve vir acompanhada de um artigo definido como **le**, **la** ou **les**, como em **Je me brosse les dents** (*Eu escovo os dentes*). Vá ao Capítulo 3 para saber mais sobre artigos definidos.

Traduza as frases a seguir com um verbo reflexivo comum. (Esses verbos pertencem ao grupo de **-er** regulares; veja o Capítulo 6, se precisar de ajuda para conjugá-los.) Consulte um dicionário francês-português, se tiver dúvida quanto ao vocabulário. Veja o exemplo:

P. *Eu me lavo.*

R. **Je me lave.**

6. *Você está se penteando.*

_____

7. *Ela se maquia.*

_____

8. *Ele toma banho.*

_____

9. *Estamos nos vestindo.*

_____

10. *Eu escovo o meu cabelo.*

_____

11. *Vocês vão se deitar.*

_____

12. *Ela se olha no espelho.*

_____

13. *Você está se aprontando.*

_____

14. *Eles não se barbeiam.*

_____

15. *Ela não se molha.*

_____

Vem e Vai: Como Expressar Ações Recíprocas

Verbos pronominais são usados também para expressar reciprocidade, quando dois sujeitos estão fazendo alguma coisa um com o outro, como em **Ils se parlent.** (*Eles se falam/Eles falam um com o outro.*) Duas regras gramaticais se aplicam em frases recíprocas:

> ✔ Os verbos recíprocos estarão sempre no plural (**nous**, **vous** ou **il/elles**).

> ✔ O pronome **se** significa *um com o outro*.

As seções a seguir falam sobre verbos recíprocos específicos de comunicação e mostram como fazer com que qualquer verbo se torne um verbo recíproco.

Nem todos os verbos recíprocos expressam reciprocidade. Por exemplo, **ils se souviennent** significa *eles se lembram*, e não *eles lembram um do outro*. Da mesma forma, **ils s'ennuient** não significa *eles entediam um ao outro*, mas *eles estão entediados*. Veja adiante a seção "Verbos Idiomáticos: Nem a si Mesmo, nem Um ao Outro", para saber mais sobre isso.

Falando sobre comunicação

A comunicação entre duas pessoas é geralmente expressa pelo uso de verbos recíprocos. Veja alguns verbos recíprocos comuns de comunicação.

- **s'écrire** (*escrever-se/escrever um ao outro*)
- **se dire** (*dizer um ao outro*)
- **s'envoyer (des lettres/des emails/des textos)**(*enviar um ao outro [cartas/e-mails/mensagens de texto]*)
- **se parler** (*falar-se/falar um com o outro*)
- **se téléphoner** (*telefonar-se*)

Parler e **téléphoner** são verbos em **-er** regulares; **envoyer** tem um radical que varia entre **-y** e **-i**, e **écrire** e **dire** são verbos irregulares. Veja o Capítulo 6 para saber mais sobre conjugações.

Veja alguns exemplos desses verbos na prática:

> **Nous nous téléphonons chaque soir.** (*Nós nos telefonamos toda noite.*)

> **Elles s'écrivent pendant les vacances.** (*Elas se escrevem durante as férias.*)

No **passé composé** (*pretérito perfeito*), os particípios passados dos verbos acima não variam para concordar com o sujeito, como mostram estes exemplos (veja o Capítulo 15 para saber mais sobre o **passé composé**):

> **Nous nous sommes téléphoné.** (*Nós nos telefonamos.*)

> **Elles se sont écrit.** (*Elas se escreveram.*)

Traduza as frases a seguir para o francês, usando o verbo recíproco de comunicação apropriado. Consulte um dicionário francês-português, se precisar de ajuda com o vocabulário. Veja o exemplo.

P. *Elas enviam e-mails umas às outras.*

R. **Elles s'envoient des e-mails.**

16. *Vocês se escrevem bastante.*

_____

17. *Nós nos telefonamos todo dia.*

_____

18. *Eles se falam bastante.*

19. *Elas dizem a verdade uma à outra.*

20. *Nós enviamos mensagens de texto um ao outro.*

Faça seus próprios verbos recíprocos

O francês é bem econômico quando o assunto são ações mútuas/recíprocas. É possível indicar que se faz algo *um com o outro* e *um ao outro* simplesmente pelo uso de um verbo no plural com um pronome reflexivo. Por exemplo, pode-se dizer *Pierre ama Julie* usando um sujeito no singular (Pierre), um verbo no singular (ama) e um objeto (Julie) ou pode-se dizer *Pierre e Julie se amam* usando um sujeito plural (Pierre e Julie), um verbo no plural (amam) e acrescentando o pronome reflexivo *se*. Esta é a versão em francês:

Com um verbo regular: **Pierre aime Julie.**

Com um verbo recíproco: **Pierre et Julie s'aiment.**

Veja alguns verbos comuns que funcionam assim:

- ✔ **s'aimer** (*gostar-se/amar-se*)
- ✔ **s'embrasser** (*beijar-se*)
- ✔ **se rencontrer** (*encontrar-se pela primeira vez*)
- ✔ **se tutoyer** (*tratar um ao outro pelo pronome "tu"*)
- ✔ **se voir** (*ver-se*)
- ✔ **se vouvoyer** (*tratar um ao outro pelo pronome "vous"*)

No entanto, se o verbo em português for seguido por *juntos(as)*, não use um verbo pronominal em francês. Nesse caso, é necessário usar **ensemble** (*juntos[as]*). Veja a diferença:

Les enfants jouent ensemble. (*As crianças brincam juntas.*)

Converta as frases em declarações recíprocas, usando um verbo pronominal no plural. Para começar, veja o exemplo:

P. Pierre parle à Julie, et Julie parle à Pierre.

R. Pierre et Julie se parlent.

21. Grand-père écrit des lettres à grand-mère, et grand-mère écrit des lettres à grand-père.

_____

22. Anne envoie un texto à Jeanne, et Jeanne envoie un texto à Anne.

_____

23. Paul téléphone à Valérie, et Valérie téléphone à Paul.

_____

24. Jeanne dit des blagues à Maurice, et Maurice dit des blagues à Jeanne.

_____

25. Caroline explique un problème à Sylvie, et Sylvie explique un problème à Caroline.

_____

Verbos Idiomáticos: Nem a si Mesmo, nem Um ao Outro

Com verbos pronominais idiomáticos, o pronome reflexivo **se** não reflete o(s) sujeito(s), nem significa _a si mesmo_ ou _um ao outro_. Por exemplo, **s'ennuyer** significa _estar entediado_, e não _entediar-se_ ou _entediar um ao outro_. Da mesma forma, **il s'appelle** não quer dizer _ele chama a si mesmo_, mas simplesmente _seu nome é_. Então, o que o pronome significa? Praticamente nada, mas ele deve ser mencionado! Sem ele, o verbo significaria alguma outra coisa e, às vezes, algo que nem sequer existe, como a Tabela 7-2 mostra.

Tabela 7-2	Verbos Pronominais Idiomáticos		
Verbo Pronominal Idiomático	**Tradução em Português**	**O Mesmo Verbo sem o Pronome**	**Tradução em Português**
s'amuser	divertir-se	amuser	divertir
s'appeler	chamar-se	appeler	chamar
s'arrêter	parar	arrêter	parar
s'en aller	ir embora	(Nenhum)	
s'ennuyer	estar/ficar entediado	ennuyer	incomodar/ entediar
s'entendre	se dar bem com [alguém]	entendre	ouvir
se débrouiller	lidar com	débrouiller	desembaraçar
se demander	perguntar-se	demander	perguntar
se dépêcher	apressar-se	(Nenhum)	
se disputer	discutir	(Nenhum)	
s'occuper (de)	cuidar de	occuper	ocupar
se rendre compte	se dar conta de	rendre compte	prestar contas
se reposer	descansar	reposer	colocar de volta
se sentir	sentir-se	sentir	cheirar
se souvenir	lembrar-se	(Nenhum)	
se taire	calar-se	(Nenhum)	
se tromper	enganar-se	tromper	enganar
se trouver	localizar-se	trouver	encontrar

Veja alguns desses verbos idiomáticos na prática:

> **Elle s'occupe des enfants.** (*Ela cuida das crianças.*)
>
> **Les étudiants occupent l'université.** (*Os estudantes ocupam a faculdade.*)

Traduza as frases a seguir para o português. Esses exercícios incluem os três tipos de verbos pronominais: reflexivos, recíprocos e idiomáticos. Veja o exemplo:

P. Je m'ennuie.

P. *Eu estou (ficando)* **entediado.**

26. Notre-Dame se trouve à Paris.

27. Ils s'entendent bien.

_____

28. Le prof se dépêche.

_____

29. Le train s'arrête.

_____

30. Tu te demandes si tu as raison.

_____

31. Julie s'amuse avec son chat.

_____

32. Comment vous appelez-vous?

_____

33. Il s'occupe de ses enfants.

_____

34. Je me souviens de vous.

_____

35. Nous nous disputons.

_____

Respostas

1 me

2 te

3 se

4 vous

5 nous

6 Tu te coiffes.

7 Elle se maquille.

8 Il se douche.

9 Nous nous habillons.

10 Je me brosse les cheveux.

11 Vous allez vous coucher.

12 Elle se regarde dans un miroir.

13 Tu te prépares.

14 Ils ne se rasent pas.

15 Elle ne se mouille pas.

16 Vous vous écrivez souvent.

17 Nous nous appelons/téléphonons tous les jours.

18 Ils se parlent souvent.

19 Elles se disent la vérité.

20 Nous nous envoyons des textos.

21 Ils s'écrivent des lettres.

22 Elles s'envoient des textos.

23 Ils se téléphonent.

24 Ils se disent des blagues.

25 Elles s'expliquent des problèmes.

26 *Notre-Dame localiza-se em Paris.*

27 *Eles se dão bem.*

28 *O professor se apressa.*

29 *O trem para.*

30 *Você se pergunta se está certo.*

31 *Julie se diverte com seu gato.*

32 *Qual é o seu nome?*

33 *Ele cuida dos filhos.*

34 *Eu me lembro de você.*

35 *Nós discutimos/estamos discutindo.*

Capítulo 8

Diga Não: Palavras e Expressões Negativas

Neste Capítulo
- ► O básico das expressões negativas
- ► Algumas regras sobre frases negativas
- ► Como dizer não com respostas negativas

Usa-se uma expressão negativa quando alguém *não pode* fazer alguma coisa, ou quando *não quer* ir a algum lugar porque *não tem* roupa para usar. O uso das expressões negativas em francês é um pouco diferente do português, mas este capítulo vai guiá-lo através dessas diferenças, para que você possa dominar a arte de dizer "não". As seções a seguir vão ensinar novas palavras e expressões, como escrever frases negativas e como responder negativamente a perguntas.

O Básico das Palavras e Expressões Negativas

O francês sempre usa duas palavras negativas para construir uma negação. Uma expressão negativa sempre começa com a palavra **ne**, que sozinha não significa nada em português, seguida pelo uso de **pas** (*não*) e seus irmãos. Como em uma negação em português, que pode ser construída com as expressões *não mais*, *nunca* e *em lugar nenhum*, a negação em francês tem todas essas opções que podem substituir o **pas**. A seção a seguir mostra alguns detalhes sobre elas, bem como ensina onde exatamente posicioná-las em uma frase.

Algumas palavras e expressões negativas comuns

Uma frase negativa em francês é feita de modo diferente do que acontece em português (veja a seção a seguir para obter mais detalhes), mas palavras negativas como *nada*, *nunca* e *ninguém* têm os seus equivalentes em francês: respectivamente, **rien**, **jamais** e **personne**. Veja uma lista com palavras e expressões negativas comuns em francês com os seus equivalentes em português:

- **aucun/aucune** [+ substantivo] (*nenhum/nenhuma*)
- **jamais** (*nunca*)
- **même pas** (*nem mesmo*)
- **ni . . . ni** (*nem . . . nem*)
- **nulle part** (*em lugar nenhum*)
- **pas** (*não*)
- **pas encore** (*ainda não*)
- **pas grand-chose** (*não muita coisa*) (informal)
- **pas non plus** (*também não*)
- **personne** (*ninguém*)
- **plus** (*não mais*)
- **rien** (*nada*)

Negação dupla

Em português, uma palavra negativa, como *nunca*, é suficiente para montar uma frase negativa. Por exemplo, em português, se diz *eu não jogo futebol* ou *eu nunca jogo futebol*. Para dizer a mesma coisa em francês, porém, são necessárias duas palavras negativas — **ne** e **pas** (que, juntas, querem dizer *não*) — em volta do verbo conjugado, assim como dois alto-falantes, um em cada lado da sua caixa de som.

Para montar uma frase negativa em francês, siga estes passos simples:

1. **Comece com o sujeito + verbo.**

   Por exemplo: **Tu joues.** (*Você brinca.*)

2. **Coloque o ne entre o sujeito e o verbo.**

   Assim: **Tu ne joues.**

3. **Coloque o pas depois do verbo.**

O resultado será assim: **Tu ne joues pas.** (*Você não brinca.*)

Se um verbo começa com vogal, **ne** vira **n'** — por exemplo, **Ils n'ont pas de chien** (*Eles não têm cachorro*). Além disso, **pas** pode ser substituído por outras palavras negativas (veja a seção anterior e confira a lista). O **ne** sempre fica. Veja alguns exemplos:

Il n'a plus d'argent. (*Ele não tem mais dinheiro.*)

Elle ne boit jamais du vin. (*Ela nunca bebe vinho.*)

Nous n'irons nulle part pour les vacances. (*Não vamos a lugar nenhum nas férias.*)

Ces gens n'aiment personne. (*Essas pessoas não gostam de ninguém.*)

Ils ne font pas grand-chose le dimanche. (*Eles não fazem muita coisa aos domingos.*)

Converta as frases afirmativas a seguir em negações, usando a palavra negativa entre parênteses. Veja o exemplo:

P. **Tu parles. (pas)**

R. **Tu ne parles pas.**

1. **Il réfléchit. (jamais)**

_____

2. **Tu as besoin de ta voiture. (plus)**

_____

3. **Ils aiment les animaux. (pas)**

_____

4. **Vous sortez le dimanche, et le samedi. (ni/ni)**

_____

5. **J'apprends la leçon. (pas encore)**

_____

Negação tripla

Às vezes, o francês é *bem* negativo. Tanto que, nessas ocasiões, ele adiciona outra palavra negativa — ou, às vezes, duas ou três — ao par original **ne/pas,** visto na seção anterior. Nesses casos, posicione a palavra negativa adicional depois da primeira. Veja alguns exemplos, com um número após cada frase indicando quantas palavras negativas foram adicionadas às duas originais:

> **Elle ne fera plus jamais rien.** (*Ela nunca mais vai fazer nada.*) + 2 (**jamais/rien**)
>
> **Elle ne pose jamais de questions à personne.** (*Ela nunca faz perguntas a ninguém.*) + 1 (**jamais**)
>
> **Rien ne l'intéresse plus.** (*Nada o/a interessa mais.*) + 1 (**plus**)
>
> **Nous n'allons jamais nulle part pour les vacances.** (*Nunca vamos a lugar nenhum nas férias.*) + 1 (**jamais**)

É possível deixar a imaginação ir longe, desde que a ordem das palavras seja respeitada para cada palavra negativa, em especial em tempos compostos (tal como o **passé composé** [*pretérito perfeito*] no Capítulo 15). Em um tempo composto (construído com **être** ou **avoir** + particípio passado), **ne** vem antes do auxiliar e a segunda (ou mais) palavra negativa vem depois dele. Algumas exceções são listadas na próxima seção. Veja um exemplo de várias palavras negativas em uma mesma frase com verbo composto:

> **Ils n'ont jamais rien trouvé nulle part.** (*Eles nunca encontraram nada em lugar nenhum.*)

O uso de expressões negativas isoladas

Em certas ocasiões, ao conversar, não há necessidade de formar uma frase completa para se expressar. Veja algumas expressões negativas muito úteis que podem ser usadas isoladamente, sem o **ne**, como em uma negação comum. Lembre-se, porém, que essas expressões são para a comunicação oral e têm certa informalidade.

- ✔ **jamais plus** (*nunca mais*)
- ✔ **moi non plus** (*nem eu*)
- ✔ **pas du tout** (*não mesmo*)
- ✔ **pas grand-chose** (*não muito/muita coisa*)
- ✔ **pas maintenant** (*agora não*)
- ✔ **pas moi** (*eu não*)
- ✔ **pas question** (*de maneira nenhuma*)

- ✔ **personne** (*ninguém*)
- ✔ **presque pas** (*quase não*)
- ✔ **rien** (*nada*)

Veja-as na prática:

- — **Tu veux sortir?** (*Quer sair?*)
- — **Pas maintenant!** (*Agora não!*)
- — **Est-ce que tu retourneras là-bas?** (*Você vai voltar lá?*)
- — **Jamais plus!** (*Nunca mais!*)
- — **Je n'ai pas faim maintenant, et toi?** (*Eu não estou com fome agora, e você?*)
- — **Moi non plus.** (*Eu também não.*)
- — **Qui va faire la vaisselle?** (*Quem vai lavar a louça?*)
- — **Pas moi!** (*Eu não!*)
- — **Qu'est-ce qu'il y a?** (O que houve?)
- — **Rien.** (*Nada.*)

Tenha em Mente Algumas Orientações Úteis sobre Negações

Algumas orientações são necessárias, no que se refere a usar palavras e expressões negativas com um verbo conjugado em um tempo simples, como o presente, o pretérito imperfeito (veja o Capítulo 16) e o futuro do presente (veja o Capítulo 17). Infelizmente, as palavras negativas não ficam sempre antes e depois do verbo. Às vezes, elas passeiam na frase! As seções a seguir vão explicar o que é preciso saber sobre o uso correto de palavras negativas em situações diversas.

Como falar sobre quantidades em frases negativas

Você *tem dinheiro* (**de l'argent**) no bolso? Ou *não tem dinheiro* (**pas d'argent**)? Talvez você *tenha algumas ideias* (**des idées**), mas talvez *não tenha ideia* nenhuma (**aucune idée**)! O francês tem algumas opções para negar uma quantidade, ou para ir de alguma/qualquer a zero:

✔ Use **de** para negar um substantivo acompanhado de artigo indefinido (**un**, **une**, **des**) ou partitivo (**du, de la, de l', des**) em frase negativa (veja o Capítulo 3 para saber mais sobre artigos). Por exemplo:

— **Est-ce que tu as de la chance?** (*Você tem sorte?*)

— **Non, je n'ai pas de chance.** (*Não, eu não tenho sorte.*)

— **Est-ce qu'ils ont des chiens?** (*Eles têm cães?*)

— **Non, ils n'ont pas de chien.** (*Não, eles não têm cães.*)

✔ Use **aucun/aucune** (*nenhum/nenhuma*) ao substituir **un, une, des, du, de la** ou **de l'** em frase negativa, para enfatizar a quantidade zero. Lembre-se de que **aucun** é um adjetivo. Assim, ele concorda com o gênero do substantivo que o acompanha, tendo uma forma feminina (**aucune**) e uma masculina (**aucun**), mas nenhum plural, já que significa a quantidade zero. Por exemplo:

Je n'ai aucune idée. (*Eu não tenho nenhuma ideia.*)

Cet "artiste" n'a aucun talent. (*Este "artista" não tem nenhum talento.*)

✔ Para dizer *nenhum dos* + substantivo, use **aucun** (se o substantivo seguinte for masculino) **des** + substantivo no plural. Por exemplo:

Je n'ai trouvé aucun des livres que je voulais. (*Não encontrei nenhum dos livros que eu queria.*)

Use **aucune** (se o substantivo seguinte for feminino) **des** + substantivo no plural. Por exemplo:

Il n'a choisi aucune des solutions proposées. (*Ele não escolheu nenhuma das soluções propostas.*)

Veja o Capítulo 5 para saber mais sobre quantidades.

Responda a cada pergunta com uma negação. Não se esqueça que artigos indefinidos e partitivos devem mudar para **de** em frase negativa. Veja o exemplo:

P. **Est-ce qu'il y a un portefeuille (***uma carteira***) dans son sac?**

R. **Il n'y a pas de portefeuille dans son sac.**

6. **Est-ce que vous avez des cigarettes (***cigarros***)?**

_____

7. **Est-ce qu'ils ont une voiture (***um carro***)?**

_____

8. Est-ce que vous utilisez un portable (*um celular*)?

_____

9. Est-ce que tu bois du café?

_____

10. Est-ce qu'il a de la monnaie (*trocado*)?

_____

Negando um infinitivo

Se um verbo está no infinitivo, as duas palavras negativas continuam juntas, na frente do verbo, em vez de em volta dele, como acontece com os verbos conjugados. Veja alguns exemplos:

Je préfère ne pas sortir ce soir. (*Eu prefiro não sair hoje à noite.*)

Ils aiment ne rien faire. (*Eles gostam de não fazer nada.*)

Veja o Capítulo 6 para saber mais sobre o infinitivo.

O que fazer com um verbo mais uma preposição

As frases que dizem que uma pessoa *não fala com ninguém* ou *não brinca com ninguém* estão usando preposições (como *para* e *com*). Isso alegra as palavras negativas, porque elas gostam de preposições. Na verdade, elas gostam tanto de preposições que a segunda palavra negativa deixa o verbo de lado para ficar com a preposição! A ordem das palavras fica assim:

sujeito + **ne** + verbo + preposição + segunda palavra negativa

Veja alguns exemplos:

Je n'ai besoin de rien. (*Eu não preciso de nada.*)

Il ne joue avec personne. (*Ele não brinca com ninguém.*)

Veja o Capítulo 11 para saber mais sobre preposições.

O que fazer com pronomes objetos

Em frases negativas com pronome objeto, como **le/lui** (*o/lhe*), **la/lui** (*a/lhe*) ou **les/leur** (*os/as/lhes*), a ordem das palavras muda um pouco. Faça o seguinte com qualquer pronome objeto, com exceção do **y** (o pronome para lugares) e **en** (o pronome para quantidades):

sujeito + **ne** + pronome + verbo + **pas** (ou outra palavra negativa)

Veja alguns exemplos de negações com essa estrutura:

Ils ne la veulent pas. (*Eles não a querem mais.*)

Je ne le vois jamais. (*Eu nunca o vejo.*)

Faça a mesma coisa com **y** e **en** em uma frase negativa, mas use **n'** em vez de **ne**, assim:

Nous n'y allons pas souvent. (*Nós não vamos lá com muita frequência.*)

Tu n'en prends jamais. (*Você nunca toma isso.*)

Vá ao Capítulo 13 para saber mais detalhes sobre o uso de pronomes objetos.

Reescreva cada frase negativa (incompletas no momento), incluindo os pronomes entre parênteses. Veja o exemplo:

P. **Ils ne parlent pas. (lui)**

R. **Ils ne lui parlent pas.**

11. **Elle n'écoute jamais. (les)**

_____

12. **Vous n'allez pas. (y)**

_____

13. **Je ne veux pas. (en)**

_____

14. **Tu ne regardes pas. (la)**

_____

15. **Nous ne finissons pas. (le)**

_____

O uso de palavras negativas como sujeitos

Às vezes, **rien** (*nada*) e **personne** (*ninguém*) podem substituir o sujeito do verbo em vez de ter um papel (negativo) secundário. Quando quiser dizer que *nada é importante* em francês, comece a frase com **rien**, como em português, e continue como de costume, com **ne** seguido pelo verbo.

Veja alguns exemplos:

> **Rien n'est important.** (*Nada é importante.*)
>
> **Personne ne fait la vaisselle.** (*Ninguém lava a louça.*)

Quando **rien** e **personne** forem sujeitos, o verbo sempre vai ficar na terceira pessoa do singular. O exemplo a seguir mostra o verbo sendo convertido do plural para o singular em uma resposta com **personne**:

> **Est-ce que les enfants regardent la télé?** (*As crianças estão assistindo à TV?*)
>
> **Non, personne ne regarde la télé.** (*Não, ninguém está assistindo à TV.*)

As regras para nem/nem

Para dizer *nem . . . nem* em francês, use **ne . . . ni . . . ni**. Por exemplo, **Il n'aime ni les chiens, ni les chats** (*Ele não gosta nem de cães, nem de gatos*). Fácil, não é? A parte difícil é saber o que fazer com o resto da frase, porque **ni** pode negar substantivos, expressões preposicionais, adjetivos, infinitivos e pronomes.

Substantivos

Substantivos sempre vêm acompanhados de artigos em francês. Com **ni** na frase, várias coisas podem acontecer, dependendo do artigo que acompanha o substantivo (veja o Capítulo 3 para saber mais sobre artigos). Eis o que é preciso saber:

✔ Para substantivos com artigo definido, mantenha o artigo e acrescente **ni** na frente dele, assim:

> — **Tu aimes les pommes, les bananes et les oranges?** (*Você gosta de maçãs, bananas e laranjas?*)
>
> — **Non, je n'aime ni les pommes, ni les bananes, ni les oranges.** (*Não, eu não gosto nem de maçãs, nem de bananas, nem de laranjas.*)

Como em português, se a lista que você vai negar tem um **et** (*e*), livre-se dele na negação.

✔ Para substantivos acompanhados por adjetivo possessivo ou demonstrativo, mantenha o possessivo/demonstrativo e acrescente **ni** na frente dele, assim:

> **Nous ne verrons ni mon frère, ni mes oncles.** (*Nós não veremos nem meu irmão nem meus tios.*)

✔ Para substantivos acompanhados por artigos indefinidos ou partitivos, substitua o artigo por **ni**, assim:

> — **Vous avez des chiens et des chats?** (*Vocês têm cães e gatos?*)
>
> — **Non, nous n'avons ni chiens ni chats.** (*Não, nós não temos nem cães nem gatos.*)

Locuções prepositivas

Quando negar locuções prepositivas como **à la maison** (*em casa*) ou **au bureau** (*no trabalho*) com **ni**, mantenha toda a expressão e acrescente **ni** na frente dela, assim:

> **Mon sac n'est ni à la maison, ni au bureau, ni dans la voiture!**
> (*Minha bolsa não está nem em casa, nem no trabalho, nem no carro!*)
>
> **Elle ne parle ni à Jules, ni à Jacques.** (*Ela não fala nem com Jules nem com Jacques.*)

Adjetivos, infinitivos e pronomes

Você vai gostar de saber o quão simples é negar adjetivos, infinitivos e pronomes com **ni**!

✔ Com adjetivos, coloque o **ne** antes do verbo conjugado e acrescente **ni** antes de cada adjetivo, assim:

> **Paul n'est ni beau, ni riche, mais il est très drôle.** (*Paul não é nem bonito nem rico, mas é muito engraçado.*)

✔ Com infinitivos, coloque o **ne** antes do verbo conjugado e acrescente **ni** antes de cada infinitivo, assim:

> **Elle n'aime ni courir, ni marcher.** (*Ela não gosta nem de correr nem de andar.*)

✔ Com pronomes oblíquos tônicos, coloque **ne** antes do verbo conjugado e acrescente o **ni** antes de cada pronome, assim:

> **Ce n'est ni lui, ni elle.** (*Não é nem ele nem ela.*)

Responda às perguntas a seguir com o negativo **ni**; consulte um dicionário francês-português se precisar de ajuda com o vocabulário. Dê atenção especial aos artigos. Veja o exemplo:

P. Tu aimes les oranges et les bananes?

R. Non, je n'aime ni les oranges ni les bananes.

16. Tu aimes chanter et danser?

17. Est-ce que tes amis sont ennuyeux et bêtes?

_____

18. Est-ce que vous avez des oiseaux et des chiens à la maison?

_____

19. Est-ce que tu manges au bureau ou à la maison le lundi?

_____

20. C'est toi ou eux?

_____

Respondendo com uma Negação

Para dar uma resposta negativa apropriada a uma pergunta, é preciso saber quais são as palavras-chave da pergunta. Por exemplo, se eu pergunto **Est-ce que quelqu'un est malade?** (_Alguém está doente?_), mas você não sabe que **quelqu'un** significa _alguém_, não é possível responder nem de modo negativo nem afirmativo! A Tabela 8-1 traz algumas palavras que são usadas em perguntas e as palavras negativas que aparecem nas respostas (veja o Capítulo 9 para saber mais sobre como responder a perguntas).

Tabela 8-1	Respondendo com uma Negação às Perguntas
Se a Pergunta Tiver:	_Sua Resposta Negativa Terá:_
beaucoup (_muito_)	**aucun** [+ substantivo] (_nenhum_)
déjà (_já_)	**pas encore** (_ainda não_)
déjà (_já_)	**jamais** (_nunca_)
encore (_ainda_)	**plus** (_não mais_)
parfois (_às vezes_)	**jamais** (_nunca_)
quelque chose (_alguma coisa_)	**rien** (_nada_)
quelque part (_em algum lugar_)	**nulle part** (_em lugar nenhum_)
quelqu'un (_alguém_)	**personne** (_ninguém_)
souvent (_frequentemente_)	**jamais** (_nunca_)

Veja-os na prática:

— **Il y a quelqu'un?** (_Há alguém?_)

— **Il n'y a personne.** (_Não há ninguém._)

— **Avez-vous beaucoup de chance?** (*Você tem muita sorte?*)

— **Ja n'ai aucune chance.** (*Eu não tenho nenhuma sorte.*)

— **Tu as déjà fini?** (*Você já acabou?*)

— **Je n'ai pas encore fini.** (*Eu ainda não acabei.*)

—**Vous êtes déjà allés en France?** (*Vocês já foram à França?*)

— **Nous ne sommes jamais allés en France.** (*Nós nunca fomos à França.*)

— **Elle joue encore à la poupée?** (*Ela ainda brinca com bonecas?*)

— **Elle ne joue plus à la poupée.** (*Ela não brinca mais com bonecas.*)

Dê uma resposta negativa a estas perguntas. Perceba que **du, de la, de l',
un, une** e **des** mudam para **de** em uma negação e consulte um dicionário
francês-português se precisar de ajuda com o vocabulário. Veja o exemplo:

P. **Est-ce que vous sortez souvent?**

R. **Nous ne sortons jamais.**

21. **Est-ce que tu aimes quelqu'un?**

_____

22. **Allez-vous quelque part pour les vacances?**

_____

23. **Est-ce qu'ils veulent quelque chose?**

_____

24. **Est-ce qu'il y a quelque chose dans ce sac?**

_____

25. **Est-ce qu'elle danse parfois?**

_____

Respostas

1 Il ne réfléchit jamais.

2 Tu n'as plus besoin de ta voiture.

3 Ils n'aiment pas les animaux.

4 Vous ne sortez ni le samedi, ni le dimanche.

5 Je n'apprends pas encore la leçon.

6 Je n'ai pas de cigarettes.

7 Ils n'ont pas de voiture/Ils n'ont aucune voiture.

8 Je n'utilise pas de portable.

9 Je ne bois pas de café.

10 Il n'a pas de monnaie./Il n'a aucune monnaie.

11 Elle ne les écoute jamais.

12 Vous n'y allez pas.

13 Je n'en veux pas.

14 Tu ne la regardes pas.

15 Nous ne le finissons pas.

16 Je n'aime ni chanter ni danser.

17 Mes amis ne sont ni ennuyeux ni bêtes.

18 Nous n'avons ni oiseaux ni chiens à la maison.

19 Je ne mange ni au bureau ni à la maison le lundi.

20 Ce n'est ni moi, ni eux.

21 Je n'aime personne.

22 Nous n'allons nulle part.

23 Ils ne veulent rien.

24 Il n'y a rien dans ce sac.

25 Elle ne danse jamais.

Capítulo 9

Perguntas e Exclamações

● ●

Neste Capítulo

► Como perguntar e responder a perguntas simples
► Perguntas complexas com palavras interrogativas
► Como enfatizar com exclamações

● ●

As perguntas são parte vital da comunicação. Ser capaz de compreender uma pergunta é importante para poder respondê-la do melhor modo possível. Também é importante saber perguntar, especialmente ao viajar ("Posso deixar a minha mochila na cabine?", "Onde ficam os banheiros?", "Você fala francês?").

Há dois tipos de perguntas: as perguntas simples, respondidas com sim/não, e as perguntas complexas, em busca de informações mais detalhadas. Este capítulo vai ajudar a entender bem como montar a pergunta que precisa fazer e a reagir entusiasticamente com exclamações.

Como Perguntar e Responder a Perguntas Simples

Perguntas simples não dão muitas opções para a resposta: *sim*, *não*. . . e, claro, o infame *talvez* (o que não acho ser uma resposta justa, afinal ou você sabe ou não sabe, ou você faz ou não faz, ou você é ou não é!).

Quando se faz uma pergunta simples em português usando o presente do indicativo, ela geralmente começa com um sujeito e um verbo (por exemplo: *Você tem um gato?*). O francês tem duas maneiras principais de fazer a mesma pergunta:

  ✔ Acrescentando **est-ce que** no início da frase.

  ✔ Invertendo sujeito e verbo. A inversão é um pouco mais complexa e, geralmente, reservada à comunicação escrita.

Nas seções a seguir, vou ensinar como funciona cada opção.

Nota: Outra forma bastante comum de fazer uma pergunta em francês é manter a ordem natural das palavras na frase e modificar apenas a entonação da fala, como se faz em português. Por exemplo: (Declaração: **Elle parle français.** Interrogação: **Elle parle français?**). Essa maneira, contudo, pertence ao registro informal e não deve ser utilizada na modalidade escrita da língua.

O uso de est-ce que

Pode-se construir uma pergunta iniciando com a expressão **est-ce que** e terminando com um ponto de interrogação. **Est-ce que** não é traduzido em português; é simplesmente um termo que sinaliza o traço interrogativo da frase. Veja alguns exemplos:

> Declaração: **Mes amis vont au cinéma.** (*Meus amigos vão ao cinema.*)
>
> Interrogação: **Est-ce que mes amis vont au cinéma?** (*Meus amigos vão ao cinema?*)
>
> Declaração: **Je peux sortir.** (*Eu posso sair.*)
>
> Interrogação: **Est-ce que je peux sortir?** (*Eu posso sair?*)
>
> Declaração: **C'est facile.** (*Isso é fácil.*)
>
> Interrogação: **Est-ce que c'est facile?** (*Isso é fácil?*)

Se **est-ce que** vem antes de um sujeito que começa com vogal, ele muda para **est-ce qu'**, como exemplificado na frase a seguir:

> **Est-ce qu'il pleut?** (*Está chovendo?*)

Traduza as perguntas a seguir para o francês, usando **est-ce que**. Consulte um dicionário francês-português, se precisar de ajuda para traduzir alguma palavra. Veja o exemplo:

P. *Você fala francês?*

R. Est-ce que tu parles français?

1. *Eu posso sair?*_____

2. *Você gosta de dançar?*_____

3. *Ele nada bem?* _____

4. *Isso é fácil?* _____

5. *Vocês estão cansados?* _____

6. *Eles têm um gato?* _____

7. *Os filhos obedecem aos pais?* _____

8. *Está frio hoje?* _____

9. *Ela tem filhos?* _____

10. *Nós vamos passar as férias aqui?* _____

O uso de inversão

O uso de inversão para fazer perguntas requer alguns ajustes na ordem das palavras de uma frase. O pronome sujeito e o verbo trocam de lugar (são invertidos) e são separados por um hífen.

A seguir, há uma lista de pronomes sujeitos que podem ser usados em uma inversão. Perceba que **je** (*eu*) não está entre eles! Praticamente ninguém inverte o **je** e o verbo (a menos que esse alguém seja um escritor de melodramas do século XIX).

- ✔ **tu** (*você* [singular informal])

- ✔ **il/elle/on** (*ele/ela/alguém*)

- ✔ **nous** (*nós*)

- ✔ **vous** (*vocês* [singular formal ou plural formal e informal])

- ✔ **ils/elles** (*eles/elas*)

Veja alguns deles na prática:

> Declaração: **Tu veux une glace.** (*Você quer um sorvete.*)
>
> Interrogação com inversão: **Veux-tu une glace?** (*Você quer um sorvete?*)
>
> Declaração: **Vous parlez italien.** (*Você fala italiano.*)
>
> Interrogação com inversão: **Parlez-vous italien?** (*Você fala italiano?*)

Infelizmente, as regras para fazer uma inversão não acabam aqui. Mas não se preocupe! As seções a seguir explicam algumas informações básicas adicionais.

Com verbos que terminam em vogal na terceira pessoa

Em prol da pronúncia, a inversão dos sujeitos **il** (*ele*), **elle** (*ela*) ou **on** (*alguém/nós*) e um verbo que termina em vogal conjugado no presente ou futuro do presente requer o acréscimo de um **-t-** entre o verbo e o sujeito invertido. Essa regra se aplica à terceira pessoa do singular dos verbos em **-er**, à terceira pessoa do singular de **aller** (*ir*) no presente do indicativo e à terceira pessoa do singular no futuro do presente. Veja alguns exemplos desses casos:

Aime-t-elle la glace? (*Ela gosta de sorvete?*)

Parle-t-on anglais ici? (*Alguém fala inglês aqui?*)

Dinera-t-il avec nous? (*Ele vai jantar conosco?*)

Com substantivo ou nome próprio como sujeito

A inversão não pode ser feita se o sujeito for um substantivo (como **la fille**, que significa *a garota*) ou um nome (como *Julie*). Ela só pode ser feita entre um pronome sujeito e o verbo. Veja como contornar esse problema: acrescente o pronome sujeito à frase, deslocando o substantivo ou o nome próprio para o início da frase. Veja como isso é feito.

1. Coloque o sujeito substantivo no início.

Por exemplo, em **La petite fille veut un vélo** (*A menininha quer uma bicicleta*), isole **La petite fille**.

2. Encontre o pronome sujeito correspondente ao substantivo.

No exemplo acima, pode-se usar **elle** (*ela*) para **La petite fille**.

3. Faça a inversão entre o pronome sujeito e o verbo (certifique-se de hifenizar) e adicione um ponto de interrogação.

No exemplo acima, o resultado da inversão é **veut-elle**. A pergunta fica assim: **La petite fille veut-elle un vélo?**

Veja mais alguns exemplos, incluindo alguns com um **-t-** a mais, do qual falei na seção anterior:

Declaração: **Marie joue du violon.** (*Marie toca violino.*)

Interrogação com inversão: **Marie joue-t-elle du violon?** (*Marie toca violino?*)

Declaração: **Ce fruit est bon.** (*Essa fruta é boa.*)

Interrogação com inversão: **Ce fruit est-il bon?** (*Essa fruta é boa?*)

Declaração: **Le match finira tard.** (*A partida vai terminar tarde.*)

Interrogação com inversão: **Le match finira-t-il tard?** (*A partida vai terminar tarde?*)

Faça a inversão das frases a seguir para obter perguntas simples. Certifique-se de acrescentar um **-t-** quando necessário e adicionar um pronome sujeito, se a pergunta não tiver um. Veja o exemplo:

P. Il dort.

R. Dort-il?

11. Tu as un chat.

_____

12. Vous parlez espagnol.

_____

13. Le petit garçon prend un bonbon.

_____

14. Paul sort ce soir.

_____

15. Vos amis dînent avec vous.

_____

16. Nous pouvons jouer ensemble.

_____

17. Ta soeur joue du piano.

_____

18. Elles invitent souvent leurs amies.

_____

19. Le témoin parle de l'accident.

_____

20. On déjeune ensemble aujourd'hui.

_____

No passé composé (pretérito perfeito)

Um tempo composto é formado juntando a forma conjugada de um dos verbos auxiliares: **être** (*ser*) ou **avoir** (*ter*) e o particípio passado do verbo principal (vá ao Capítulo 15 para mais detalhes sobre o **passé composé**).

Veja um exemplo de tempo composto feito com **avoir** no pretérito perfeito (**passé composé**):

> **Nous avons regardé la télé hier soir.** (*Nós assistimos à TV ontem à noite.*)

Veja um exemplo de verbo que usa **être** para formar o **passé composé**:

> **Tu es rentré très tard.** (*Você voltou para casa muito tarde.*)

A inversão funciona do mesmo jeito no **passé composé** e em todos os outros tempos compostos formados por verbo auxiliar + particípio passado. O verbo conjugado e o sujeito são invertidos. Nesse caso, o verbo conjugado será **être** ou **avoir**. Não mexa no particípio passado!

Se seguir estas simples instruções, vai dar tudo certo:

1. **Encontre o verbo auxiliar (não se preocupe com o particípio passado).**

   O verbo auxiliar será **être** (*ser*) ou **avoir** (*ter*) conjugado. Por exemplo, na frase **Ils ont bu du café** (*Eles beberam café*), **ont** é o verbo auxiliar **avoir** conjugado.

2. **Troque o verbo auxiliar conjugado com o sujeito e coloque um hífen entre eles, isolando o particípio passado. Lembre-se de acrescentar um -t- quando o verbo terminar com vogal e vier antes de il, elle ou on.**

   No exemplo acima, **ont** é o verbo conjugado e **ils** é o sujeito. O resultado da inversão deles é: **ont-ils**.

3. **Monte a frase novamente com a inversão, em vez da ordem original das palavras.**

   No exemplo anterior, a pergunta é **Ont-ils bu du café?** (*Eles beberam café?*)

Veja mais alguns exemplos:

> **As-tu acheté un livre?** (*Você comprou um livro?*)
>
> **A-t-elle parlé avec le prof?** (*Ela falou com o professor?*)
>
> **Paul a-t-il dormi jusqu'à midi?** (*Paul dormiu até o meio-dia?*)
>
> **Jules et Jim sont-ils arrivés en retard?** (*Jules e Jim chegaram atrasados?*)

Faça a inversão das frases a seguir para montar perguntas no **passé composé**. Certifique-se de acrescentar um **-t-** quando necessário e de adicionar um pronome sujeito, se a pergunta não tiver um. Veja o exemplo:

P. Tu as acheté le pain.

R. As-tu acheté le pain?

21. Jules et Jim ont dormi jusqu'à midi.

_____

22. Elle est arrivée en retard.

_____

23. Nous avons fini le travail.

_____

24. Vous avez parlé avec le prof.

_____

25. Tu as pris le bus.

_____

No futuro imediato

Quando usar o verbo **aller** (*ir*) + o infinitivo no futuro imediato (conhecido como **futur proche**; veja o Capítulo 17), ache o verbo **aller** conjugado para fazer a inversão. Siga estes passos:

1. **Encontre o verbo aller conjugado, isolando o infinitivo que vem depois dele.**

   Por exemplo, na frase **Ils vont sortir ce soir** (*Eles vão sair esta noite*), a forma conjugada do verbo **aller** é **vont**.

2. **Troque o verbo aller conjugado com o sujeito e coloque um hífen entre eles.**

   No exemplo anterior, **vont** é o verbo conjugado e **ils** é o sujeito. O resultado da inversão é: **vont-ils**.

3. **Monte a frase novamente com a inversão, em vez da ordem original das palavras.**

   No exemplo anterior, a pergunta é **Vont-ils sortir ce soir?** (*Eles vão sair esta noite?*).

Veja mais alguns exemplos:

Vas-tu acheter un livre? (*Você vai comprar um livro?*)

Julie va-t-elle parler avec le prof? (*Julie vai falar com o professor?*)

Allez-vous faire du vélo dimanche? (*Você vai andar de bicicleta no domingo?*)

Faça a inversão das frases a seguir para montar perguntas no **futur proche**. Certifique-se de acrescentar um **-t-** quando necessário e de adicionar um pronome sujeito, se a pergunta não tiver um. Veja o exemplo:

P. Tu vas acheter le pain.

R. Vas-tu acheter le pain?

26. Ils vont dormir jusqu'à midi.

_____

27. Elle va partir en vacances.

_____

28. Nous allons finir le travail.

_____

29. Vous allez parler avec le prof.

_____

30. Tu vas prendre le bus.

_____

Como responder a perguntas simples

Para dar uma resposta simples em francês, suas únicas opções são **oui** (*sim*) e **non** (*não*). No entanto, é possível usar algumas expressões para enfeitar sua resposta, como **bien sûr** (*é claro*) ou **pas du tout** (*de maneira nenhuma*). A lista a seguir traz algumas boas opções que você pode usar, dependendo de como quiser dar a resposta (para conhecer mais algumas expressões negativas, veja o Capítulo 8).

    ✔ **avec plaisir** (*com prazer*)

    ✔ **bien sûr** (*é claro*)

- ✔ **certainement** (*certamente*)
- ✔ **jamais** (*nunca*)
- ✔ **pas du tout** (*de maneira nenhuma*)
- ✔ **pas encore** (*ainda não*)
- ✔ **pas grand-chose** (*não muito*)
- ✔ **pas question** (*em hipótese alguma*)
- ✔ **si** (*sim* [em resposta a uma pergunta negativa])

Não use **pas** sozinho em uma resposta. Ele deve vir acompanhado de alguma outra palavra, como em **pas encore** (*ainda não*), ou de um pronome oblíquo tônico, como em **pas moi** (*eu não*). Veja um exemplo:

— **Qui a fait ça?** (*Quem fez isso?*) — **Pas moi.** (*Não fui eu.*)

Como Fazer Perguntas Complexas com o Uso de Palavras Interrogativas

Às vezes, uma pergunta exige algo mais do que apenas um sim ou um não; talvez alguém queira saber quando ou onde algo aconteceu, quem veio e o que fizeram. Nesse caso, há a necessidade de uma pergunta complexa e, tal como em português, as perguntas complexas em francês começam com palavras interrogativas (tecnicamente conhecidas como advérbios e adjetivos interrogativos). As seções a seguir vão mostrar quais são elas em francês e como usá-las.

Palavras interrogativas úteis em francês

O francês tem as mesmas palavras e expressões interrogativas que o português. A lista a seguir contém as palavras interrogativas mais úteis em francês, com os seus equivalentes em português.

- ✔ **quand** (*quando*)
- ✔ **à quelle heure** (*a que horas*)
- ✔ **qui** (*quem*)
- ✔ **qui est-ce que** (*quem*, objeto do verbo)
- ✔ **qui est-ce qui** (*quem*, sujeito do verbo)
- ✔ **avec qui** (*com quem*)
- ✔ **pour qui** (*para quem*)

> ✔ **comment** (*como*)
>
> ✔ **combien (de)** (*quanto/quantos*)
>
> ✔ **où** (*onde*)
>
> ✔ **d'où** (*de onde*)
>
> ✔ **pourquoi** (*por que*)
>
> ✔ **pour quelle raison** (*por que motivo*)
>
> ✔ **quoi** (*o que*)
>
> ✔ **qu'est-ce qui** (*o que*, sujeito do verbo)
>
> ✔ **que/qu'est-ce que** (*o que*, objeto do verbo)
>
> ✔ **quel** + substantivo (*qual*)

O básico sobre o uso das palavras interrogativas

As palavras interrogativas são apenas um acréscimo às perguntas simples. Em outras palavras, monte a pergunta da mesma forma que faria para uma pergunta simples e acrescente a palavra ou expressão interrogativa no início. As seções a seguir vão mostrar o que fazer usando o **est-ce que** e a inversão (explicados anteriormente neste capítulo). Vou dar orientações também sobre o uso de uma palavra interrogativa que exige atenção (darei alguns detalhes sobre o uso de perguntas interrogativas específicas, como *o que* e *quem*, adiante, neste capítulo).

A estrutura est-ce que

Siga estes passos para incluir uma palavra interrogativa na estrutura **est-ce que**:

1. **Comece com uma declaração e acrescente est-ce que para montar uma pergunta simples.**

   Por exemplo, **Tu achètes un livre** (*Você compra um livro*) vira **Est-ce que tu achètes un livre?** (*Você compra um livro?*).

2. **Para fazer uma pergunta mais complexa, acrescente a palavra interrogativa no início da pergunta simples.**

   Por exemplo, se quiser perguntar por que alguém compra um livro, use a palavra **pourquoi** no início da pergunta: **Pourquoi est-ce que tu achètes un livre?** (*Por que você compra um livro?*).

A seguir estão alguns exemplos de perguntas complexas usando **est-ce que**:

Quand est-ce que tu vas en vacances? (*Quando você sai de férias?*)

> **Combien d'enfants est-ce qu'ils ont?** (*Quantos filhos eles têm?*)
>
> **Qu'est-ce qu'on attend?** (*O que estamos esperando?*)

A palavra interrogativa **que** (*o que*) vira **qu'** antes de vogal, como mostra o último exemplo. No entanto, **qui** (*quem*) não muda.

Inversões

Siga estes passos para incluir uma palavra interrogativa em uma inversão:

1. **Inverta o verbo e o sujeito da declaração e coloque um hífen entre eles.**

   Por exemplo, a declaração **Tu achètes un livre** (*Você compra um livro*) vira **Achètes-tu un livre?** (*Você compra um livro?*).

2. **Acrescente a palavra interrogativa no início, não se esquecendo do ponto de interrogação no final.**

   Por exemplo, se quiser saber por que alguém compra um livro, use a palavra **pourquoi** no início da pergunta: **Pourquoi achètes-tu un livre?** (*Por que você compra um livro?*)

Se a pergunta contém um nome próprio ou um substantivo, a palavra interrogativa ainda deve ir antes do verbo, no início da pergunta simples. Por exemplo: **Pourquoi Pierre achète-t-il un livre?** (*Por que Pierre compra um livro?*)

Veja mais exemplos de perguntas complexas usando a inversão:

> **Quand vas-tu en vacances?** (*Quando você sai de férias?*)
>
> **Combien d'enfants ont-ils?** (*Quantos filhos eles têm?*)
>
> **Qu'attend-on?** (*O que estamos esperando?*)

O rebelde où

interrogativo **où** (*onde*) não se comporta como as outras palavras interrogativas. Na verdade, **où** é um rebelde completo! A melhor maneira de montar uma pergunta que comece com **où** é esquecer todos os passos mencionados nas seções anteriores e montar as frases assim: **où** + verbo + qualquer sujeito (pronome ou substantivo). Se for um pronome sujeito, ainda há a necessidade de ligá-lo ao verbo com um hífen, na inversão, como mostram os exemplos a seguir:

> **Où as-tu trouvé ça?** (*Onde você encontrou isso?*)
>
> **Où va Paul?** (*Aonde Paul vai?*)
>
> **Où sont mes clés?** (*Onde estão as minhas chaves?*)
>
> **Où allez-vous voyager?** (*Para onde você vai viajar?*)

Faça a pergunta certa com base na resposta dada. Você pode usar **est-ce que** ou a inversão. Veja o exemplo:

P. **Resposta: Elle est de Paris.**

R. **Pergunta: D'où est-elle?**

31. Resposta: **Vous devez partir maintenant.** (*Você deve ir embora agora.*)

_____

32. Resposta: **Nous allons au Mexique.** (*Nós vamos para o México.*)

_____

33. Resposta: **Tu conduis mal.** (*Você dirige mal.*)

_____

34. Resposta: **J'apprends le français parce que c'est une belle langue.** (*Estou aprendendo francês porque é um idioma bonito.*)

_____

35. Resposta: **Ils ont trois enfants.** (*Eles têm três filhos.*)

_____

36. Resposta: **Je vais en vacances en été.** (*Eu vou sair de férias no verão.*)

_____

37. Resposta: **Il est né à Marseille.** (*Ele nasceu em Marselha.*)

_____

38. Resposta: **Elle arrive ce soir.** (*Ela chega esta noite.*)

_____

39. Resposta: **On écrit mal sur un tableau.** (*Escreve-se mal na lousa.*)

_____

40. Resposta: **Elles partent à huit heures.** (*Elas partem às 8 horas.*)

_____

As Muitas Maneiras de Perguntar "O que"

É possível perguntar "o que" em francês de muitas maneiras: **que**, **qu'est-ce que**, **qu'est-ce qui** e **quel**. As seções a seguir vão explicar melhor.

A diferença entre qu'est-ce que e qu'est-ce qui

A diferença entre **Qu'est-ce que tu veux?** (*O que você quer?*) e **Qu'est-ce qui est arrivé?** (*O que aconteceu?*) está em saber se o interrogativo *o que* se refere ao objeto ou ao sujeito do verbo.

Qu'est-ce que é usado quando *o que se* refere ao objeto do verbo — quer dizer, quando a ação recai sobre ele. Em **Qu'est-ce que tu veux?**, **tu** (*você*) é o sujeito do verbo, de modo que não pode haver outro sujeito; assim, o interrogativo **qu'est-ce que** só pode ser o objeto. Veja mais dois exemplos:

> **Qu'est-ce que vous voyez là-bas?** (*O que está vendo lá?*)
>
> **Qu'est-ce que c'est?** (*O que é isso?*)

Qu'est-ce que tem uma versão mais curta: **que**. No entanto, você deve fazer a inversão se quiser usá-lo, o que vai fazer a sua frase soar um tanto pomposa aos franceses nativos. Veja os dois exemplos anteriores na versão mais curta:

> **Que voyez-vous là-bas?** (*O que está vendo lá?*)
>
> **Qu'est-ce?** (*O que é isso?*)

Com **qu'est-ce qui**, *o que* é o sujeito do verbo. A frase **Qu'est-ce qui est arrivé?** (*O que aconteceu?*) não tem outro sujeito. **Qu'est-ce qui** não tem versão mais curta.

Siga estes passos para escolher entre **qu'est-ce que** e **qu'est-ce qui**:

1. **Encontre o verbo da frase e procure o seu sujeito.**

2. **Se não encontrar um substantivo ou um pronome agindo como sujeito, é provável que a frase não tenha um. Nesse caso, *o que* é o sujeito na sua pergunta.**

   Nesse caso, use **qu'est-ce qui**.

3. **Se encontrar outro sujeito que não seja *o que*, então *o que* é o objeto do verbo na sua pergunta.**

   Nesse caso, use **qu'est-ce que**.

Quando uma interrogação começar com **que/qu'**, ela sempre vai perguntar algo sobre uma coisa (e não sobre uma pessoa).

Como exemplo para ilustrar a necessidade do sujeito *o que*, use uma declaração qualquer:

> **La pluie a causé la rupture du barrage.** (*A chuva causou a quebra da represa.*)

Agora imagine que você não tenha ouvido as primeiras palavras. Tudo o que restaria é uma frase incompleta:

> **. . . a causé la rupture du barrage.** (. . . *causou a quebra da represa.*)

Mas você quer saber o que causou a quebra da represa. Então, pergunte justamente isso, usando **qu'est-ce qui**, porque *o que* é o sujeito da frase.

> **Qu'est-ce qui a causé la rupture du barrage?** (*O que causou a quebra da represa?*)

Perceba que o primeiro **qu-**, tanto em **qu'est-ce que** como em **qu'est-ce qui**, nunca muda. A palavra **qu-** que varia entre **qui** e **que** é a segunda.

Preencha os espaços em branco com **qu'est-ce que** ou **qu'est-ce qui**.

P. _____ tu veux?

R. Qu'est-ce que

41. _____ tu as mangé? (*O que você comeu?*)

42. _____ fait rire les enfants? (*O que faz as crianças rirem?*)

43. _____ est perdu? (*O que se perdeu?*)

44. _____ elle a fait hier soir? (*O que ela fez ontem à noite?*)

45. _____ ils vont étudier? (*O que eles vão estudar?*)

46. _____ je peux faire pour toi? (*O que posso fazer por você?*)

47. _____ a causé l'accident? (*O que causou o acidente?*)

48. _____ va arriver maintenant? (*O que vai acontecer agora?*)

49. _____ **vous faites le dimanche?** (*O que você faz aos domingos?*)

50. _____ **est sur la table?** (*O que está sobre a mesa?*)

Quando usar quel

Quel é um adjetivo interrogativo que significa *qual* ou *que*. Ele tem quatro formas, assim como a maioria dos adjetivos (veja o Capítulo 4): masculino singular (**quel**) e plural (**quels**), e feminino singular (**quelle**) e plural (**quelles**). Os exemplos a seguir os mostram na prática:

> **Quel jour sommes-nous?** (*Que dia é hoje?*)
>
> **Quelle heure est-il?** (*Que horas são?*)
>
> **Quels cours vas-tu prendre?** (*Quais matérias você vai estudar?*)
>
> **Quelles sont tes couleurs préférées?** (*Quais são as suas cores favoritas?*)

Nota: A pronúncia é idêntica para todas as formas de **quel**.

Tanto **quel** como **qu'est-ce que** (veja a seção anterior) são equivalentes a *que*. Então, como escolher qual usar? Não é difícil quando se sabe o que procurar. **Quel** é um adjetivo, e todo adjetivo descreve um substantivo. Esta é a sua pista: procure um substantivo que poderia ser acompanhado por **quel**.

Veja um exemplo em português: na pergunta *Qual vestido você vai usar hoje à noite?*, o substantivo associado a *qual* é *vestido*. Em *Qual é o melhor restaurante da região?*, *Qual* se refere ao substantivo *restaurante*. Então, para essas duas perguntas, use **quel**, assim:

> **Quelle robe vas-tu porter ce soir?** (*Qual vestido você vai usar hoje à noite?*)
>
> **Quel est le meilleur restaurant par ici?** (*Qual é o melhor restaurante por aqui?*)

Agora compare essas frases com a pergunta *O que você fez ontem à noite?*. Não há nenhum substantivo associado com *o que* nessa pergunta. Assim, use **qu'est-ce que** em francês.

> **Qu'est-ce que tu as fait hier soir?** (*O que você fez ontem à noite?*)

Usa-se **quel** em francês em duas ocasiões específicas, como verá nas seções a seguir.

Quel + substantivo

Quel pode estar bem na frente do substantivo, seguido por uma pergunta simples feita com **est-ce que** ou inversão (como explicado anteriormente neste capítulo). Os exemplos a seguir mostram as duas versões:

Quelle robe est-ce que tu vas porter ce soir? (*Qual vestido você vai usar hoje à noite?*)

Quelle robe vas-tu porter ce soir? (*Qual vestido você vai usar hoje à noite?*)

Na forma **quel** + substantivo + pergunta simples, **quel** substitui o artigo que normalmente vem antes do substantivo.

Se a pergunta inclui uma preposição como em *a que horas*, use uma das seguintes fórmulas:

preposição + **quel** + substantivo + pergunta simples com **est-ce que**

preposição + **quel** + substantivo + pergunta simples com inversão

Por exemplo, você pode dizer **À quelle heure commencerons-nous?** (*A que horas vamos começar?*)

Quel + être + substantivo

A segunda maneira de usar **quel** é separando-o do substantivo. Nestas frases, o verbo conjugado, **être** (*ser*), sempre fica entre **quel** e o substantivo, assim:

Quels sont vos films préférés? (*Quais são os seus filmes favoritos?*)

Quelle a été votre réaction? (*Qual foi a sua reação?*)

Para fazer isso, siga estes passos:

1. **Encontre o substantivo da pergunta e determine qual é seu gênero e número em francês.**

   Por exemplo, para *Qual foi a sua reação?*, **réaction** (*reação*) é feminino singular.

2. **Faça a concordância entre quel e o substantivo.**

   A versão no feminino singular de **quel** é **quelle**. O resultado é **quelle réaction**.

3. **Conjugue o verbo être no tempo e na pessoa apropriados e coloque-o entre quel e o substantivo.**

   No exemplo acima, **être** deve estar na terceira pessoa do singular do **passé composé**: **a été**. Coloque-o entre **quelle** e **réaction**. Et voilà!

Preencha os espaços em branco com uma forma de **quel** ou de **qu'est-ce que**, dependendo do que vem depois na frase.

P. _____ tu as fait hier?

R. Qu'est-ce que

51. _____ tu préfères: le Coca ou les jus de fruit?

52. _____ boisson préfères-tu avec tes repas?

53. _____ tu bois le soir?

54. _____ sont vos films préférés?

55. _____ jour sommes-nous?

56. _____ vous faites le dimanche?

57. _____ nous devons faire après?

58. _____ est l'adresse correcte?

59. _____ ils prennent au petit-déjeuner?

60. _____ sports pratiquez-vous?

"Quem?"

O equivalente em francês para *quem* é **qui**, **qui est-ce qui** e **qui est-ce que**. A escolha entre cada um deles vai depender de **qui** ser o sujeito ou o objeto do verbo.

"Quem" como sujeito

Em **Qui est là?** (*Quem está aí?*), **qui** funciona como o sujeito do verbo. Usar **qui** desse jeito é a maneira mais comum e simples de perguntar *quem*. Para montar esse tipo de pergunta, comece com **qui**, acrescente o verbo (sempre na terceira pessoa do singular) e o resto da pergunta, finalizando com um ponto de interrogação.

Veja alguns exemplos de **qui** sendo usado como sujeito:

> **Qui parle espagnol?** (*Quem fala espanhol?*)
>
> **Qui arrive toujours en retard?** (*Quem chega sempre atrasado?*)
>
> **Qui veut un bonbon?** (*Quem quer uma bala?*)

"Quem" como objeto

Qui também pode ser o objeto do verbo em questão. Comece com **qui** seguido por **est-ce que** ou pela inversão de uma pergunta simples. Como sempre, termine com um ponto de interrogação, assim:

>**Qui est-ce que tu préfères?** (*Quem você prefere?*)
>
>**Qui préfères-tu?** (*Quem você prefere?*)

Se o sujeito do verbo é um substantivo ou um nome próprio, comece com **qui** acompanhado pelo substantivo ou pelo nome, seguido pela inversão, como mostram os exemplos a seguir:

>**Qui Paul préfère-t-il?** (*Quem Paul prefere?*)
>
>**Qui les pompiers ont-ils aidé?** (*Quem os bombeiros ajudaram?*)

Como para o **qui** sujeito, o **qui** objeto também tem uma versão maior: **qui est-ce que**. No entanto, a inversão não pode ser usada dessa vez, porque **est-ce que** já está na pergunta. Use **qui est-ce que**, seguido pelo sujeito (seja um substantivo ou um pronome) e termine a frase. Veja os exemplos anteriores com a versão maior, para que possa compará-las:

>**Qui est-ce que les pompiers ont aidé?** (*Quem os bombeiros ajudaram?*)
>
>**Qui est-ce que Paul préfère?** (*Quem Paul prefere?*)

Quando uma pergunta começa com **qui**, é sempre a respeito de uma pessoa.

Elabore as perguntas para cada resposta fornecida, usando **qui/qui est-ce qui** ou **qui/qui est-ce que**. A palavra sublinhada é a pessoa sobre quem você está perguntando (lembre-se de que, quando **qui** é o sujeito, o verbo deve estar na terceira pessoa do singular).

P. <u>Anne</u> est arrivée.

R. Qui est arrivé?/Qui est-ce qui est arrivé?

61. <u>Paul</u> a donné une bague à sa fiancée.

_____

62. <u>Le président</u> a signé la lettre.

_____

63. C'est <u>mon prof</u>.

_____

64. <u>Tous les enfants</u> aiment le chocolat!

_____

65. Il a vu <u>ses parents</u> récemment.

_____

Incluindo Preposições nas Perguntas

Em perguntas como _A quem você disse isso?_ e _Para que você fez isso?_, _a_ e _para_ são preposições. Em francês, a preposição deve vir no início da frase, antes de **qui**, se for uma pergunta sobre _quem_, e antes de **quoi**, se for uma pergunta sobre _o quê_.

Preposição + "quem"

No caso das perguntas _Para quem é isso?_ ou _Com quem você brincou?_, _quem_ nunca é o sujeito do verbo. Assim, deve-se usar o tipo de pergunta no qual **qui** (_quem_) seja o objeto do verbo.

A seguir, um lembrete de como é simples montar essa pergunta com **qui** (veja a seção anterior "'Quem' como objeto" para obter mais informações):

> ✔ Para uma pergunta com **est-ce que**, comece com **qui**, acrescente **est-ce que**, seguido pelo substantivo/pronome sujeito e, por fim, o verbo: **Qui est-ce que Paul aime?** (_Quem Paul ama?_)

> ✔ Para uma pergunta com inversão, comece com **qui**, seguido pelo substantivo sujeito, se a frase tiver um, acrescente o verbo e conclua com o pronome sujeito (não se esqueça do hífen), assim: **Qui Paul aime-t-il?** (_Quem Paul ama?_)

Para montar uma pergunta usando **qui** com uma preposição (como **de**, cuja grafia é a mesma do português), siga os mesmos passos para montar uma pergunta com **qui**, acrescentando a preposição na frente de **qui**, assim: **De qui est-ce que Paul est amoureux?** ou **De qui Paul est-il amoureux?** (_Por quem Paul está apaixonado?_)

Veja mais alguns exemplos:

> **Avec qui travaillez-vous?** ou **Avec qui est-ce que vous travaillez?** (_Com quem vocês trabalham?_)

> **De qui ont-ils hérité ce château?** ou **De qui est-ce qu'ils ont hérité ce château?** (_De quem eles herdaram este castelo?_)

Preposição + "o que"

Digamos que deseje perguntar o seguinte a um amigo: *O que fazer com isso?* Sua pergunta não é apenas *o que*, mas *com isso*, usando a preposição *com*. Nesta seção vou mostrar como perguntar com facilidade a mesma coisa em francês. O ponto com que se deve ter cuidado é que **que** vira **quoi,** quando usado com preposição.

1. **Comece com uma pergunta simples com est-ce que, mas sem nenhuma palavra interrogativa.**

   Por exemplo, pode-se perguntar **Est-ce que tu fais ça?** (*Você faz isso?*) (Veja a seção anterior, "O uso de **est-ce que**", para mais informações.)

2. **Escolha uma preposição francesa.**

   No exemplo acima, a pergunta vai precisar do equivalente de *com*: **avec**.

3. **Coloque essa preposição no início da pergunta, seguida de quoi.**

   No exemplo acima, a pergunta vai usar **avec quoi** (*com o que*).

4. **Ligue isso à pergunta simples com est-ce que, que você já tem.**

   O resultado é **Avec quoi est-ce que tu fais ça?** (*Com o que você faz isso?*)

Bravo, você conseguiu!

É possível fazer o mesmo tipo de pergunta usando a inversão em vez de **est-ce que**. Comece com uma pergunta simples com inversão: por exemplo, **Fais-tu ça?** (*Você faz isso?*); depois, acrescente **avec quoi** na frente da pergunta. O resultado é: **Avec quoi fais-tu ça?** (*Com o que você faz isso?*)

Veja mais alguns exemplos que usam outras preposições, primeiro com o uso de **est-ce que** e depois com a inversão:

> **Dans quoi est-ce que tu mets ton portable? Dans quoi mets-tu ton portable?** (*Dentro de que você põe o seu celular?*)

> **À quoi est-ce que tu veux jouer? À quoi veux-tu jouer?** (*De que você quer brincar?*)

 Usando **est-ce que** ou a inversão, faça as seguintes perguntas em francês [*que* ou *quem* + preposição]. Consulte um dicionário francês-português se precisar de ajuda com o vocabulário (eu vou te ajudar com algumas palavras). Veja o exemplo:

P. *O gato está dormindo debaixo de quê?*

R. **Sous quoi le chat dort-il?**

66. *Eles estão brincando de quê?*

_____

67. *Você* (informal) *põe seus óculos (**tes lunettes**) dentro de quê?*

_____

68. *Ele faz isso para quem?*

_____

69. *Ela está dançando com quem?*

_____

70. *Você* (formal) *está falando com quem?*

_____

71. *Você* (informal) *sonha (**rêver**) com o quê?*

_____

72. *Nós temos necessidade de quê?* (**avoir besoin de**)

_____

73. *Eles escrevem com o quê?*

_____

74. *Ele está apaixonado por quem?*

_____

75. *Você* (informal) *está falando de quem?*

_____

Como Expressar Surpresa e Entusiasmo com Exclamações

Você já ficou tão emocionado alguma vez, que teve que expressar esse sentimento com uma exclamação? É possível usar a exclamação para expressar prazer, como em *Que lindo pássaro!*, frustração ou até mesmo raiva, como em *Que coisa mais besta de se dizer!*. Essas expressões são exclamatórias. As expressões exclamatórias em francês usam as mesmas palavras interrogativas vistas antes neste capítulo, como **quel** (*que* + substantivo), **que** (*como* + adjetivo) e **quoi** (*o que*), bem como outras expressões como **comme** (*como*).

Veja algumas expressões exclamatórias como exemplo:

> **Quel oiseau magnifique!** (*Que lindo pássaro!*)
>
> **Que c'est laid!** (*Como isso é feio!*)
>
> **Comme il est mignon!** (*Como ele é bonito!*)
>
> **Quoi! Il a fait ça!** (*O quê! Ele fez isso!*)

Nas seções a seguir, vou ensinar sobre exclamações que usam substantivos e exclamações que usam apenas um adjetivo.

Incluindo um substantivo

Se você está maravilhado ou se algo chamou a sua atenção e você deseja nomear essa coisa, use **quel** (*que*) + substantivo sem o artigo, seguido de um ponto de exclamação, como em português.

> **Quel génie!** (*Que gênio!*)
>
> **Quelle folie!** (*Que loucura!*)
>
> **Quels imbéciles!** (*Que idiotas!*)
>
> **Quelles notes!** (*Que notas!*)

Quel é um adjetivo e, sendo assim, deve concordar em gênero e número com o substantivo que acompanha.

Se quiser acrescentar alguns detalhes, o substantivo pode vir acompanhado de um adjetivo, como em **Quels grands arbres!** (*Que árvores grandes!*). As regras de posicionamento dos adjetivos se aplicam ao utilizá-lo (veja o Capítulo 4 para saber mais sobre o posicionamento dos adjetivos na frase). Os adjetivos BIBT vêm antes do substantivo, enquanto os adjetivos regulares vêm depois dele. Os exemplos a seguir demonstram a diferença entre os adjetivos BIBT (que vêm antes do substantivo) e os adjetivos regulares (que vêm depois do substantivo).

Os adjetivos BIBT se referem à beleza, como **beau** (*bonito*), à idade, como **jeune** (*jovem*), à bondade, como **bon** (*bom*), e ao tamanho, como **petit** (*pequeno*). Esses adjetivos sempre vêm antes do substantivo que descrevem.

> **Quelle jolie fille!** (*Que garota bonita!*)
>
> **Quelle fille intelligente!** (*Que garota inteligente!*)

Os adjetivos BIBT têm uma forma alternativa para o substantivo masculino singular que começa com vogal, como em **bel oiseau** (*belo pássaro*).

Incluindo apenas um adjetivo

Quando o objeto da exclamação é óbvio, não há necessidade de nomear o substantivo na exclamação. Assim, é possível simplesmente dizer algo como *Que lindo!*, deixando o substantivo e o verbo de lado. Ao fazer a mesma coisa em francês, é possível deixar o substantivo de lado, mas o mesmo não pode ser feito com o verbo. **C'est** (*isto é*) deve ser incluído. Há, porém, uma coisa que pode ser escolhida na expressão exclamatória: pode-se optar entre usar **que** ou **comme**, que são totalmente intercambiáveis, ou, às vezes, deixar a palavra exclamatória de lado e montar uma frase bem curta apenas com o ponto de exclamação. Veja estes exemplos; todos eles transmitem a mesma mensagem:

> **Que c'est beau!** (*Que lindo!*)
>
> **Comme c'est beau!** (*Como é lindo!*)
>
> **C'est beau!** (*Que lindo!*)

Às vezes, **ça** (*isso*) é acrescentado ao final da frase, quando se usa **c'est** + adjetivo, sem palavra exclamatória, para dar ênfase, assim: **C'est fou, ça!** (Literalmente: *Isso é loucura, isso!*)

Depois de **c'est**, todos os adjetivos são masculinos quando o substantivo não é mencionado ou não está explícito na expressão, independentemente do gênero do substantivo. **C'est beau** pode se referir tanto a **la lune** (*a lua*) como a **le soleil** (*o sol*).

Use a lista a seguir para descobrir algumas exclamações bem comuns. A tradução em português não é literal.

- ✔ **Quelle chance!/Quelle malchance!** (*Que sorte/azar!*)
- ✔ **Quelle horreur!** (*Que horror!*)
- ✔ **Quel travail!** (*Que trabalhoso!*)
- ✔ **Quel imbécile!** (*Que imbecil!*)
- ✔ **Quelle barbe!** (*Que tédio!* [literalmente: *Que barba!*])
- ✔ **Comme c'est triste!** (*Que triste!*)
- ✔ **C'est beaucoup!** (*É muito!*)
- ✔ **Quoi!** (*Quê!*)
- ✔ **Comme c'est gentil (à vous/toi)** (*Que gentil* [*da parte de vocês/da sua parte*])
- ✔ **Quel soulagement!** (*Que alívio!*)

Traduza as exclamações a seguir. Se puder dizer a mesma coisa de duas maneiras diferentes, escreva as duas. Frases marcadas com asterisco indicam expressões idiomáticas que não são traduzidas literalmente. Consulte a lista anterior, se precisar de ajuda para traduzi-las. Veja o exemplo:

P. *É muito!* *

R. **C'est beaucoup!**

76. *Que tédio!* * _____

77. *Que cruel!* _____

78. *Que estudantes inteligentes!* _____

79. *Que azar!* * _____

80. *Que triste!* * _____

81. *Que interessante!* _____

82. *Que gentileza!* * _____

83. *Que sorte!* * _____

84. *Que boa nota!* _____

85. *Que pequeno!* _____

Respostas

1 Est-ce que je peux sortir?

2 Est-ce que tu aimes danser?

3 Est-ce qu'il nage bien?

4 Est-ce que c'est facile?

5 Est-ce que vous êtes fatigués?

6 Est-ce qu'ils ont un chat?

7 Est-ce que les enfants écoutent leurs parents?

8 Est-ce qu'il fait froid aujourd'hui?

9 Est-ce qu'elle a des enfants?

10 Est-ce que nous allons passer les vacances ici?

11 As-tu un chat?

12 Parlez-vous espagnol?

13 Le petit garçon prend-il un bonbon?

14 Paul sort-il ce soir?

15 Vos amis dînent-ils avec vous?

16 Pouvons-nous jouer ensemble?

17 Ta soeur joue-t-elle du piano?

18 Invitent-elles souvent leurs amies?

19 Le témoin parle-t-il de l'accident?

20 Déjeune-t-on ensemble aujourd'hui?

21 Jules et Jim ont-ils dormi jusqu'à midi?

22 Est-elle arrivée en retard?

23 Avons-nous fini le travail?

24 Avez-vous parlé avec le prof?

25 As-tu pris le bus?

26 Vont-ils dormir jusqu'à midi?

27 Va-t-elle partir en vacances?

28 Allons-nous finir le travail?

29 Allez-vous parler avec le prof?

30 Vas-tu prendre le bus?

31 Pergunta: **Quand est-ce que nous devons partir?/Quand devons-nous partir?**

32 Pergunta: **Où est-ce que vous allez?/Où allez-vous?**

33 Pergunta: **Comment est-ce que je conduis?**/(Não se faz inversão com **je**.)

34 Pergunta: **Pourquoi est-ce que tu apprends le français?/Pourquoi apprends-tu le français?**

35 Pergunta: **Combien d'enfants est-ce qu'ils ont?/Combien d'enfants ont-ils?**

36 Pergunta: **Quand est-ce que tu vas en vacances?/Quand vas-tu en vacances?**

37 Pergunta: **Où est-ce qu'il est né?/Où est-il né?**

38 Pergunta: **Quand arrive-t-elle?/Quand est-ce qu'elle arrive?**

39 Pergunta: **Comment est-ce qu'on écrit sur un tableau?/Comment écrit-on sur un tableau?**

40 Pergunta: **À quelle heure est-ce qu'elles partent?/À quelle heure partent-elles?**

41 Qu'est-ce que

42 Qu'est-ce qui

43 Qu'est-ce qui

44 Qu'est-ce qu'

45 Qu'est-ce qu'

46 Qu'est-ce que

47 Qu'est-ce qui

48 Qu'est-ce qui

49 Qu'est-ce que

50 Qu'est-ce qui

51 Qu'est-ce que

52 Quelle

53 Qu'est-ce que

54 Quels

55 Quel

56 Qu'est-ce que

57 Qu'est-ce que

58 Quelle

59 Qu'est-ce qu'

60 Quels

61 Qui est-ce qui a donné une bague à as fiancée?/Qui a donné une bague à as fiancée?

62 Qui/qui est-ce qui a signé la lettre?

63 Qui est-ce?

64 Qui/qui est-ce qui aime le chocolat?

65 Qui a-t-il vu récemment?/Qui est-ce qu'il a vu récemment?

66 À quoi jouent-ils?/À quoi est-ce qu'ils jouent?

67 Dans quoi mets-tu tes lunettes?/Dans quoi est-ce que tu mets tes lunettes?

68 Pour qui fait-il ça?/Pour qui est-ce qu'il fait ça?

69 Avec qui danse-t-elle?/Avec qui est-ce qu'elle danse?

70 À qui parlez-vous?/À qui est-ce que vous parlez?

71 De quoi rêves-tu?/De quoi est-ce que tu rêves?

72 De quoi avons-nous besoin?/De quoi est-ce que nous avons besoin?

73 Avec quoi écrivent-ils?/Avec quoi est-ce qu'ils écrivent?

74 De qui est-il amoureux?/De qui est-ce qu'il est amoureux?

75 De qui parles-tu?/De qui est-ce que tu parles?

76 Quelle barbe!

77　Comme c'est méchant!

78　Quels étudiants intelligents!

79　Quelle malchance!

80　Comme c'est triste!

81　Comme c'est intéressant!

82　Comme c'est gentil (à vous)!

83　Quelle chance!

84　Quelle bonne note!

85　Comme c'est petit/minuscule!

Parte III
Incrementando suas Frases

Preposições Comuns em Francês

Preposição em Francês	Tradução em Português
à	à, em, para
à cause de	por causa de
à côté de	ao lado de
après	depois
au lieu de	em vez de
au milieu de	no meio de
avant	antes (relacionado apenas com o tempo)
avec	com
chez	na casa de alguém
contre	contra
dans	em, dentro de
de	de
derrière	atrás
devant	na frente de
en	em, de
en face de	diante de
entre	entre
hors de	fora de
jusqu'à	até
loin de	longe de
pendant	durante
pour	para
sans	sem
sauf	exceto
sous	embaixo, sob
sur	em cima, sobre
vers	em direção a

Nesta parte...

- Use advérbios e preposições para ajudá-lo a descrever quando, onde e como ocorrem as ações.

- Faça comparações com adjetivos e advérbios e use comparações para falar de quantidades.

- Descubra como substituir substantivos por pronomes, tornando sua comunicação em francês mais refinada.

- Entenda como usar o gerúndio para falar de ações simultâneas e para dizer quando, por que e como alguma coisa aconteceu.

- Use a voz passiva para indicar que alguma coisa já foi feita..

Capítulo 10

O Uso de Advérbios para Dizer Onde, Quando e Como

Muitas das palavras que dão detalhes em francês são advérbios, como **maintenant** (*agora*), **jamais** (*nunca*) e **peut-être** (*talvez*). **Les adverbes** (*advérbios*) modificam os verbos, os adjetivos e, às vezes, até outros advérbios. Em francês, eles não têm que concordar com nenhuma outra palavra da frase nem em gênero nem em número: eles são invariáveis. Os advérbios podem se apresentar de várias formas: eles podem ser uma única palavra ou toda uma expressão (chamada de *locução adverbial*), como **tout de suite** (*agora mesmo*) ou **avec joie** (*com prazer*).

Os advérbios foram divididos em duas grandes categorias neste capítulo:

✔ Advérbios que respondem às perguntas *quando*, *onde* e *quanto*

✔ Advérbios de modo que informam como uma coisa é feita

Também vou mostrar a posição correta dos advérbios na frase, dependendo do que eles estão modificando.

Quando, Onde e Quanto: Os Advérbios de Tempo, Lugar e Intensidade

Você já viu essas palavras *bem* comuns *antes*, e vai encontrar mais delas *aqui*! Pronto, em uma única frase foram usados três advérbios! *Bem* (**très**) é um advérbio de intensidade, *antes* (**avant**) é um advérbio de tempo e *aqui* (**ici**) é um advérbio de lugar. Nas seções a seguir, eles são divididos em três categorias, com base em qual destas perguntas respondem: *quando*, *onde* e *quanto*.

Advérbios de tempo

Advérbios de tempo respondem à pergunta **quand** (*quando*). Veja aqui alguns advérbios comuns de tempo:

- **actuellement** (*atualmente*)
- **après** (*depois*)
- **aujourd'hui** (*hoje*)
- **avant** (*antes*)
- **d'abord** (*primeiro/antes de mais nada*)
- **déjà** (*já*)
- **demain** (*amanhã*)
- **enfin** (*finalmente/por fim*)
- **ensuite** (*em seguida*)
- **hier** (*ontem*)
- **immédiatement** (*imediatamente*)
- **jamais** (*nunca*)
- **longtemps** (*por muito tempo*)
- **maintenant** (*agora*)
- **parfois** (*às vezes*)
- **plus tard** (*mais tarde*)
- **rarement** (*raramente*)
- **souvent** (*frequentemente*)
- **tard** (*tarde*)
- **tôt** (*cedo*)
- **toujours** (*sempre/todos os dias*)

- ✔ **toujours** (*ainda*)
- ✔ **tout de suite** (*imediatamente*)

Gostaria de vê-los na prática?

> **Il fait toujours ses devoirs seul.** (*Ele sempre faz o seu dever de casa sozinho.*)

> **D'abord, elle se lève, puis elle prend son café.** (*Primeiro, ela se levanta, depois toma o café.*)

> **Ouvrez la porte tout de suite!** (*Abra a porta imediatamente!*)

Advérbios de lugar

Advérbios de lugar respondem à pergunta **où** (*onde*). Veja alguns advérbios comuns de lugar:

- ✔ **où** (*onde*)
- ✔ **ici** (*aqui*)
- ✔ **loin** (*longe*)
- ✔ **partout** (*em todo lugar*)
- ✔ **quelque part** (*em algum lugar*)
- ✔ **nulle part** (*em lugar nenhum*)
- ✔ **devant** (*à frente*)
- ✔ **derrière** (*atrás*)
- ✔ **à l'intérieur** (*dentro*)
- ✔ **dehors** (*fora*)
- ✔ **sur** (*sobre*)
- ✔ **par-dessus/sur** (*em cima*)
- ✔ **sous** (*debaixo/sob*)
- ✔ **à droite** (*à direita*)
- ✔ **à gauche** (*à esquerda*)
- ✔ **en haut** (*em cima/no andar de cima*)
- ✔ **en bas** (*embaixo/no andar de baixo*)
- ✔ **en haut de** (*no topo de*)
- ✔ **au fond** (*ao fundo*)
- ✔ **à côté** (*do lado*)
- ✔ **près (d'ici)** (*perto[daqui]*)

Veja alguns advérbios de lugar nas frases a seguir:

Le chat dort sous la table. (*O gato dorme debaixo da mesa.*)

Ils habitent loin. (*Eles moram longe.*)

Tournez à droite. (*Vire à direita.*)

Advérbios de intensidade

Advérbios de intensidade respondem à pergunta **combien** (*quanto*). Veja alguns advérbios comuns de intensidade:

- **assez** (*bastante/o suficiente*)
- **autant** (*tanto quanto*)
- **beaucoup** (*muito*)
- **combien** (*quanto*)
- **moins** (*menos*)
- **peu** (*pouco*)
- **plus** (*mais*)
- **presque** (*quase*)
- **tellement** (*tão/tanto*)
- **très** (*muito*)
- **trop** (*demais*)

Embora **très** e **beaucoup** tenham o mesmo significado em português (*muito*), eles não são usados indistintamente: **beaucoup** é um advérbio que modifica um verbo, enquanto **très** é um advérbio que modifica outro advérbio ou um adjetivo.

Veja alguns deles na prática:

Nous avons beaucoup mangé à Noël. (*Comemos muito no Natal.*)

J'ai assez attendu! (*Já esperei o suficiente!*)

Tu es très gentil! (*Você é muito gentil!*)

Complete as frases a seguir com o advérbio apropriado dado em português. Veja o exemplo.

P. **Ils habitent** _____. (*aqui*)

R. **ici**

1. **Lave-toi les mains** _____. (*imediatamente*)

2. _____ **il se lève,** _____ **il prend sa douche.** (*primeiro, em seguida*)

3. **J'ai cherché** _____. (*em todo lugar*)

4. **Ils sont** _____ **en vacances.** (*atualmente*)

5. **Il dîne** _____ **seul.** (*sempre*)

6. **Elle est partie** _____. (*longe*)

7. **Tu vas tourner** _____. (*à direita*)

8. **J'ai** _____ **mangé!** (*demais*)

9. **Nous n'irons** _____ **pour les vacances.** (*em lugar nenhum*)

10. Nous sommes _____ contents de vous rencontrer. (*muito*)

É Assim que se Faz: Advérbios de Modo

Advérbios que expressam *como* ou *de que maneira* são reconhecidos pelo seu sufixo *-mente* em português. O equivalente em francês é o sufixo **-ment**. *Infelizmente* (viu o que aconteceu aqui?), a parte fácil acabou! O processo de obtenção de advérbios de modo em francês tem algumas armadilhas, mas as seções a seguir vão mostrar *rapidamente* como evitá-las *eficazmente*.

Como obter advérbios de modo regulares

A maioria dos advérbios de modo é obtida a partir de um adjetivo. Por exemplo, **lent** (*lento*) resulta no advérbio **lentement** (*lentamente*). Para obter um advérbio de modo, use um adjetivo no feminino singular (por sua vez, obtido do masculino singular) e acrescente **-ment** a ele. Essa regra é seguida até mesmo no caso de adjetivos femininos irregulares, como **molle** (mole), **attentive** (*atenta*), **sotte** (estúpida) e **douce** (*suave*). (Para mais informações sobre como obter adjetivos femininos, veja o Capítulo 4.) A Tabela 10-1 dá alguns exemplos desse processo, incluindo alguns adjetivos irregulares.

Tabela 10-1	De Adjetivo para Advérbio		
Adjetivo Masculino	*Adjetivo Feminino*	*Advérbio em Francês*	*Tradução em Português*
attentif	attentive	attentivement	*atentamente*
discret	discrète	discrètement	*discretamente*
doux	douce	doucement	*suavemente*
fin	fine	finement	*finamente*
franc	franche	franchement	*francamente*
heureux	heureuse	heureusement	*felizmente*
lent	lente	lentement	*lentamente*
long	longue	longuement	*amplamente/por um longo tempo*
mou	molle	mollement	*calmamente/ suavemente/de má vontade*
naturel	naturelle	naturellement	*naturalmente*
nouveau	nouvelle	nouvellement	*recentemente*
parfait	parfaite	parfaitement	*perfeitamente*
sot	sotte	sottement	*estupidamente*
timide	timide	timidement	timidamente

Veja alguns advérbios de modo:

Parle-moi franchement. (*Diga-me francamente.*)

Écoutons attentivement. (*Escutemos atentamente.*)

Elle nous a serré la main mollement. (*Ela apertou as nossas mãos suavemente.*)

C'est une épave nouvellement découverte. (*É um naufrágio descoberto recentemente.*)

Ils ont attendu longuement. (*Eles esperaram por um longo tempo.*)

Alguns adjetivos são usados como advérbios em expressões sem o acréscimo do **-ment**. O significado desses advérbios é um pouco diferente do significado do adjetivo em si. Além disso, eles não concordam em gênero ou número com nada na frase. Os mais comuns entre eles são:

- ✔ **bas** (*baixo*), como na expressão **parler bas** (*falar baixo*)
- ✔ **bon** (*bom*), como em **sentir bon** (*cheirar bem*)
- ✔ **cher** (*caro*), como em **coûter cher** (*custar caro*)

✔ **clair** (*claro*), como em **voir clair** (*ver com clareza*)

✔ **dur** (*duro*), como em **travailler dur** (*trabalhar duro*)

✔ **faux** (*falso*), como em **chanter faux** (*cantar em falsete*)

✔ **fort** (*forte*), como em **parler fort** (*falar alto*)

✔ **heureux** (*feliz*), como em **ils vécurent heureux jusqu'à la fin** (*e viveram felizes para sempre*)

✔ **juste** (*justo*), como em **chanter juste** (*cantar no tom*)

✔ **mauvais** (*mau*), como em **sentir mauvais** (*cheirar mau*)

Complete as frases com um advérbio da lista.

attentivement	**finement**	**longuement**
bas	**franchement**	**parfaitement**
cher	**heureux**	**timidement**
faux	**lentement**	

P. Il a parlé _____. (*Ele falou . . .*)

R. longuement

11. À l'eglise, on parle _____. (*Na igreja, as pessoas falam . . .*)

12. Dis la vérité! Parle _____. (*Diga a verdade! Fale . . .*)

13. Tu as _____ compris. (*Você entendeu . . .*)

14. Ces chaussures coûtent _____. (*Estes sapatos custam . . .*)

15. Le vieil homme marchait _____. (*O velho estava andando . . .*)

16. Coupez les oignons _____. (*Corte as cebolas . . .*)

17. Les petits enfants parlent _____. (*As criancinhas falam . . .*)

18. Je chante _____. (*Eu canto . . .*)

19. Ecoutez _____! (*Escute . . .*)

20. Ils vécurent _____ jusqu'à la fin des temps. (*Eles viveram . . . até o fim dos tempos.*)

Como reconhecer e obter advérbios de modo irregulares

Alguns advérbios de modo são obtidos de maneira diferente da que foi apresentada na seção anterior. Além disso, outros advérbios de modo são completamente irregulares. As seções a seguir vão explicar essas variações.

Desviando-se um pouco do adjetivo feminino

Às vezes, o advérbio de modo não é obtido diretamente do adjetivo feminino. Adjetivos masculinos que terminam com **-e** fazem parte desse grupo. O **-e** vira **-é** antes do acréscimo do sufixo **-ment** do advérbio. Veja alguns exemplos:

- ✔ **précis/précise** geram **précisément** (*precisamente*)
- ✔ **énorme/énorme** geram **énormément** (*imensamente*)
- ✔ **profond/profonde** geram **profondément** (*profundamente*)

Ignorando o adjetivo feminino para obter o irregular

Outros advérbios ignoram completamente o adjetivo feminino. Veja a seguir como obtê-los:

- ✔ Para adjetivos que terminam em **-ant**, substitua **-ant** por **-amment** para obter o advérbio, assim:

  > **courant** → **couramment** (*fluentemente*); **bruyant** → **bruyamment** (*ruidosamente*)

- ✔ Para adjetivos que terminam em **-ent**, substitua **-ent** por **-emment** para obter o advérbio, assim:

  > **prudent** → **prudemment** (*prudentemente*); **évident** → **évidemment** (*evidentemente*)

- ✔ Para adjetivos que terminam em **-i**, **-é** ou **-u**, acrescente **-ment** logo depois, sem o **-e** do feminino. Tais advérbios incluem:

  > **absolu** → **absolument** (*absolutamente*)
  >
  > **passionné** → **passionnément** (*apaixonadamente*)
  >
  > **poli** → **poliment** (*educadamente*)
  >
  > **spontané** → **spontanément** (*espontaneamente*)
  >
  > **vrai** → **vraiment** (*verdadeiramente*)

Nota: Há exceções: **gai/gaie** → **gaiement** (*alegremente*), **assidu/assidue** → **assidûment** (*assiduamente*)

Por fim, há os advérbios completamente irregulares, que não seguem nenhum padrão! Eles devem ser decorados. A Tabela 10-2 contém alguns dos mais comuns advérbios de modo completamente irregulares.

Tabela 10-2		Advérbios Completamente Irregulares	
Adjetivo Masculino	*Tradução*	*Advérbio*	*Tradução*
bon	*bom*	bien	*bem*
bref	*breve*	brièvement	*brevemente*
gentil	*bondoso*	gentiment	*gentilmente*
mauvais	*mau*	mal	*mal*
meilleur	*melhor*	mieux	*melhor*
rapide	*rápido*	vite (rapidement também existe)	*rapidamente*

Dê os advérbios irregulares dos adjetivos a seguir. Veja o exemplo:

P. gentil

R. gentilment

21. énorme _____

22. courant _____

23. évident _____

24. vrai _____

25. meilleur _____

26. bref _____

27. mauvais _____

28. précis _____

29. bruyant _____

30. absolu _____

Quando não é possível obter um advérbio de modo

Às vezes, não é possível obter um advérbio de modo para o que se quer dizer. Um exemplo em português para tal situação adverbial impossível é *Ele lhe respondeu de forma otimista*. Não é possível dizer *Ele respondeu otimistamente*! O francês tem situações parecidas. Veja algumas delas aqui.

- Use um verbo + **d'une façon** (literalmente: *de uma forma*) + adjetivo feminino singular. Por exemplo:

    > **Il a répondu d'une façon nonchalante.** (*Ele respondeu de uma forma preguiçosa.*)

- Use um verbo + **d'une manière** (literalmente: *de uma maneira*) + adjetivo feminino singular. Por exemplo:

    > **Elle parle d'une manière hautaine.** (*Ela fala de uma maneira arrogante.*)

- Use um verbo + **d'un air** (literalmente: *com um ar*) + adjetivo masculino singular. Por exemplo:

    > **Ils écoutent d'un air distrait.** (*Eles escutam com um ar distraído.*)

- Use um verbo + **avec** (*com*) + substantivo (sem o artigo). Por exemplo:

    > **Je le ferai avec plaisir.** (*Eu o farei com prazer.*)

    > **Il fait son travail avec précision.** (*Ele faz seu trabalho com precisão.*)

    > **L'appartement est meublé avec goût.** (*O apartamento é mobiliado com bom gosto.*)

Essas expressões são usadas em algumas ocasiões não por falta de um advérbio, mas por razões estilísticas. Aconselho a consulta de um dicionário francês-português para se certificar da existência do advérbio que deseja usar.

O Lugar dos Advérbios

Os advérbios podem se deslocar um pouco na frase dependendo do que estejam modificando nela, seja um verbo, outro advérbio ou um adjetivo. As seções a seguir vão ajudar a entender onde posicioná-los.

Em francês, nunca se deve colocar um advérbio depois do sujeito.

Com verbos em um tempo simples

O advérbio vem depois do verbo quando modifica um verbo conjugado em um tempo simples, isto é, um verbo de uma única parte, como o presente do indicativo (Capítulo 6), o pretérito imperfeito (Capítulo 16) e o futuro do presente (Capítulo 17). Veja alguns exemplos de advérbios posicionados depois do verbo:

> **Je mange rarement au restaurant.** (*Eu como raramente em restaurante.*)
>
> **Il conduit vite.** (*Ele dirige rápido.*)
>
> **Vous travaillez dur.** (*Você trabalha duro.*)
>
> **Ils aiment beaucoup aller au cinéma.** (*Eles gostam muito de ir ao cinema.*)

Geralmente se encontram advérbios maiores no fim de uma frase, mesmo que isso signifique separá-los dos verbos conjugados. Por exemplo: **Vous écoutez le professeur attentivement.** (*Vocês escutam o professor atentamente.*)

Com verbos no futuro imediato

Quando um advérbio modifica um verbo conjugado no **futur proche** (*futuro imediato*; veja o Capítulo 17), que consiste no verbo **aller** (*ir*) + infinitivo, o advérbio vem depois de **aller**, que é o verbo conjugado. Por exemplo:

> **Tu vas probablement t'ennuyer.** (*Você, provavelmente, vai se entediar.*)
>
> **Il va sûrement gagner la course.** (*Ele, com certeza, vai vencer a corrida.*)

Com verbos em um tempo composto

Em geral, o advérbio vem depois do particípio passado quando está modificando um verbo conjugado em um tempo composto, como o **passé composé** (*pretérito perfeito*; veja o Capítulo 15). (O **passé composé** é formado por um dos verbos auxiliares **être** [*ser*] ou **avoir** [*ter*] conjugados + o particípio passado do verbo principal.) Por exemplo:

> **Il s'est rasé rapidement.** (*Ele se barbeou rapidamente.*)
>
> **Elle s'est habillée élégamment.** (*Ela se vestiu elegantemente.*)

Alguns advérbios (especialmente os curtos) bem comuns, porém, devem ir entre o verbo auxiliar e o particípio passado, assim:

> **Tu as bien travaillé.** (*Você trabalhou bem.*)
>
> **Elle est vite partie.** (*Ela foi embora rapidamente.*)
>
> **Ils ont beaucoup aimé le film.** (*Eles gostaram bastante do filme.*)
>
> **Quelqu'un a mal fermé la porte.** (*Alguém não fechou a porta direito.*)

Os advérbios que seguem esse padrão incluem: **vite** (*rapidamente*) e **bien** (*bem*), **mal** (*mal*), **déjà** (*já*), para os curtos, e **beaucoup** (*muito*), **probablement** (*provavelmente*), **tellement** (*tão/tanto*), **vraiment** (*realmente*) e **toujours** (*sempre*), para os longos.

Com adjetivos e outros advérbios

Advérbios que modificam um adjetivo ou outro advérbio vêm antes deles. Simples, certo? Veja alguns exemplos:

> **Tu es mal coiffé.** (*Você não se penteou bem.*)
>
> **Il est vraiment petit.** (*Ele é bem pequeno.*)
>
> **Elle chante très bien.** (*Ela canta muito bem.*)

No fim: alguns advérbios de tempo

Alguns advérbios de tempo que indicam dias e horários específicos, como **aujourd'hui** (*hoje*), **demain** (*amanhã*), **hier** (*ontem*), **tôt** (*cedo*) e **tard** (*tarde*), ficam, em geral, no fim da frase. Veja alguns exemplos:

> **Nous nous sommes levés tard.** (*Nós levantamos tarde.*)
>
> **Je ferai du sport demain.** (*Vou praticar esporte amanhã.*)

Posicione os advérbios entre parênteses no lugar certo na frase, dependendo de qual palavra o advérbio está modificando. Consulte um dicionário francês-português se precisar de ajuda com o vocabulário. Veja o exemplo.

P. Tu vas gagner! (sûrement)

R. Tu vas sûrement gagner!

31. Nous faisons nos devoirs. (sérieusement)

_____

32. Ils ont perdu le match. (malheureusement)

_____

33. Je t'aiderais si je pouvais. (avec plaisir)

_____

34. Elle fera le ménage. (demain)

_____

35. Il s'est levé. (tard)

_____

36. Nous avons compris. (bien)

_____

37. Ils font du yoga. (souvent)

_____

38. Elle s'est trompée. (vraiment)

_____

39. Vous allez réussir. (peut-être)

_____

40. Tu as travaillé. (bien)

_____

Respostas

1. tout de suite

2. D'abord; ensuite

3. partout

4. actuellement

5. toujours

6. loin

7. à droite

8. trop

9. nulle part

10. très

11. bas

12. franchement

13. parfaitement

14. cher

15. lentement

16. finement

17. timidement

18. fort

19. attentivement

20. heureux

21. énormément

22. couramment

23. évidemment

24. vraiment

25. mieux

26. brièvement

27 mal

28 précisément

29 bruyamment

30 absolument

31 Nous faisons nos devoirs sérieusement.

32 Malheureusement, ils ont perdu le match.

33 Je t'aiderais avec plaisir si je pouvais.

34 Elle fera le ménage demain.

35 Il s'est levé tard.

36 Nous avons bien compris.

37 Ils font souvent du yoga.

38 Elle s'est vraiment trompée.

39 Vous allez peut-être réussir.

40 Tu as bien travaillé.

Capítulo 11

O Uso de Preposições

Neste Capítulo

- ► Concentrando-se no básico sobre as preposições
- ► Lidando com preposições complicadas
- ► Como escolher entre **à Paris** ou **en Paris**

As preposições (**les prépositions**) são palavras que podem responder a perguntas como *onde, quando, com quem*, e assim por diante. Elas são usadas em combinação com outras palavras de uma frase para formar uma locução prepositiva. É possível acrescentar mais detalhes a uma frase com as locuções prepositivas, como *na cozinha* (**dans la cuisine**) ou *com os meus amigos* (**avec mes amis**).

O francês usa muitas preposições. Algumas delas têm equivalentes óbvios em português, como **avec** (*com*), **sur** (*sobre*), **contre** (*contra*) e **devant** (*na frente de*). Outras são mais misteriosas, como **à** e **de**, que têm muitos significados. Este capítulo vai ajudá-lo a identificar as preposições em francês.

O Básico sobre Preposições

As preposições podem ajudá-lo a mudar o significado de uma frase com facilidade. Elas são *palavras invariáveis*, o que significa que não haverá necessidade de se preocupar com concordância, e a posição delas em uma frase não é crucial, diferentemente dos pronomes. Em resumo, não há nada para não gostar nelas! Esta seção vai mostrar como é fácil usá-las.

As preposições mais comuns

Tal como em português, existem vários tipos de preposições em francês. Algumas delas são simples, usando apenas uma palavra, como **pour** (*para*) e **avec** (*com*). Outras são compostas, como **à côté de** (*ao lado de*), pois são feitas de duas ou mais palavras. A lista a seguir dá uma boa amostra das preposições em francês, tanto simples como compostas.

- **à** (*a, em, para*)
- **à cause de** (*por causa de*)
- **à côté de** (*ao lado de*)
- **après** (*depois*)
- **au lieu de** (*em vez de*)
- **au milieu de** (*no meio de*)
- **avant** (*antes*) (apenas referente ao tempo)
- **avec** (*com*)
- **chez** (*na casa de* [*alguém*], *no estabelecimento de* [*empresa ou profissional*])
- **contre** (*contra*)
- **dans** (*em, dentro de*)
- **de** (*de, com*)
- **derrière** (*atrás*)
- **devant** (*na frente de*)
- **en** (*em, de*)
- **en face de** (*diante de*)
- **entre** (*entre*)
- **hors de** (*fora de*)
- **jusqu'à** (*até*)
- **loin de** (*longe de*)
- **malgré** (*apesar de*)
- **parmi** (*dentre*)
- **pendant** (*durante*)
- **pour** (*para*)
- **sans** (*sem*)
- **sauf** (*exceto*)
- **sous** (*embaixo*)
- **sur** (*sobre*)
- **vers** (*em direção a*)

Veja algumas dessas preposições na prática:

La voiture est devant le garage. (*O carro está na frente da garagem.*)

Le chat dort sur le lit, avec sa balle. (*O gato dorme em cima da cama com a sua bola.*)

Nous déjeunons à midi, avec nos amis, dans un bon restaurant. (*Nós almoçamos ao meio-dia com os nossos amigos, em um bom restaurante.*)

Tanto **dans** como **en** significam *em*. Veja a seguir algumas orientações sobre como usá-las:

- ✔ Quando tanto **dans** como **en** indicarem *em* no sentido espacial, pense em **dans** como *dentro de alguma coisa ou algum local específicos*, como **dans une boîte** (*em uma caixa*) e **dans la maison** (*na casa*). **En**, por outro lado, tende a ser menos específica, como em **en Afrique** (*na África*) e **en banlieue** (*nos subúrbios*).

- ✔ **Dans** e **en** também indicam *em* no sentido temporal e, nesse caso, as coisas ficam mais claras! Se *em* indica uma projeção no tempo, como *em dez anos*, use **dans**: **dans 10 ans**. Se *em* indica o tempo de duração de uma ação, use **en**, como em **j'ai fini mon travail en une heure seulement** (*terminei o meu serviço em apenas uma hora*). Use **en** também ao indicar datas ou estações do ano, como **en 2012** (*em 2012*), **en hiver** (*no inverno*) e **en juillet** (*em julho*).

Outra forma de escolher entre **en** e **dans** é lembrar que **en** não admite nenhum artigo depois dela. Os artigos só vêm depois de **dans**.

Nem todas as preposições em português têm equivalentes óbvios em francês. Por exemplo, em português, se diz *sonhar com alguma coisa*, enquanto, em francês, se diz sonhar *de alguma coisa* (**rêver de quelque chose**). Então, por segurança, recomendo que verifique em um dicionário francês-português como usar uma preposição com a qual você não está familiarizado.

Escolha uma preposição da lista a seguir para completar as frases, como no exemplo (consulte um dicionário francês-português se precisar de ajuda com o vocabulário).

à	dans	pour
au milieu de	jusqu'à	sans
avec	malgré	sur
chez		

P. **Nous allons** _____ **la maison.**

R. à

1. _____ leur fatigue, les athlètes sont contents.

2. La voiture est _____ le garage.

3. Je passe _____ mes amis.

4. Les livres sont _____ la table.

5. Ce cadeau est _____ toi!

6. Le chat joue _____ sa balle.

7. Tu as déjeuné _____ midi.

8. Le dimanche il dort _____ 11 heures.

9. Ne sors pas _____ ton manteau: il fait froid!

10. C'est une île _____ l'océan.

Como usar preposições comuns corretamente

Como verá nas seções a seguir, as preposições podem ser usadas em conjunto com várias palavras diferentes:

- Com pronomes oblíquos tônicos, como **avec moi** (*comigo*)
- Com substantivos, como **avec sa balle** (*com sua bola*)
- Com palavras interrogativas, como **à quelle heure?** (*a que horas?*) e **dans quelle boîte?** (*em qual caixa?*)
- Com verbos, como em **pour dormir** (*para dormir*)

Com pronomes oblíquos tônicos e substantivos

Um *pronome oblíquo tônico* é o pronome de que você precisa após uma preposição. Eles indicam somente pessoas, não coisas (veja o Capítulo 13 para saber mais). Estes são os pronomes oblíquos tônicos em francês:

- **moi** (*mim/comigo*)
- **toi** (*ti/contigo/você*) (singular informal)
- **lui** (*si/consigo/ele*)
- **elle** (*si/consigo/ela*)
- **nous** (*nós/conosco*)

- ✔ **vous** (*vocês*) (singular formal e plural formal ou informal)
- ✔ **eux** (*eles*)
- ✔ **elles** (*elas*)

O francês funciona como o português para formar construções como *comigo*, *para você* e *na mesa*, colocando a preposição na frente do pronome oblíquo tônico ou do substantivo, assim: **avec moi**, **pour toi**, **sur la table**.

Veja a seguir algumas preposições com pronomes oblíquos tônicos na prática:

> **Viens avec moi.** (*Venha comigo.*)
>
> **Il est chez lui.** (*Ele está em casa.*)
>
> **Nous partirons sans eux.** (*Vamos embora sem eles.*)

Veja a seguir algumas preposições com substantivos na prática:

> **sans ton manteau** (*sem o seu casaco*)
>
> **au milieu de la nuit** (*no meio da noite*)

Com palavras interrogativas

Às vezes, quando se quer fazer uma pergunta mais detalhada, surge a necessidade de usar algo mais do que apenas uma palavra interrogativa, como *qual* e *que*. Nesses casos, pode-se perguntar algo como *com qual* ou *a que*, usando uma preposição com uma palavra interrogativa. Isso é muito simples de fazer em francês: coloque a preposição antes da palavra interrogativa e termine a pergunta como sempre (para obter mais detalhes sobre como fazer perguntas, veja o Capítulo 9).

Estes exemplos mostram algumas preposições combinadas com palavras interrogativas:

> **Pour qui est ce cadeau?** (*Para quem é este presente?*)
>
> **Dans quoi mets-tu les papiers?** (*Você põe os papéis dentro do quê?*)

Com verbos

Em geral, o verbo francês estará no infinitivo quando este vier depois de uma preposição. O mesmo ocorre em português: por exemplo, **pour dormir** significa *para dormir*.

As estruturas com a preposição **en**, porém, são exceção. Depois de **en**, o verbo francês fica no gerúndio e é traduzido por *enquanto fazia algo* (veja o Capítulo 14 para mais detalhes sobre o **gérondif**). Por exemplo, **en regardant la télé** (*enquanto assistia à TV*).

Veja algumas frases que usam preposições com verbos:

Elle a besoin de trois oreillers pour dormir. (*Ela precisa de três travesseiros para dormir.*)

Il est parti sans dire un mot. (*Ele foi embora sem dizer nada.*)

Nous dînons en regardant la télé. (*Nós jantamos enquanto assistimos à TV.*)

Traduza as frases a seguir para o francês usando preposições. Veja o exemplo para começar:

P. *Ele come enquanto assiste à TV.*

P. **Il mange en regardant la télé.**

11. *Este presente é para ela.*

_____

12. *O carro está do lado de casa.*

_____

13. *Em que ele está pensando?*

_____

14. *A bola está debaixo de que cadeira?*

_____

15. *A que horas você vai embora?*

_____

16. *Nós moramos em uma casa.*

_____

17. *O livro está sobre a mesa.*

_____

18. *Chove no verão.*

_____

19. *Onde você quer estar dentro de um ano?*

_____

20. *Estou indo para casa.*

_____

Algumas Preposições Complicadas

Existem duas preposições em francês — **à** e **de** — que são um pouco complicadas. Por quê? Elas têm vários significados em português, o que dificulta saber quando e como usá-las. Nas seções a seguir vou explicar os vários usos dessas duas preposições.

À

À é usada para indicar, na maioria das vezes, um destino ou a localização de alguém ou algo em uma cidade. É o equivalente em português a *para*, *em* ou *a*. Veja estes exemplos:

> **Il va à Paris.** (*Ele vai a Paris.*)
>
> **Il habite à Paris.** (*Ele mora em Paris.*)

Quando se trata de geografia, **à** não é a única opção em francês. (Para saber mais detalhes, veja adiante a seção "Uma Lição de Geografia: o Uso de Preposições para Destinos e Lugares".) Mas **à** tem outros usos, como mostram as seções a seguir.

À + substantivo

Em francês, a maioria dos verbos que indicam comunicação tem objeto indireto introduzido por **à**, como em **nous parlons à Julie** (*nós falamos com Julie*). Alguns outros verbos também têm essa característica. Os mais comuns estão listados a seguir:

- **demander à quelqu'un** (*perguntar a alguém*)
- **dire à quelqu'un** (*dizer a alguém*)
- **donner (quelque chose) à** (*dar [alguma coisa] a alguém*)
- **emprunter à quelqu'un** (*emprestar de alguém*)
- **faire attention à quelqu'un/quelque chose** (*prestar atenção em alguém/alguma coisa*)
- **parler à quelqu'un** (*falar com alguém*)
- **penser à quelqu'un/quelque chose** (*pensar em alguém/alguma coisa*)

> ✔ **rendre visite à** (*visitar alguém*)
>
> ✔ **répondre à quelqu'un/quelque chose** (*responder a alguém*)
>
> ✔ **ressembler à quelqu'un/quelque chose** (*parecer com alguém/ alguma coisa*)
>
> ✔ **téléphoner à quelqu'un** (*telefonar a/para alguém*)

Veja alguns exemplos de como usar **à** com substantivo:

> **Elle téléphone à ses grands-parents.** (*Ela telefona aos seus avós.*)
>
> **Ces enfants ressemblent à leur mère.** (*Essas crianças se parecem com a mãe.*)

À + infinitivo

Outros verbos em francês devem ser seguidos da preposição **à,** quando introduzirem um segundo verbo (no infinitivo). **À** não muda o significado do verbo nem sua forma de conjugar, mas faz parte da regência do primeiro verbo. Se não houver nenhum outro verbo na sequência, não use **à** depois dos verbos da lista a seguir:

> ✔ **apprendre à** + infinitivo (*aprender a fazer alguma coisa*)
>
> ✔ **arriver à** + infinitivo (*conseguir fazer alguma coisa*)
>
> ✔ **commencer à** + infinitivo (*começar a [fazer alguma coisa]*)
>
> ✔ **continuer à** + infinitivo (*continuar a [fazer alguma coisa]*)
>
> ✔ **hésiter à** + infinitivo (*hesitar em [fazer alguma coisa]*)
>
> ✔ **obliger** (**quelqu'un**) **à** + infinitivo (*obrigar [alguém] a [fazer alguma coisa]*)
>
> ✔ **réussir à** + infinitivo (*conseguir [fazer alguma coisa]*)
>
> ✔ **s'habituer à** + infinitivo (*acostumar-se a [fazer alguma coisa]*)
>
> ✔ **se préparer à** + infinitivo (*preparar-se para [fazer alguma coisa]*)

Veja alguns deles na prática:

> **On se prépare à partir.** (*Nós nos preparamos para sair.*)
>
> **Est-ce que vous commencez à comprendre?** (*Você está começando a entender?*)

Traduza as frases a seguir do português para o francês. Lembre-se: quando **à** vier antes dos artigos definidos **le** ou **les**, eles se juntam para formar **au** ou **aux**.

P. *Estou começando a entender.*

R. **Je commence à comprendre.**

21. *Eles estão se preparando para sair.*

_____

22. *As criancinhas aprendem a escrever.*

_____

23. *Ela pensa no marido.*

_____

24. *Respondam ao professor!*

_____

25. *Você continua a fazer isso!*

_____

De

A preposição **de** tem algumas traduções bem claras em português. Quando usada com nomes de lugares, **de** significa *de* (veja adiante a seção "Uma Lição de Geografia: o Uso de Preposições para Destinos e Lugares" para obter mais detalhes). Na frente da maioria dos substantivos que não são nomes de lugares, ela significa *de*. No entanto, ao introduzir um infinitivo, **de** perde o seu significado claro e, geralmente, não tem tradução equivalente em português. As seções a seguir vão mostrar isso.

Verbo + de + substantivo

De pode ligar um verbo a um substantivo (objeto do verbo), como na frase **Il se moque de la sorcière** (*Ele caçoa da feiticeira*). Mas fique alerta, pois o equivalente em português desses verbos nem sempre inclui o *de*. Veja, na lista a seguir, muitos desses verbos comuns que precisam de **de** antes do objeto, com o seu respectivo equivalente em português, com ou sem *de*.

- **avoir besoin de** + substantivo (*precisar de*)
- **avoir envie de** + substantivo (*desejar*)
- **avoir peur de** + substantivo (*ter medo de*)
- **changer de** + substantivo (*mudar de*)
- **entendre parler de** + substantivo (*ouvir falar de*)
- **être** + adjetivo + **de** + substantivo (estar [adjetivo] *de/com*)
- **faire la connaissance de** + substantivo (*conhecer*)

- ✔ **jouer de** + substantivo (*tocar [um instrumento]*)
- ✔ **manquer de** + substantivo (*não ter o suficiente de*)
- ✔ **parler de** + substantivo (*falar de/sobre*)
- ✔ **profiter de** + substantivo (*tirar vantagem de/aproveitar-se de*)
- ✔ **s'apercevoir de** + substantivo (*perceber*)
- ✔ **s'occuper de** + substantivo (*cuidar de*)
- ✔ **se moquer de** + substantivo (*caçoar de*)
- ✔ **se servir de** + substantivo (*usar*)
- ✔ **se souvenir de** + substantivo (*lembrar de*)

Veja alguns exemplos de como usar **de** para ligar um verbo a um substantivo:

> **Occupe-toi de ta soeur s'il te plaît.** (*Cuide da sua irmã, por favor.*)
> **Vous vous souvenez de vos vacances.** (*Vocês se lembram das suas férias.*)
> **Nous parlons de l'accident.** (*Estamos falando do acidente.*)

Traduza as frases a seguir do português para o francês, usando **de** corretamente.

P. *Ele toca guitarra.*

R. **Il joue de la guitare.**

26. *Ela vai mudar de nome depois do casamento..*

_____

27. *Ele usa uma colher para comer torta.*

_____

28. *Nós vamos aproveitar as liquidações.*

_____

29. *Eu me lembro dessa criança.*

_____

30. *Você tem orgulho do seu pai?*

_____

Substantivo + de + substantivo

De pode ligar dois substantivos para expressar posse, como acontece no português. Veja isso na prática:

> **le chien** + **de** + Jean (*o cachorro de Jean*)
>
> **la maison de mes parents** (*a casa dos meus pais*)
>
> **les livres des étudiants** (*os livros dos estudantes*)

Nota: Quando **de** vier acompanhado pelo artigo definido **le**, eles se juntam para formar **du**; quando seguido por **les**, eles viram **des**, como em **les livres des étudiants** (literalmente: *os livros dos estudantes*).

Traduza as expressões possessivas a seguir para o francês.

P. a casa dos meus pais

R. la maison de mes parents

31. *o carro da minha mãe* _____

32. *o gato de Pierre* _____

33. *os livros do estudante* _____

34. *a casa dos meus amigos* _____

35. *a bolsa do professor* _____

De + infinitivo

Assim como alguns verbos em francês devem vir acompanhados da preposição **à** quando introduzirem um infinitivo, outros verbos em francês devem vir acompanhados da preposição **de** quando introduzirem um infinitivo. E, assim como acontece com **à**, **de** não altera o significado do verbo e nem sempre é traduzido por *de,* em português. Veja, na lista a seguir, a tradução dos verbos em português e perceba se eles têm *de* ou não.

- ✓ **accepter de** + infinitivo (*aceitar [fazer alguma coisa]*)
- ✓ **arrêter de** + infinitivo (*deixar de [fazer alguma coisa]*)
- ✓ **avoir peur/besoin/honte de** + infinitivo (*ter medo de [fazer alguma coisa]/precisar [fazer alguma coisa]/ter vergonha de [fazer alguma coisa]*)
- ✓ **choisir de** + infinitivo (*escolher [fazer alguma coisa]*)
- ✓ **décider de** + infinitivo (*decidir [fazer alguma coisa]*)
- ✓ **essayer de** + infinitivo (*tentar [fazer alguma coisa]*)

> ✔ **être** + adjetivo + **de** + infinitivo (estar [adjetivo] *de* [*fazer alguma coisa*])
>
> ✔ **être obligé de** + infinitivo (*ser obrigado a* [*fazer alguma coisa*])
>
> ✔ **éviter de** + infinitivo (*evitar* [*fazer alguma coisa*])
>
> ✔ **finir de** + infinitivo (*terminar de* [*fazer alguma coisa*])
>
> ✔ **oublier de** + infinitivo (*esquecer-se de* [*fazer alguma coisa*])
>
> ✔ **refuser de** + infinitivo (*recusar-se a* [*fazer alguma coisa*])
>
> ✔ **se souvenir de** + infinitivo (*lembrar-se de* [*fazer alguma coisa*])

Veja alguns desses verbos na prática:

Je veux arrêter de fumer. (*Eu quero parar de fumar.*)

Elle a refusé de sortir. (*Ela se recusou a sair.*)

Vous essayez d'ouvrir la porte. (*Você tenta abrir a porta.*)

Nota: **De** vira **d'** antes de vogal ou **-h** mudo.

Complete as frases a seguir com o verbo + **de** indicados nos parênteses e encontrados na lista anterior.

P. Tu _____ **manger.** (*terminar de*)

R. finis de

36. Tu _____ **fermer la porte à clé.** (*esquecer de*)

37. Elle veut _____ **fumer.** (*parar de*)

38. Il _____ **apprendre le français.** (*decidir*)

39. Nous _____ **prendre des vacances.** (*precisar*)

40. Elle _____ **sortir.** (*recusar-se a*)

Uma Lição de Geografia: O Uso de Preposições com Destinos e Localizações

Às vezes, é difícil escolher, por exemplo, entre dizer **à Paris** ou **en Paris**. Esta seção vai ajudá-lo a entender a diferença entre essas preposições, ao falar sobre lugares geográficos, cidades conhecidas, estados, países e regiões.

Preposição + uma cidade

Está planejando ir *a* Paris? Quanto tempo vai ficar *em* Paris? As seções a seguir vão ensinar como dizer essas coisas em francês.

Indicando uma localização ou a cidade destino de uma viagem

Essa é fácil! Ao dizer que vai *a* algum lugar ou que vai ficar *em* alguma cidade, use **à** seguida pelo nome da cidade. Não se esqueça de que, em geral, os nomes das cidades não vêm acompanhados por artigo, com exceção de algumas cidades, como **la Nouvelle Orléans** (*Nova Orleans*), **le Caire** (*Cairo*) ou **la Haye** (*Haia*). Veja alguns exemplos usando **à**:

Ils habitent à la Nouvelle Orléans. (*Eles moram em Nova Orleans.*)

Nous allons à Madrid. (*Nós vamos a Madri.*)

Nota: **À** + **le** vira **au** e **à** + **les** vira **aux**.

Não é possível usar a preposição **à** antes de certos verbos + cidade. Esses verbos vão exigir um objeto direto (isto é, sem preposição). Eles são: **aimer** (*gostar*) (e todos os verbos de preferência; veja o Capítulo 3), **visiter** (*visitar*), **quitter** (*ir embora*), **connaître** (*conhecer*) e **voir** (*ver*). Veja alguns exemplos:

Je voudrais visiter Rome. (*Eu gostaria de visitar Roma.*)

Est-ce que tu connais Vienne? (*Você conhece Viena?*)

Indicando a cidade de origem da viagem

Indicar a cidade de onde se parte também é fácil! Para dizer que está vindo de uma cidade, use **de** acompanhada pelo nome da cidade. Veja alguns exemplos:

Ils rentrent de Londres. (*Eles estão voltando de Londres.*)

Il vient de Paris. (*Ele vem de Paris.*)

Nota: Para cidades que têm artigo masculino singular, como **Le Mans** ou **Le Havre**, **de** + **le** vira **du**. Se a cidade tiver artigo no plural, como **Les Adrets**, **de** + **les** vira **des**. Veja alguns exemplos:

Nous allons aux 24 heures du Mans cette année. (*Nós vamos **ao evento de corrida automobilística** do Le Mans este ano.*)

Je rentre des Adrets. (*Estou voltando de Les Adrets.*)

Preposição + um estado ou um país

Para escolher a preposição correta a ser usada antes de um estado ou um país, descubra qual é o gênero desse estado ou país. Ao falar sobre um estado ou país, deve-se escolher o artigo apropriado, como **la France** (*França*), **les**

États-Unis (*os Estados Unidos*) e **le Japon** (*Japão*). (Se quiser saber mais sobre substantivos e gêneros, vá ao Capítulo 3.)

Ao mencionar que vai *àquele* estado ou país, que vai ficar *nele* ou sair *dele*, a escolha da preposição vai depender do gênero. As seções a seguir mostram o que é preciso saber sobre isso.

Determinando o gênero de um estado ou país

Quando o nome de um país, região ou estado termina com **-e**, ele é feminino e usa o artigo **la**. Algumas exceções, porém, terminam em **-e**, mas são masculinas. Elas são: **le Mexique** (*México*), **le Cambodge** (*Camboja*), **le Mozambique** (*Moçambique*) e **le Zimbabwe** (*Zimbábue*).

Todos os demais países são masculinos, como **le Canada** (*Canadá*) e **le Danemark** (*Dinamarca*). Todos os continentes são femininos.

Como indicar localização ou o estado/país destino de uma viagem

Depois de determinar o gênero do lugar de que está falando, percebe-se como isso afeta a escolha de palavras para dizer que se *está em um país* ou *indo a um país*.

Para dizer que *está* ou que *vai* a um estado ou país feminino, use **en** seguido pelo nome do lugar, sem o artigo. Isso mesmo, nada de artigos depois de **en**. Veja dois exemplos:

> **Allons en Italie!** (*Vamos à Itália!*)
>
> **Ils habitent en Turquie.** (*Eles moram na Turquia.*)

Todo nome de país, masculino ou feminino, que começa com vogal também entra nessa categoria. Então, mesmo que **Afghanistan**, **Ouganda** e **Israël** sejam países masculinos, já que não terminam em **-e**, eles são precedidos pela preposição **en**. Como resultado, se diz **en Afghanistan**, **en Ouganda** e **en Israël**.

Para dizer que *está* ou *vai* a um país masculino, use **à** + artigo + o nome do país, assim: **à** + **le** + **Pérou**: **au Pérou**. Países no plural como **les États-Unis** (*os Estados Unidos*) também entram nessa categoria. (***Nota:*** Quando **à** for seguido pelo artigo definido **le**, vira **au**; quando for seguido por **les**, vira **aux**.)

Indicando o estado ou país de origem da viagem

Quando disser que está viajando *de* um país feminino ou masculino cujo nome começa com vogal, use **de** acompanhado pelo nome do país, sem artigo (lembre-se de que, quando **de** vem antes de um substantivo que começa com vogal ou **-h** mudo, deve-se usar **d'**). Veja dois exemplos:

> **Il vient de France.** (*Ele vem da França.*)
>
> **Nous arrivons d'Irak.** (*Estamos chegando do Iraque.*)

Para dizer que está *vindo* de um país masculino ou plural, use **de** seguido pelo artigo **le** ou **les**, que se contraem, respectivamente, em **du** e **des**, seguidos pelo nome do país, assim:

> **Elle vient du Maroc.** (*Ela vem do Marrocos.*)
>
> **Vous arrivez des Pays-Bas.** (*Vocês estão chegando dos Países Baixos.*)

Complete cada frase com a preposição geográfica ou artigo apropriado. Lembre-se de que não é possível usar preposição depois de alguns verbos e de que cidades não têm artigo.

P. J'irai _____ France cette année.

R. en

41. Ils partent _____ Italie pour les vacances.

42. Elle voudrait habiter _____ Paris.

43. Nous sommes allés _____ Europe récemment.

44. On parle un peu français _____ la Nouvelle Orléans.

45. Connaissez-vous _____ Texas?

46. Quand je serai _____ Egypte, je voyagerai _____ Caire.

47. Est-ce qu'il fait beau _____ États-Unis en été?

48. Lui, il veut visiter _____ Allemagne, mais elle voudrait aller _____ Vienne.

49. Tu reviens _____ Maroc.

50. Vous rentrez _____ Argentine.

Respostas

1. malgré

2. dans

3. chez

4. sur

5. pour

6. avec

7. à

8. jusqu'à

9. sans

10. au milieu de

11. Ce cadeau est pour elle.

12. La voiture est à coté de la maison.

13. À quoi est-ce qu'il pense?

14. Sous quelle chaise est la balle?

15. À quelle heure partez-vous?

16. Nous habitons dans une maison.

17. Le livre est sur la table.

18. Il pleut en été.

19. Où veux-tu être dans un an?

20. Je vais chez moi./Je rentre à la maison.

21. Ils se préparent à sortir.

22. Les petits enfants apprennent à écrire.

23. Elle pense à son mari.

24. Répondez au professeur!

25. Tu continues à faire ça!

26. Elle va changer de nom après le mariage.

27 Il se sert d'une cuillère pour manger une tarte.

28 Nous allons profiter des soldes.

29 Je me souviens de cet enfant.

30 Est-ce que vous êtes fier de votre père?

31 la voiture de ma mère

32 le chien de Pierre

33 les livres de l'étudiant

34 la maison de mes amis

35 le sac du professeur

36 oublies de

37 arrêter de

38 décide d'

39 avons besoin de

40 refuse de

41 en

42 à

43 en

44 à

45 le

46 en; au

47 aux

48 l'; à

49 du

50 d'

Capítulo 12

É Tudo Relativo: Fazendo Comparações

Neste Capítulo

- ▸ O básico sobre comparações
- ▸ Comparando com adjetivos, advérbios e quantidades
- ▸ Comparando com pronomes oblíquos tônicos
- ▸ Examinando superlativos

É possível usar comparações ao descrever coisas, pessoas e ações, e, assim, obter uma descrição mais precisa delas. Por exemplo, pode-se dizer: **Julie est plus petite qu'Anne, mais elle court plus vite.** (*Julie é menor do que Anne, mas ela corre mais rápido.*) Essa frase comparou o físico de duas pessoas (usando o comparativo de um adjetivo, como *menor*) e como elas fazem determinada coisa (usando o comparativo de um advérbio, como *mais rápido*). Podem-se comparar coisas e pessoas de muitas outras maneiras. Este capítulo vai ajudá-lo a rever todas elas.

Comparando Dois Elementos: O Básico

Uma comparação básica contrasta dois elementos colocando-os lado a lado. Em português, pode-se dizer que uma coisa é mais interessante do que outra, menos interessante do que outra ou tão interessante quanto outra. As seções a seguir darão uma visão geral de como fazer tais comparações em francês.

Os três tipos básicos de comparações

Uma comparação básica começa com um elemento (seja um adjetivo, um verbo ou um advérbio) e o tipo de comparação (*mais*, *menos* ou *tanto quanto*):

- ✔ Para *mais/que*, o francês usa **plus/que**
- ✔ Para *menos/que*, o francês usa **moins/que**
- ✔ Para *tão/quanto*, o francês usa **aussi/que**

O primeiro elemento é seguido por **que** (*que*, *quanto*), o qual introduz o elemento original da comparação (com o que se está comparando). Depois de **que**, a segunda parte da comparação pode ter qualquer uma das seguintes palavras ou expressões:

> ✔ Um nome: **que Julie** (*do que Julie*)
>
> ✔ Um substantivo: **que ma mère** (*do que minha mãe*)
>
> ✔ Um pronome oblíquo tônico: **que toi** (*do que você*)
>
> ✔ Um pronome indefinido: **que d'autres** (*do que outros*)
>
> ✔ Uma locução prepositiva: **qu'à Paris** (*do que em Paris*)
>
> ✔ Uma expressão de tempo: **que l'an dernier** (*do que o ano passado*)

Que vira **qu'** antes de vogal ou **-h** mudo.

Veja alguns exemplos de comparações básicas:

> **Je suis plus petite que ma mère.** (*Eu sou menor do que a minha mãe.*)
>
> **Ils sont aussi gentils que vous.** (*Eles são tão gentis quanto vocês.*)
>
> **Vous travaillez plus que d'autres.** (*Você trabalha mais do que os outros.*)
>
> **Cette année, ils ont moins de travail que l'an dernier.** (*Este ano eles têm menos serviço do que no ano passado.*)

Traduza as frases a seguir para o francês. Não se esqueça de que os adjetivos devem concordar em número e gênero com o substantivo que descrevem (veja o Capítulo 4).

P. *Nossa casa é menor do que a deles.*

R. **Notre maison est plus petite que leur maison.**

1. *Eles trabalham de maneira mais eficiente do que eu!*

_____

2. *Eu vou ao supermercado com menos frequência do que a minha mãe.*

_____

3. *Ele corre mais devagar do que o campeão.*

_____

4. *Este restaurante é mais caro do que o nosso restaurante preferido.*

_____

5. *O quarto dela é tão grande quanto um palácio.*

Comparações incomuns

Tal como em português, o francês tem alguns comparativos traiçoeiros. As seções a seguir vão mostrar algumas dicas úteis sobre isso.

Comparações incompletas

Nas interações do dia a dia, quando se descreve alguma coisa óbvia para todos pelo contexto, é possível omitir a segunda parte da comparação entre dois itens — ou seja, tudo a partir do **que**. Por exemplo, você e um amigo estão comendo duas tortas diferentes; seu amigo experimenta a sua e diz: **Elle est moins bonne.** (*Ela não é tão boa.*) Não é preciso dizer mais nada — em outras palavras, não há necessidade de dizer **Elle est moins bonne que ma tarte** (*Ela não é tão boa quanto a minha torta*). Ou, talvez, você esteja sentado do lado de fora de casa e diga que vai tirar o casaco, porque **il fait moins froid maintenant** (*está menos frio agora*).

Comparações intensificadas

Sabia que é possível intensificar um comparativo? Por exemplo, um rapaz de 1,95m não é apenas *maior*, mas *muito maior do que* todos os outros ao seu redor. Para dizer isso em francês, use **beaucoup plus** (*muito mais*), assim: **Il est beaucoup plus grand que les autres.** (*Ele é muito maior do que os outros.*) Pode-se usar **beaucoup moins** (*muito menos*) também. Veja mais dois exemplos:

> **Ce chapitre est beaucoup plus intéressant que le précédent.** (*Este capítulo é muito mais interessante do que o anterior.*)

> **Nous sortons beaucoup moins cette année.** (*Nós saímos muito menos este ano.*)

Mais ou Menos: O Uso de Adjetivos e Advérbios em Comparações

Quando se inicia uma comparação, indica-se que alguém tem *mais* ou *menos* de uma qualidade, usando **être** (*ser*) e um adjetivo, ou que se faz alguma coisa *mais* ou *menos* de certo modo, usando um verbo e um advérbio. As seções a seguir vão falar sobre comparações que usam adjetivos e advérbios com mais detalhes.

Comparações com adjetivos

Quando alguém descreve algo como *mais bonito, tão grande quanto* ou *menos caro* do que alguma outra coisa, esse alguém está comparando qualidades. As palavras *bonito, grande* e *caro* são adjetivos que indicam qualidade. Nas seções a seguir, explicarei o básico sobre comparações com adjetivos, bem como sobre alguns adjetivos incomuns.

Concentrando-se no básico

Em francês, o adjetivo deve concordar em gênero e número com o substantivo que descreve (veja o Capítulo 4 para saber mais detalhes). Essa regra também se aplica no caso de adjetivos em uma comparação, como você já deve ter concluído. Mas não exagere: só os adjetivos variam, não as palavras comparativas **plus**, **moins** e **aussi** (apresentadas anteriormente neste capítulo).

Siga estes passos para fazer uma comparação com um adjetivo:

1. **Comece com o sujeito + o verbo être (*ser*) conjugado + plus/moins/ aussi + adjetivo que concorde com o sujeito.**

    Por exemplo: **Il est plus grand** (*ele é maior*). Se tiver dificuldades para conjugar **être** no presente do indicativo, veja o Capítulo 6.

2. **Acrescente que + substantivo com o qual se está comparando.**

    Por exemplo: **Il est plus grand que son frère.** (*Ele é maior do que seu irmão.*)

Veja mais alguns exemplos que apresentam variações de adjetivos:

> **Ce sac est plus grand qu'une valise!** (*Esta bolsa é maior do que uma mala!*)
>
> **Cette maison est plus grande que notre maison.** (*Esta casa é maior do que a nossa.*)
>
> **Ces sacs sont plus grands que des valises!** (*Estas bolsas são maiores do que malas!*)
>
> **Ces maisons sont plus grandes que les maisons du quartier.** (*Estas casas são maiores do que as casas da vizinhança.*)

Quando quiser usar mais de um adjetivo na comparação, repita a palavra comparativa **plus**, **moins** ou **aussi** antes de cada adjetivo, assim:

> **Pierre est aussi intelligent et aussi charmant que son frère.** (*Pierre é tão inteligente e tão encantador quanto seu irmão.*)
>
> **Mes nouvelles chaussures sont moins jolies et moins confortables que mes vieilles chaussures.** (*Os meus sapatos novos são menos bonitos e menos confortáveis do que os meus sapatos antigos.*)

De bom para melhor

Tal como o seu equivalente *bom* em português, o adjetivo **bon** tem uma forma irregular no comparativo de superioridade: **meilleur** (*melhor*). Essa palavra substitui a expressão **plus bon** (literalmente: *mais bom*). Não use **plus** e **meilleur** na mesma frase! Veja alguns exemplos:

> **Cette tarte est meilleure que l'autre.** (*Esta torta é melhor do que a outra.*)

> **Les gâteaux sont meilleurs que le pain.** (*Bolos são melhores do que pães.*)

Meilleur ainda é um adjetivo e, como tal, deve concordar com o substantivo que descreve. Veja as quatro formas de **meilleur**:

- ✔ Masculino singular: **meilleur**

- ✔ Feminino singular: **meilleure**

- ✔ Masculino plural: **meilleurs**

- ✔ Feminino plural: **meilleures**

Compare as qualidades dos pares a seguir, usando os adjetivos entre parênteses e o verbo **être** (*ser*). O sinal antes de cada adjetivo indica qual comparativo usar: + indica **plus**, – indica **moins** e = indica **aussi**. Certifique-se de que cada adjetivo concorde com o substantivo que descreve.

P. le vin californien, le vin chilien (= bon)

R. Le vin californien est aussi bon que le vin chilien.

6. la France, le Canada (– grand)

_____

7. Paris, Londres (= beau)

_____

8. les chats, les chiens (– bruyant)

_____

9. le chocolat, les gâteaux (+ bon)

_____

10. les matières grasses, les cigarettes (= mauvais pour la santé)

_____

11. le poisson, le boeuf (– bon)

_____

12. les étés, les hivers (+ chaud)

_____

13. ces bagues, ce bracelet (+ cher)

_____

14. ma mère, mon père (= âgé)

_____

15. Julie, Valérie (– sérieux)

_____

Adjetivos que não precisam de plus, moins ou aussi

Alguns adjetivos, como *similar*, já indicam uma comparação; eles não precisam de palavras como **plus**, **moins** e **aussi**. A comparação ainda precisa começar com um sujeito e um verbo conjugado, seguidos por um adjetivo de sua escolha; depois disso, o segundo elemento da comparação é apresentado por **à** ou **de** em vez de **que**. A lista a seguir traz alguns dos adjetivos mais comuns desse tipo:

- **supérieur à** (*superior a*)
- **inférieur à** (*inferior a*)
- **identique à** (*idêntico a*)
- **semblable à** (*similar a*)
- **pareil à** (*o mesmo que*)
- **différent de** (*diferente de*)

Não se esqueça de que esses adjetivos concordam em número e em gênero. Por exemplo, **pareil** muda para **pareille** no feminino singular, **supérieur** muda para **supérieure**, **inférieur** muda para **inférieure** e **différent** muda para **différente**.

Veja-os aqui em alguns exemplos:

Ton résultat est différent de mon résultat. (*Seu resultado é diferente do meu resultado.*)

Cette copie est identique à la photo originale. (*Esta cópia é idêntica à foto original.*)

Comparações com advérbios

Como você fez o seu trabalho? *Melhor do que ontem? Mais devagar? Mais cuidadosamente?* Essas frases comparam como uma pessoa faz certa coisa usando advérbios; *melhor, devagar* e *cuidadosamente* são advérbios. Os advérbios em francês (veja o Capítulo 10) se enquadram nas comparações *tão perfeitamente quanto* os advérbios em português (viu o que aconteceu? Outro advérbio usado em comparação!).

Um advérbio é uma palavra que modifica um verbo, descrevendo como uma ação é realizada: *bem, mal, cuidadosamente*, e assim por diante. Sendo assim, os advérbios são invariáveis, não havendo, portanto, necessidade de se preocupar se eles estão concordando em gênero e número com alguma coisa. Listei alguns advérbios bem comuns aqui:

- ✔ **bien** (*bem*)
- ✔ **facilement** (*facilmente*)
- ✔ **gentiment** (*gentilmente*)
- ✔ **longtemps** (*por um longo período*)
- ✔ **mal** (*mal*)
- ✔ **précisément** (*precisamente*)
- ✔ **prudemment** (*prudentemente*)
- ✔ **rarement** (*raramente*)
- ✔ **souvent** (*frequentemente*)
- ✔ **tard** (*tarde*)
- ✔ **vite** (*depressa*)

Siga estes passos para fazer uma comparação usando advérbios:

- ✔ **Use esta estrutura para fazer uma comparação de superioridade:**

  sujeito + verbo + **plus** + advérbio + **que** + segundo elemento da comparação

  Por exemplo: **Il court plus vite que son adversaire.** (*Ele corre mais rápido do que o seu adversário.*)

  O comparativo de superioridade de **bien** (*bem*) é irregular. Diga **mieux** em vez de **plus bien**. Por exemplo: **Elle parle italien mieux que moi.** (*Ela fala italiano melhor do que eu.*) O português usa *pior* em vez de *mais mal*. Para o francês, porém, use **plus mal**.

- ✔ **Use esta estrutura para fazer uma comparação de inferioridade:**

  sujeito + verbo + **moins** + advérbio + **que** + segundo elemento da comparação

Por exemplo: **Tu conduis moins prudemment que ta mère.** (*Você dirige com menos cuidado do que a sua mãe.*)

✔ **Use esta estrutura para fazer uma comparação de igualdade:**

sujeito + verbo + **aussi** + advérbio + **que** + segundo elemento da comparação

Por exemplo: **Vous travaillez aussi bien que les autres.** (*Você trabalha tão bem quanto os outros.*)

Complete as frases a seguir com o comparativo apropriado, usando os advérbios em português entre parênteses. Veja o exemplo:

P. **Leur équipe gagne** _____ **notre équipe. (**com menos frequência do que**)**

R. **moins souvent que**

16. **Charlotte chante** _____ **toi!** (*melhor do que*)

17. **Les docteurs écrivent** _____ **les secrétaires.** (*pior do que*)

18. **J'ai fait cet exercice** _____ **la dernière fois.** (*com menos facilidade do que*)

19. **Tu conduis** _____ **ton frère.** (*com mais cuidado do que*)

20. **Ils arrivent au bureau** _____ **moi.** (*tão tarde quanto*)

Coisa Boa: Comparando Quantidades

Quantidades descrevem o quanto de uma coisa existe ou a intensidade de uma ação. Nas seções a seguir vou explicar como fazer comparações de quantidades diferentes em francês.

Quantidade de uma coisa

A comparação de quantidades é um pouco diferente dos outros tipos de comparação em francês — em especial pelo uso da preposição **de** (*de*).

✔ **Use esta estrutura para indicar *mais [de alguma coisa]*:**

plus de + substantivo + **que** + o segundo elemento da comparação

Exemplo: **Il a plus de chance que son ami.** (*Ele tem mais sorte do que o seu amigo.*)

✔ Use esta estrutura para indicar *menos [de alguma coisa]*:

> **moins de** + substantivo + **que** + o segundo elemento da comparação

Exemplo: **On a moins de vacances que nos parents.** (*Nós temos menos férias do que os nossos pais.*)

✔ Use esta estrutura para indicar *tão/tanto quanto [de alguma coisa]*:

> **autant de** + substantivo + **que** + o segundo elemento da comparação

Exemplo: **Il y a autant de soleil à Nice qu'à Cannes.** (*Faz tanto sol em Nice quanto em Cannes.*)

Lembre-se de que **que** vira **qu'** e **de** vira **d'** antes de vogal.

Traduza as expressões entre parênteses, para comparar as quantidades dos pares a seguir; consulte um dicionário francês-português se precisar de ajuda com o vocabulário. Veja o exemplo:

P. La France a _____ l'Amérique. (*mais padarias do que*)

R. plus de pâtisseries que

21. Louis a _____ mon école. (*mais computadores do que*)

22. Les parents ont _____ les enfants. (*mais dinheiro do que*)

23. Chez moi, il y a _____ dans un café. (*menos café do que*)

24. Un prof a _____ un docteur. (*tanta paciência quanto*)

25. L'Angleterre a _____ le Brésil. (*menos sol do que*)

Intensidade de uma ação

Também é possível comparar a intensidade de duas ações, para dizer, por exemplo: *ele come tanto quanto um ogro* (**il mange autant qu'un ogre**). Como não há substantivo, a comparação não usa **de**.

✔ **Para dizer que alguém faz alguma coisa *mais do que outra pessoa*:**

> verbo + **plus que** + o segundo elemento da comparação

Por exemplo: **Il lit plus que sa femme.** (*Ele lê mais do que sua esposa.*)

✔ **Para dizer que alguém faz alguma coisa *menos do que outra pessoa*:**

> verbo + **moins que** + o segundo elemento da comparação

Por exemplo: **Vous sortez moins que nous.** (*Você sai menos do que nós.*)

✔ **Para dizer que alguém faz alguma coisa *tanto quanto outra pessoa*:**

> verbo + **autant que** + o segundo elemento da comparação

Por exemplo: **Cet employé travaille autant que son patron.** (*Este empregado trabalha tanto quanto o seu patrão.*)

Tonificando: O Uso de Pronomes Oblíquos Tônicos em uma Comparação

O pronome oblíquo tônico refere-se a pessoas, podendo assumir as formas *mim* (**moi**), *ti/você* (**toi**), *si/ele* (**lui**), e assim por diante. Ele não pode ser o sujeito do verbo, mas, em uma comparação, pode aparecer depois de uma preposição como **pour** (*para*) ou **avec** (*com*), depois de **c'est** (*é*) e **que** (*que*), ou, ainda, sozinho. A Tabela 12-1 lista os pronomes oblíquos tônicos com os pronomes sujeitos correspondentes, seguidos por sua tradução em português.

Tabela 12-1	Pronome Oblíquo Tônico	
Pronome Sujeito	**Pronome Oblíquo Tônico Equivalente**	**Tradução**
je	moi	*mim/comigo*
tu	toi	*ti/contigo/você*
il	lui	*si/consigo/ele*
elle	elle	*si/consigo/ela*
nous	nous	*nós/conosco*
vous	vous	*vocês* (singular formal e plural formal ou informal)
ils	eux	*eles* (masculino ou grupo misto)
elles	elles	*elas*

Veja alguns exemplos com pronomes oblíquos tônicos na segunda metade da comparação:

Tu chantes mieux que moi. (*Você canta melhor do que eu.*)

Jules est plus petit que toi. (*Jules é menor do que você.*)

Nous avons plus de patience qu'eux. (*Nós temos mais paciência do que eles.*)

Diante de **eux, elles** e **elle, que** vira **qu'**.

Traduza as expressões entre parênteses para completar cada uma das frases comparativas a seguir. Use um pronome oblíquo tônico. Veja o exemplo.

P. **Nous sommes plus sportif** _____. (*do que eles*)

R. qu'eux

26. **Il est aussi riche** _____. (*do que você*, singular informal)

27. **Julie est plus tolérante** _____. (*do que eu*)

28. **Les tortues sont moins rapides** _____. (*do que nós*)

29. **Les Françaises sont plus élégantes** _____. (*do que elas*)

30. **Je chante mieux** _____. (*do que ele*)

O Melhor de Todos: Superlativos

Alguém tem de ser o vencedor. Alguém tem de ser o melhor em todas as coisas que estamos comparando. Quem é *o mais inteligente*? Quem é *o melhor dançarino*? Qual é o *melhor restaurante*? Qual é o *mais barato*? O vencedor de cada categoria é único e pode ser indicado pelo uso do superlativo, incluindo os artigos definidos (*o, a, os, as*). As seções a seguir vão falar sobre superlativos com adjetivos, advérbios e quantidades.

Superlativos com adjetivos

Pierre não é apenas *mais inteligente do que as outras crianças da sala*, ele é *o mais inteligente da escola* (**le plus intelligent de l'école**). Para indicar que alguém (ou alguma coisa) é único dentre muitos outros, o superlativo sempre usa os artigos definidos *o, a, os, as*. Em francês, pode-se escolher entre **le, la** ou **les**, dependendo do gênero e do número do substantivo escolhido. O superlativo de superioridade usa **le/la/les plus** (*o/a/os/as mais*) e o superlativo de inferioridade usa **le/la/les moins** (*o/a/os/as menos*). As seções a seguir discutem o básico sobre a formação de superlativos com adjetivos e dá algumas orientações sobre circunstâncias especiais.

Os dois modos do superlativo

Já que, assim como em português, os artigos e adjetivos em francês concordam em gênero e número com o substantivo a que se referem (veja os Capítulos 3 e 4 para mais detalhes), haverá quatro tipos de superlativo em francês: um para o masculino singular (MS) e outro para o plural (MP), e um para o feminino singular (FS) e outro para o plural (FP). Certifique-se de que os artigos definidos e os adjetivos concordam com o sujeito que acompanham.

Por exemplo, na lista a seguir, estão as quatro formas do superlativo usando o adjetivo **intelligent** em francês:

- MS: **le plus intelligent**
- FS: **la plus intelligente**
- MP: **les plus intelligents**
- FP: **les plus intelligentes**

Há dois modos de se expressar o superlativo:

- Use **le/la plus** ou **le/la moins** + adjetivo no singular concordando com o gênero. Por exemplo: **la plus gentille** (*a mais gentil*).

  No plural, use **les plus/les moins** + adjetivo no plural concordando com o gênero. Por exemplo: **les moins grands** (*os menos altos*).

  Use essa estrutura depois de **c'est** (*ele é/ela é/isso é*), como em **C'est la plus gentille** (*Ela é a mais gentil*).

- Acrescente um substantivo com o artigo definido apropriado antes do superlativo, assim: **le/la/les** + substantivo + **le/la/les plus** ou **le/la/les moins** + adjetivo concordando em gênero e número.

  Por exemplo: **le garçon le moins intelligent** (*o garoto menos inteligente*), **la fille la plus intelligente** (*a garota mais inteligente*), **les chiens les plus fidèles** (*os cães mais fiéis*).

  Use essa estrutura no mesmo contexto da versão mais curta, ou no início ou no fim de uma frase completa.

  - No início: **La femme la plus bavarde est assise derrière moi.** (*A mulher mais faladeira está sentada atrás de mim.*)

  - No fim: **Ils ont adopté les chiens les plus fidèles.** (*Eles adotaram os cães mais fiéis.*)

O lugar de alguns adjetivos especiais

Em francês, a maioria dos adjetivos vai depois do substantivo que descrevem. Por exemplo: **une voiture rouge** (*um carro vermelho*). O mesmo acontece em português. No entanto, alguns adjetivos não seguem essa regra. Por exemplo, **beau** (*bonito*), **jeune** (*jovem*), **grand** (*grande*), **petit** (*pequeno*), **bon** (*bom*) e alguns outros vêm antes do substantivo que descrevem, assim: **une belle rose** (*uma linda rosa*). (Veja o Capítulo 4 para saber mais sobre as regras do posicionamento dos adjetivos.)

O francês tem duas opções para fazer o superlativo desses adjetivos:

- ✔ Coloque o adjetivo antes do substantivo, seguindo a regra de posicionamento de tais adjetivos. (Essa opção é a mais curta.)

- ✔ Coloque o adjetivo depois do substantivo, como se fosse um adjetivo normal. (Essa opção é mais longa.)

Siga estes passos para formar o superlativo mais curto (e mais comum):

1. **Troque o artigo por um definido (se já não for), mas deixe o adjetivo na frente do substantivo.**

   Por exemplo, **une jolie fille** (*uma garota bonita*) vira **la jolie fille**.

2. **Acrescente plus antes do adjetivo.**

   Assim: **la plus jolie fille**. Simples, certo?

Siga estes passos para formar o superlativo mais longo:

1. **Troque o artigo por um definido (se já não for) e troque a ordem das palavras, de modo que o adjetivo fique depois do substantivo.**

   Por exemplo, **une jolie fille** (*uma garota bonita*) vira **la fille jolie**.

2. **Acrescente le plus, la plus ou les plus antes do adjetivo, certificando-se de que o artigo concorda com o substantivo em gênero e número.**

   No caso de **la plus jolie**, certifique-se de que ambos os artigos sejam os mesmos, assim: **la fille la plus jolie** (*a garota mais bonita*). Ambos os artigos devem concordar com o substantivo em gênero e número.

Veja mais alguns exemplos das duas versões com adjetivos no superlativo. Perceba que o português tem apenas uma maneira de expressar a mesma coisa:

> **la plus petite souris/la souris la plus petite** (o *menor rato*)
>
> **les meilleures tartes/les tartes les meilleures** (*as melhores tortas*)

Nesses casos, há duas opções de posicionamento dos adjetivos no superlativo. No caso de adjetivos que naturalmente vêm depois dos substantivos, só há um lugar para os adjetivos nos superlativos.

Dê o superlativo de superioridade (*o mais*) ou de inferioridade (*o menos*) desses adjetivos, como indicado pelo (+) ou pelo (–). Se houver duas opções para o posicionamento dos adjetivos, dê as duas. Não se esqueça de que só é possível usar artigos definidos. Veja o exemplo:

P. **un garçon intelligent** (+) _____

R. **le garçon le plus intelligent** _____

31. **des livres intéressants** (–) _____

32. **une route difficile** (+) _____

33. **une belle plante** (+) _____

34. **des résultats satisfaisants** (–) _____

35. **une bonne boisson** (+) _____

36. **des produits utiles** (–) _____

37. **une femme jalouse** (+) _____

38. **un travail lucratif** (+) _____

39. **une rue bruyante** (–) _____

40. **un grand secret** (+) _____

Adicionando uma categoria

O superlativo de um adjetivo também pode expressar a categoria de onde aquela pérola perfeita vem. Em português, pode-se dizer *o mais esperto da classe* ou *o mais bonito do mundo*. Para adicionar categorias em francês, o superlativo é seguido por **de** (*de*) e pelo nome da categoria com o artigo definido, como em **de la classe** (*da classe*).

Quando **de** vier acompanhado pelo artigo definido **le**, ele vira **du**. Ao ser acompanhado por **les**, ele vira **des** (veja o Capítulo 3 para mais detalhes sobre esses artigos).

Veja alguns exemplos de superlativos indicando categorias:

> **le plus intelligent de la classe** (*o mais inteligente da classe*)
>
> **la plus belle fille du monde** (*a garota mais bonita do mundo*)

le plus mignon des animaux (*o mais bonitinho dos animais*)

les meilleurs jours de l'année (*os melhores dias do ano*)

Superlativos com advérbios e quantidades

Para descrever uma ação usando o superlativo, o francês usa **le plus** ou **le moins** seguido por um advérbio (em superlativos com advérbios, o artigo sempre é **le**). Simples, certo? Veja como formar o superlativo usando um advérbio:

✔ Para um superlativo de superioridade: sujeito + verbo + **le plus** + advérbio

✔ Para *o melhor*: sujeito + verbo + **le mieux**

> *O melhor* em francês tem forma irregular, assim como em português. O superlativo de inferioridade *o pior*, porém, tem um equivalente regular em francês: simplesmente diga **le moins bien**.

✔ Para um superlativo de inferioridade: sujeito + verbo + **le moins** + advérbio

Veja alguns superlativos com advérbios na prática:

> **Ma voiture va le plus vite.** (*Meu carro anda rapidíssimo.*)

> **Les chanteurs d'opéra chantent le mieux.** (*Os cantores de ópera cantam muito bem.*)

> **Elle nage le moins bien.** (*Ela nada muito mal.*)

Para formar o superlativo de uma quantidade, simplesmente use o comparativo **le plus de** ou **le moins de** seguido por um substantivo. Outra coisa bem fácil de fazer!

✔ Para *o mais de alguma coisa*, use **le plus de** + substantivo.

> Exemplo: **Tu as le plus de chance.** (*Você tem a maior sorte.*)

✔ Para *o menos*, use **le moins de** + substantivo.

> Exemplo: **Cette région a le moins de soleil.** (*Esta região é a que tem menos sol.*)

Agora você está pronto para praticar o superlativo de advérbios e de quantidades. Responda às perguntas a seguir usando um superlativo de superioridade, quando houver (+), ou um superlativo de inferioridade, quando houver (–). Veja o exemplo:

P. **Est-ce qu'il conduit vite? (+)**

R. **Il conduit le plus vite!**

41. Est-ce qu'elle chante bien? (+)

_____

42. Est-ce que ce stylo écrit bien? (−)

_____

43. Est-ce qu'ils ont beaucoup de chance? (−)

_____

44. Est-ce que la tortue marche vite? (−)

_____

45. Est-ce que tu joues bien au tennis? (+)

_____

46. Est-ce qu'il y a a beaucoup de neige dans les Alpes? (+)

_____

47. Est-ce que vous travaillez sérieusement? (−)

_____

48. Est-ce que le prof a beaucoup de gadgets électroniques? (−)

_____

49. Est-ce que les frites ont beaucoup de matières grasses? (+)

_____

50. Est-ce que tu écris souvent des e-mails? (+)

_____

Respostas

1 Ils travaillent plus efficacement que moi.

2 Je vais au supermarché moins souvent que ma mère.

3 Il court moins vite que le champion.

4 Ce restaurant est plus cher que notre restaurant préféré.

5 Sa chambre est aussi grande qu'un palace.

6 La France est moins grande que le Canada.

7 Paris est aussi beau que Londres.

8 Les chats sont moins bruyants que les chiens.

9 Le chocolat est meilleur que les gâteaux.

10 Les matières grasses sont aussi mauvaises pour la santé que les cigarettes.

11 Le poisson est moins bon que le boeuf.

12 Les étés sont plus chauds que les hivers.

13 Ces bagues sont plus chères que ce bracelet.

14 Ma mère est aussi âgée que mon père.

15 Julie est moins sérieuse que Valérie.

16 mieux que

17 plus mal que

18 moins facilement que

19 plus prudemment que

20 aussi tard que

21 plus d'ordinateurs que

22 plus d'argent que

23 moins de café qu'

24 autant de patience qu'

25 moins de soleil que

26 que toi

27 que moi

28 que nous

29 qu'elles

30 que lui

31 les livres les moins intéressants

32 la route la plus difficile

33 la plus belle plante (ou la plante la plus belle)

34 les résultats les moins satisfaisants

35 la meilleure boisson (ou la boisson la meilleure)

36 les produits les moins utiles

37 la femme la plus jalouse

38 le travail le plus lucratif

39 la rue la moins bruyante

40 le plus grand secret (ou le secret le plus grand)

41 Elle chante le mieux.

42 Ce stylo écrit le moins bien.

43 Ils ont le moins de chance.

44 La tortue marche le moins vite.

45 Je joue le mieux au tennis.

46 Il y a le plus de neige dans les Alpes.

47 Nous travaillons le moins sérieusement.

48 Le prof a le moins de gadgets électroniques.

49 Les frites ont le plus de matières grasses.

50 J'écris le plus souvent des e-mails.

Capítulo 13

O Uso de Pronomes

*U*m pronome é uma palavrinha muito útil, pois substitui uma palavra maior ou uma expressão e, assim, permite falar sem redundâncias. Por exemplo, ninguém gostaria de ter que dizer algo como "Mike veio aqui e eu falei com Mike sobre as minhas férias e mostrei para Mike as minhas fotos". Para dar um tom mais natural às suas frases, use pronomes sujeitos como **il** (*ele*) ou **je** (*eu*), pronomes objetos indiretos como **lui** (*lhe*) e pronomes objetos diretos como **le** (*o*), **la** (*a*), e assim por diante. O Capítulo 6 falou sobre pronomes sujeitos; este capítulo falará sobre pronomes objetos e pronomes oblíquos tônicos.

Vou mostrar todas as regras (e truques) para usar esses pronomes como um falante nativo de francês.

Os Pronomes Objetos Diretos

Em português, quando alguém pergunta "Você viu a menina com a bola?" e você responde "Sim, eu a vi", você está usando um pronome objeto direto. *A* é um pronome, porque substitui a expressão *a menina com a bola,* e é direto, pois o verbo *viu* atua diretamente sobre ele: você viu o quê? você viu *a menina com a bola.*

O francês também usa pronomes objetos diretos. As seções a seguir trazem uma lista de todos os pronomes objetos diretos, explicam quando usá-los e como escrever frases com eles.

Conheça os pronomes objetos diretos

O francês tem sete pronomes objetos diretos (PODs) diferentes — e mais três, se contar as formas com apóstrofo. Veja os pronomes objetos diretos com os seus equivalentes em português:

- ✔ **me** (**m'** antes de vogal ou **-h** mudo) (*me*)
- ✔ **te** (**t'** antes de vogal ou **-h** mudo) (*te* [singular informal])
- ✔ **le** (**l'** antes de vogal ou **-h** mudo) (*o*)
- ✔ **la** (**l'** antes de vogal ou **-h** mudo) (*a*)
- ✔ **nous** (*nos*)
- ✔ **vous** (*vos/vocês* [singular formal ou plural formal e informal])
- ✔ **les** (*os/as*)

Levando em consideração que o pronome substitui o substantivo, ele deve parecer o máximo possível com o seu referente, como um camaleão! O pronome deve concordar com o substantivo em gênero e número (veja o Capítulo 3 para mais detalhes). Por exemplo, quando falar na terceira pessoa:

- ✔ Se o substantivo a ser substituído for masculino singular (como **le père**, que significa *o pai*), o pronome deve ser masculino (**le**).
- ✔ Se o substantivo a ser substituído for feminino singular (como **la voiture**, que significa *o carro*), o pronome deve ser feminino (**la**).
- ✔ Se o substantivo a ser substituído for masculino ou feminino plural (como **ses enfants**, que significa *os filhos dele/dela*), o pronome deve estar no plural (**les**).

Sublinhe os objetos diretos nas frases a seguir. Depois, escreva entre parênteses qual POD em francês você usaria. Consulte um dicionário francês-português se precisar de ajuda com o vocabulário. Lembre-se de que todo objeto direto é precedido por um determinante, como um artigo definido, um possessivo ou um demonstrativo (veja o Capítulo 3). Observe o exemplo:

P. J'aime le chocolat.

R. J'aime <u>le chocolat</u>. (le)

1. Nous respectons nos parents. ____

2. Est-ce que tu aimes la musique classique? ____

3. Le prof écoute moi et les autres étudiants. ____

4. Les étudiants font leurs devoirs. ____

5. Est-ce que vous voyez moi? ____

6. Il regarde toi. ____

7. Est-ce que vous connaissez le président? ____

8. Ils ont trouvé la solution. ____

9. Elle influence Pierre et toi. ____

10. Nous cédons notre place dans le bus. ____

Quando usar pronomes objetos diretos

A frase tem objeto direto quando for possível ir diretamente do verbo para o objeto (sobre o que o verbo atua). Exemplo: *Eu dou dinheiro*. Se houver preposição (*Eu doo à caridade*) entre o verbo e o objeto, trata-se, então, de um objeto indireto (vou falar sobre pronomes objetos indiretos adiante, neste capítulo).

É possível usar um pronome objeto direto para substituir qualquer substantivo, desde que se satisfaçam estas duas condições:

- O substantivo a ser substituído se refere a uma pessoa ou a uma coisa. Por exemplo:

  > **Elle aime ses enfants.** (*Ela ama seus filhos.*) → **Elle les aime.** (*Ela os ama.*)

  > **Il aime le fromage.** (*Ele gosta de queijo.*) → **Il l'aime.** (*Ele gosta disso.*)

- O substantivo a ser substituído é específico, ou seja, é precedido por um determinante, como um artigo definido (**le, la** ou **les** [*o, a, os, as*]), um possessivo (**mon** [*meu*], **ton** [*teu*], e assim por diante) ou um demonstrativo (**ce** [*este*], **cette** [*esta*] etc.). (Vá ao Capítulo 3 para saber mais sobre artigos, possessivos e demonstrativos.) Se o substantivo a ser substituído for precedido por um artigo indefinido, como **un**, **une** ou **des** (*um, uma, uns, umas*), ou partitivo (**du, de la, de l'** ou **des**), não use POD.

Como escrever uma frase com pronome objeto direto

Agora você está pronto para escrever uma frase que inclui um POD. Veja a seguir como se faz:

1. **Encontre o substantivo ou expressão que é o objeto direto do verbo.**

   Por exemplo, **Paul aime <u>les pommes</u>.** (*Paul gosta de maçãs.*)

2. **Escolha o POD que concorda com o objeto direto em número (singular ou plural) e em gênero (feminino ou masculino).**

   Les pommes é feminino plural. Sendo assim, o POD correspondente é **les**.

3. **Remova completamente o objeto direto da frase.**

   Neste exemplo, sobra **Paul aime**.

4. **Substitua o objeto direto pelo pronome e coloque-o apropriadamente na frase.**

   O pronome é posicionado, em regra, na frente do verbo, mas existem exceções. Veja, adiante, a seção "O Lugar Certo dos Pronomes" para mais informações. Com o exemplo anterior, o resultado é **Paul les aime**.

Substitua a parte sublinhada de cada frase pelo pronome objeto direto apropriado. Certifique-se de analisar o determinante para saber de que gênero é o substantivo.

P. **Bébé mange <u>sa soupe</u>.**

R. **Bébé la mange.**

11. **Nous aimons <u>les pommes</u>.** _____

12. **Elle apprend <u>ses leçons</u>.** _____

13. **Vous achetez <u>le journal</u>.** _____

14. **Ils visitent <u>l'Italie</u>.** _____

15. **Je retrouve <u>mes amis</u> au café.** _____

Os Pronomes Objetos Indiretos

Na frase **Nous parlons <u>à</u> nos parents** (*Nós falamos com nossos pais*), a preposição **à** (com) fica no caminho entre o verbo e seu objeto. Conheça um objeto indireto! Para substituir esse tipo de objeto, usa-se o pronome objeto indireto, ou POI. As seções a seguir trazem uma lista de todos os pronomes objetos indiretos em francês, falam sobre alguns verbos que sempre os usam e mostram como escrever frases com eles.

Conheça os pronomes objetos indiretos

O francês tem seis pronomes objetos indiretos e mais dois, se contar as formas com o apóstrofo. Veja a seguir os pronomes objetos indiretos e os seus equivalentes em português:

- **me** (**m'** antes de vogal ou **-h** mudo) (*me, para mim*)
- **te** (**t'** antes de vogal ou **-h** mudo) (*te, para ti/você* [singular informal])
- **lui** (*lhe, para ele/ela*)
- **nous** (*nos/para nós*)
- **vous** (*vos/para vocês* [singular formal ou plural formal e informal])
- **leur** (*lhes/para eles/elas*)

Perceba que os POIs são os mesmos que os PODs listados antes neste capítulo, com exceção da terceira pessoa do singular (**lui**) e do plural (**leur**). Perceba, também, que a forma singular não tem distinção de gênero: tanto *ele* como *ela* são **lui** em francês.

Os verbos que exigem objeto indireto

Usa-se pronome objeto indireto apenas para substituir um substantivo que se refira a uma pessoa, como em **Paul parle à Marie** (*Paul fala com Marie*). Alguns verbos são seguidos pela preposição **à** quando têm um objeto humano. Assim, deve-se usar objetos indiretos (e POIs) com eles. Veja alguns desses verbos comuns, com o seu equivalente em português:

- **annoncer à quelqu'un** (*anunciar a alguém*)
- **donner à quelqu'un** (*dar a/para alguém*)
- **dire à quelqu'un** (*dizer a/para alguém*)
- **faire la bise à quelqu'un** (*beijar alguém* [*na bochecha*])
- **obéir à quelqu'un** (*obedecer a alguém*)
- **parler à quelqu'un** (*falar com alguém*)
- **poser des questions à quelqu'un** (*perguntar a alguém*)
- **prêter à quelqu'un** (*emprestar a alguém*)
- **rendre visite à quelqu'un** (*visitar alguém*)
- **ressembler à quelqu'un** (*parecer-se com alguém*)
- **téléphoner à quelqu'un** (*telefonar para alguém*)

Alguns verbos em francês, como **croiser** (*cruzar com [alguém]*), **oublier** (*esquecer-se de*) e **faire disparaître** (*desaparecer com*) usam objetos diretos, enquanto os seus equivalentes em português usam objetos indiretos. O contrário também é verdadeiro: alguns verbos em português usam objeto direto, enquanto os seus equivalentes em francês usam objeto indireto, como **faire la bise à** (*beijar*) e **rendre visite à** (*visitar*). É possível ver a diferença nos exemplos a seguir, em que a preposição que introduz o objeto indireto está sublinhada tanto em francês como em português:

> **J'ai croisé mon amie dans la rue.** (*Eu cruzei <u>com</u> minha amiga na rua.*)
>
> **Je rends visite <u>à</u> Julie.** (*Eu visito a Julie.*)

Ao lidar com pronomes, a construção verbo + **à** + objeto humano geralmente exige o uso de um POI. Mas, como sempre, alguns verbos resistem à regra e, às vezes, mesmo a estrutura de verbo + **à** + objeto humano não vai permitir o uso de um POI. Zut alors! O que fazer? Bem, outro pronome chamado de pronome oblíquo tônico pode salvar o dia; ele vai ser estudado adiante neste capítulo.

Determine se os objetos a seguir (sublinhados) devem ser substituídos por POD ou por POI. Escreva "POD" ou "POI" e dê o POD ou POI apropriado depois da frase. Lembre-se de que o **à** não está sublinhado; cabe a você identificá-lo.

Não se esqueça de que **le** e **la** viram **l'** antes de vogal. Veja o exemplo:

P. Il aime le chocolat.

R. POD. le

16. Vous rendez visite à <u>vos amis</u>. _____

17. Vous aimez <u>votre vieille voiture</u>. _____

18. Ils écoutent <u>le professeur</u>. _____

19. Nous donnons des fleurs à <u>Maman</u>. _____

20. Est-ce que vous comprenez <u>mes questions</u>? _____

21. Il parle à <u>son prof</u>. _____

22. Paul aime <u>Jeanne</u>. _____

23. Elle regarde <u>les enfants</u>. _____

24. Tu présentes ton ami à <u>tes parents</u>. _____

25. Je réponds à <u>Charlotte</u>. _____

Como escrever uma frase com pronome objeto indireto

Use um pronome objeto indireto quando tiver verbo + **à** + objeto humano (isto é, uma pessoa ou um grupo de pessoas) em uma frase. Siga estes passos para substituir o objeto indireto pelo POI:

1. **Encontre a preposição à + o objeto após o verbo.**

   Por exemplo: **Paul parle <u>à sa mère</u>.** (*Paul fala com sua mãe.*)

2. **Escolha o POI que concorde com o objeto indireto apenas em número (não há distinção de gênero com o POI).**

   O OI, **à sa mère**, está na terceira pessoa do singular. Nesse caso, escolha **lui**.

3. **Retire todo o objeto indireto , incluindo o à.**

   No exemplo anterior, só sobra **Paul parle**.

4. **Substitua o objeto indireto pelo pronome escolhido e posicione-o apropriadamente na frase.**

   Na maioria das frases, o pronome vai logo depois do verbo conjugado, mas há exceções. Veja, adiante, a seção "O Lugar Certo dos Pronomes" para saber mais sobre isso. Com o exemplo anterior, o resultado é **Paul lui parle**.

A melhor maneira de identificar o objeto indireto é localizando a preposição **à** logo depois do verbo. No entanto, o nosso **à** às vezes se disfarça e nos engana. Ele pode aparecer como **au** (contração de **à + le**) ou como **aux** (contração de **à + les**). Não se deixe enganar! Os exemplos a seguir ilustram as formas contraídas de **à**:

> **Nous posons des questions <u>au</u> (à + le) professeur.** (*Nós fazemos perguntas ao professor.*)
>
> **Le prof parle <u>aux</u> (à + les) étudiants.** (*O professor fala aos estudantes.*)

Substitua os objetos indiretos nas frases a seguir por pronomes objetos indiretos. Certifique-se de diferenciar o objeto indireto dos outros elementos da frase. Reescreva-a por completo. Veja o exemplo:

P. **Tu écris souvent à tes amis.**

R. **Tu leur écris souvent.**

26. Je parle aux voisins.

_____

27. Elle pose des questions au docteur.

_____

28. Pierre et Marine ressemblent à leur mère.

_____

29. Vous offrez des fleurs à votre fiancée.

_____

30. Nous faisons la bise à nos amies.

_____

Pronomes que Substituem Expressões

É simples substituir coisas e pessoas por pronomes objetos diretos e indiretos. Mas às vezes há necessidade de substituir expressões inteiras. Se alguém perguntar se o carro está na garagem, qual parte da pergunta você, provavelmente, não repetirá na resposta?

É muito mais provável que você responda algo como "Sim, ele está lá.". O advérbio _lá_ corresponde a um pronome especial em francês — a letra **y** —, que serve para substituir a expressão _na garagem_, de modo que não haja necessidade de repeti-la.

Se a mesma pessoa perguntar se há muitas sacolas de compras no carro, a resposta provavelmente será "Sim, há muitas (delas).". Para dizer a mesma coisa em francês, usa-se o pronome **en** (_disso/deles_). As seções a seguir vão explicar como usar pronomes para indicar expressões como essas e muito mais.

Usando y para substituir locuções prepositivas

O pronome **y** substitui locuções prepositivas que indicam lugares, como **dans le garage** (_na garagem_). Tais locuções começam com uma preposição, como _em_, _debaixo_, _dentro_, e assim por diante. Siga estes passos para substituir esse tipo de locução prepositiva por **y**:

1. Encontre a locução iniciada por preposição.

Por exemplo: **Jeanne va <u>à la plage</u>.** (_Jeanne vai à praia._)

2. Retire toda a locução prepositiva, incluindo a preposição.

No caso anterior, só sobra **Jeanne va.**

3. Acrescente o pronome y à frase.

Na maioria das frases, coloca-se o pronome antes do verbo conjugado, mas existem exceções. Veja, adiante, a seção "O Lugar Certo dos Pronomes" para obter mais detalhes. Com o exemplo anterior, o resultado é **Jeanne y va.**

Nota: Quando o pronome **y** vier depois de **je**, **je** vira **j'**.

Veja **y** na prática nos seguintes exemplos:

> **Tu dormiras <u>dans une tente</u>.** (*Você vai dormir numa tenda.*) →
> **Tu y dormiras.**
>
> **Le chat est <u>sous la table</u>.** (*O gato está debaixo da mesa.*) → **Le chat y est.**
>
> **Nous allons <u>au Québec</u>.** (*Nós vamos a Quebec.*) → **Nous y allons.**

Uma locução que começa com a preposição **de** (*de*) não pode ser substituída pelo pronome **y**, mesmo se ela indicar lugar (nesse caso, use o pronome **en**, que é o assunto da próxima seção). Veja essa diferença na prática com estes dois exemplos:

> **Tu vas <u>à</u> la pharmacie.** (*Você vai à farmácia.*) → **Tu y vas.**
>
> **Tu reviens <u>de</u> la pharmacie.** (*Você está vindo da farmácia.*) → **Tu en reviens.**

O pronome **y** não é usado apenas para indicar lugar. Use-o quando quiser substituir uma expressão com o padrão [**à** + coisa], como em: **Je pense à mes vacances** (*Eu penso nas minhas férias*) ⊠ **J'y pense.**

Bom, agora você deve estar confuso, afinal este mesmo capítulo havia dito que a preposição **à** é a dica para usar o POI. Mas o que se deve lembrar é que o POI só é usado em caso de [**à** + pessoa]! Veja alguns exemplos que ilustram a diferença entre [**à** + pessoa] e [**à** + coisa]:

> **Je parle à mes amis.** (*Eu falo com os meus amigos.*) → **Je leur parle.** (*Eu falo com eles.*)
>
> **Il obéit à son père.** (*Ele obedece ao seu pai.*) → **Il lui obéit.** (*Ele lhe obedece.*)
>
> **Elle pense à ses vacances.** (*Ela pensa nas suas férias.*) → **Elle y pense.** (*Ela pensa nelas.*)
>
> **Nous réfléchissons au problème.** (*Nós pensamos no problema.*) → **Nous y réfléchissons.** (*Nós pensamos nele.*)

Quando **penser à** for seguido por uma coisa, use **y**, mas quando **penser à** for seguido por uma pessoa, use um pronome oblíquo tônico (veja, adiante, a seção "Tonificando com Pronomes Oblíquos Tônicos").

Decida se os objetos sublinhados devem ser substituídos por pronome objeto indireto (**à** + pessoa) ou por **y** (**à** + coisa). Escreva POI ou **y**. Veja o exemplo:

P. **Ils obéissent <u>au règlement</u>.** (*Eles obedecem à regra.*)

R. y

31. **Je téléphone rarement <u>à mon père</u>.** _____

32. **Allons <u>au cinéma</u> ce soir.** _____

33. **Cet enfant ne parle pas <u>aux adultes</u>.** _____

34. **Je vais rester <u>à la maison</u>.** _____

35. **Répondez <u>à ma question</u> s'il vous plait.** _____

O uso de en para substituir expressões de quantidade e certas locuções prepositivas

O pronome **en** substitui expressões que indicam quantidades (de coisas ou pessoas). Essas quantidades podem ser expressas por

- ✔ Um número: **J'ai trois chats.** (*Eu tenho três gatos.*)
- ✔ Uma expressão + **de**: **Il a beaucoup de CDs.** (*Ele tem muitos CDs.*)
- ✔ Um artigo indefinido: **Nous avons une voiture bleue.** (*Nós temos um carro azul.*)
- ✔ Um artigo partitivo: **Ils ont de la chance.** (*Eles têm sorte.*)

En também substitui muitas locuções prepositivas que começam com **de** (que pode corresponder a *de* ou a outra preposição, dependendo da locução prepositiva). As seções a seguir mostram quais são as locuções que podem ser substituídas por **en**.

Quando **en** é precedido por **je**, **je** vira **j'**.

Expressões de quantidade com números ou de

O pronome **en** substitui um complemento introduzido pela preposição **de** em uma expressão de quantidade, como **un peu de** (*um pouco de*), ou em uma expressão composta por número + substantivo. Mas, quando usar o pronome, não se esqueça de qual é a quantidade: comer "muito chocolate" não é o mesmo que comer "um pouco de chocolate"! Como lembrar a quantidade certa? Isso é muito fácil: coloque a quantidade a que se refere no fim da frase, independentemente da posição do **en**.

Veja como fazer isso:

1. **Encontre a quantidade na frase.**

   Por exemplo, em **Les athlètes ont beaucoup de médailles** (*Os atletas têm muitas medalhas*), a locução que expressa quantidade é **beaucoup de médailles**.

2. **Tire a locução inteira da frase: a expressão de quantidade (+ de) + substantivo.**

   No exemplo anterior, só sobra **Les athlètes ont**.

3. **Substitua a locução pelo pronome en e posicione-o no lugar apropriado na frase — neste caso, antes do verbo conjugado. Veja a próxima seção para mais informações sobre o posicionamento dos pronomes.**

   Com o exemplo anterior, o resultado é **Les athlètes en ont**.

4. **Acrescente a expressão de quantidade (a mesma ou uma nova) no fim da frase, mas sem a preposição de.**

   Aqui, a nova frase é **Les athlètes _en_ ont _beaucoup_**. (*Os atletas têm muitas [delas].*)

Veja alguns exemplos usando outras expressões de quantidade desse tipo.

> **Je bois <u>un verre de lait</u>.** (*Eu bebo um copo de leite.*) → **J'<u>en</u> bois <u>un verre</u>.** (*Eu bebo um copo [disso].*)

> **Elle a <u>un portable</u>.** (*Ela tem um celular.*) → **Elle <u>en</u> a <u>un</u>.** (*Ela tem um [desse].*)

> **Le champion a gagné <u>neuf médailles</u>.** (*O campeão ganhou nove medalhas.*) → **Le champion <u>en</u> a gagné <u>neuf</u>.** (*O campeão ganhou nove [dessas].*)

Nota: O artigo definido **un** (*um*) conta como quantidade específica e deve ser tratado como tal em uma paráfrase com **en**. Isso também deve acontecer com o artigo indefinido **une** (*uma*), mas não com o artigo indefinido **des** (*uns/umas*).

Essa estrutura é especialmente útil quando se pergunta a uma pessoa quanto ela quer ou possui de alguma coisa.

> **— Combien d'animaux est-ce que tu as chez toi?** (*Quantos animais você tem em casa?*)

> **— J'<u>en</u> ai <u>trois</u>: un chien, un chat et un poisson rouge.** (*Eu tenho três: um cão, um gato e um peixinho dourado.*)

— **Tu bois du lait le matin?** (*Você bebe leite de manhã?*)

— **Oui, j'en bois un verre.** (*Sim, eu bebo um copo* [*disso*].)

Nota: Perceba que o pronome **en** não costuma ter correspondência na frase em português. O complemento do verbo está implícito e pode ser recuperado pelo contexto.

Determinantes indefinidos

Os determinantes indefinidos incluem o artigo indefinido plural **des** (*uns, umas*), os partitivos **du, de la, de l'** (sem correspondente em português) e **de** (que substitui esses artigos depois de um verbo na negação). (Veja o Capítulo 3 para saber mais sobre artigos.) Os exemplos a seguir mostram diferentes tipos de artigos sendo substituídos por **en**.

Nous mangeons <u>du fromage</u>. (*Nós comemos queijo.*) → **Nous <u>en</u> mangeons.** (*Nós comemos.*)

Tu as <u>de la chance</u>. (*Você tem sorte.*) → **Tu <u>en</u> as.** (*Você tem.*)

Elle ne veut pas <u>de chien</u>. (*Ela não quer um cachorro.*) → **Elle n'<u>en</u> veut pas.** (*Ela não quer.*) Siga os passos a seguir para substituir esse tipo de expressão:

1. **Encontre a expressão introduzida por um determinante indefinido:**

   Por exemplo, **Raul a <u>des enfants</u>.** (*Raul tem filhos.*)

2. **Remova toda a expressão:**

   No caso anterior, só sobra **Raul a.**

3. **Coloque o pronome en no lugar apropriado na frase.**

   Na maioria das frases, ele vai antes do verbo conjugado, mas existem exceções. Veja, adiante, a seção "O Lugar Certo dos Pronomes" para saber mais sobre isso. No exemplo anterior, o resultado é **Raul <u>en</u> a.**

Verbo + de

Quando certos verbos ou expressões são acompanhados por um objeto não humano introduzido pela preposição **de**, usa-se o pronome **en** para substituir todo o complemento verbal. Por exemplo, ao usar **avoir peur de** (*ter medo de*), **j'ai peur <u>de l'orage</u>** (*eu tenho medo da tempestade*) vira **j'<u>en</u> ai peur** (*eu tenho medo dela*). A lista a seguir mostra alguns verbos mais comuns desse tipo com os seus equivalentes em português. O complemento verbal vem depois de cada expressão:

- **avoir besoin de** (*precisar de*)
- **avoir envie de** (*querer*)
- **avoir peur de** (*ter medo de*)

✔ **entendre parler de** (*ouvir falar de*)

✔ **[être** + adjetivo] **de** ([*ser/estar* + adjetivo] *de*)

✔ **jouer de** (*tocar* [um instrumento])

✔ **parler de** (*falar de*)

✔ **profiter de** (*tirar vantagem de/aproveitar*)

✔ **s'occuper** (*cuidar de*)

✔ **se servir de** (*usar*)

✔ **se souvenir de** (*lembrar-se de*)

Para substituir esse tipo de expressão com **de**, siga os mesmos passos usados quando o pronome objeto **y** substitui **à** + objeto não humano: remova toda a locução prepositiva, incluindo o **de**, e a substitua por **en**, colocando-o na frase. (Veja a seção anterior "Usando **y** para substituir locuções prepositivas" para saber mais sobre isso.) Veja alguns exemplos.

> **Bébé a peur de la nuit.** (*O bebê tem medo da noite.*) → **Bébé en a peur.** (*O bebê tem medo dela.*)

> **Il profite de ses vacances pour se reposer.** (*Ele aproveita as férias para descansar.*) → **Il en profite pour se reposer.** (*Ele aproveita para descansar.*)

Se o verbo for pronominal, como em **se souvenir de** (*lembrar-se de*), então **en** deve vir após o pronome reflexivo e **me**, **te** e **se** (somente esses três) viram **m'**, **t'** e **s'**. Por exemplo: **Il s'en souvient.** (*Ele se lembra [disso].*)

A locução com **de** deve se referir a uma coisa, não a uma pessoa. Se for **de** + pessoa, não vai ser possível substituí-la por **en**. Nesse caso, use um pronome oblíquo tônico, como ilustrado aqui (vou falar sobre pronome oblíquo tônico adiante neste capítulo):

> **Bébé a besoin de sa mère.** (*O bebê precisa da sua mãe.*) → **Bébé a besoin d'elle.** (*O bebê precisa dela.*)

Locução prepositiva iniciada com de

Quando **de** significar lugar de origem, como em **Les athlètes rentrent de Londres** (*Os atletas vêm de Londres*), use o pronome **en** para substituir a locução prepositiva: **Les athlètes en rentrent**.

Siga estes passos para substituir locuções prepositivas com **de**:

1. Encontre a locução que começa com de.

Por exemplo, **Nous faisons partie de cette équipe.** (*Nós fazemos parte dessa equipe.*)

2. **Remova toda a locução prepositiva, incluindo o de.**

   No caso anterior, só sobra **Nous faisons partie**.

3. **Substitua a locução prepositiva pelo pronome en e coloque-o no lugar apropriado na frase.**

   Na maioria das frases, ele fica antes do verbo conjugado, mas existem exceções. (Veja, adiante, a seção "O Lugar Certo dos Pronomes" para obter mais informações.) No exemplo anterior, o resultado é **Nous en faisons partie.** (*Nós fazemos parte dela.*)

Reescreva as frases, substituindo as locuções prepositivas com **de** pelo pronome **en**. Lembre-se de que **de** pode aparecer como **du**, **de l'**, **de la** ou **des**.

P. Il joue de l'harmonica.

R. Il en joue.

36. Elle se sert de son ordinateur.

_____

37. Vous êtes déçus du résultat.

_____

38. Je me souviens de cette date.

_____

39. Il est satisfait de sa médaille.

_____

40. Nous sommes contents de notre travail.

_____

O Lugar Certo dos Pronomes

Nesta seção, vou mostrar como colocar qualquer pronome em uma frase. Vou começar com apenas um pronome por frase. Depois, vou mostrar como lidar com dois ao mesmo tempo, mas procure não colocar mais do que dois pronomes numa frase (mesmo que isso seja possível, uma frase assim seria estranha e não soaria natural aos falantes nativos).

Em frases afirmativas e negativas

Tal como já deve ter notado na maioria dos exemplos apresentados neste capítulo, em francês, o pronome vem geralmente antes do verbo.

Il mange du chocolat. (*Ele come chocolate.*) → **Il en mange.** (*Ele come [isso].*)

Nous préférons la glace. (*Nós preferimos sorvete.*) → **Nous la préférons.** (*Nós o preferimos.*)

Como se faz isso? É muito simples, se seguir estes passos. Considere-os um atalho para os passos anteriores apresentados neste capítulo:

1. **Encontre o objeto do verbo e decida qual pronome se deve usar.**

   Por exemplo, em **Nous préférons la glace** (*Nós preferimos sorvete*), **la glace** (*sorvete*) é o objeto direto do verbo **préférons** (*preferimos*). Ele exige o pronome objeto direto **la** (veja as seções anteriores sobre como escolher pronomes).

2. **Troque a posição do objeto e do verbo.**

   O resultado é **Nous la glace préférons**.

3. **Substitua o objeto pelo pronome escolhido.**

   A frase fica assim: **Nous la préférons**.

O processo é o mesmo no caso de frase negativa. O pronome complemento e o verbo trocam de lugar e é necessário certificar-se de estar usando o pronome correto. Para **Il n'aime pas le chocolat** (*Ele não gosta de chocolate*), o verbo é **aime**. Então, troque-o de lugar com **le chocolat** (**Il ne le chocolat aime pas**) e substitua **le chocolat** pelo pronome objeto direto **l'**: **Il ne l'aime pas**.

Lembre-se de que a palavra **ne** (*não*) não é ligada ao verbo, podendo ser empurrada um pouco para trás. Por outro lado, o pronome deve estar sempre junto do verbo. Vá ao Capítulo 8 para saber mais sobre palavras e expressões negativas.

O objeto do verbo está sublinhado nas frases afirmativas e negativas a seguir. Substitua-o pelo pronome entre parênteses e reescreva todas as frases. Lembre-se de que **ne** vira **n'** antes de **y** e **en**.

P. Vous allez <u>au restaurant</u>. (y)

R. Vous y allez.

41. Vous ne faites jamais <u>la cuisine</u>. (la)

42. Tu ne seras pas <u>chez toi</u> ce soir. (**y**)

_____

43. Ils aiment <u>ce film</u>. (**le**)

_____

44. Il ne met jamais <u>de lait</u> dans son café. (**en**)

_____

45. Je parle souvent <u>à mes voisins</u>. (**leur**)

_____

Em frases com mais de um verbo

O que fazer com uma frase que tem vários verbos, como em **Il aime regarder la télé** (_Ele gosta de assistir à TV_)? Ao colocar o pronome na frente do verbo, como saber se esse é o verbo certo? A resposta é, na verdade, uma pergunta: "Com quem você vai?"

O que é preciso fazer é encontrar o substantivo ou locução que se deseja substituir e, então, encontrar o verbo que o acompanha (em geral, o verbo está antes do objeto). No nosso exemplo, ele talvez _goste_ de TV, mas o que a frase nos diz é que ele gosta de _assistir_ à TV. Então, _assistir_ é o verbo que importa. Agora é possível seguir os passos apresentados nas seções anteriores, como se houvesse apenas um verbo: **Il aime la regarder.** (_Ele gosta de assistir-lhe._)

Em frases no passé composé

No **passé composé** (_pretérito perfeito_), assunto do Capítulo 15, o que é considerado verbo é toda a estrutura verbal: verbo auxiliar + particípio passado do verbo principal. Por exemplo, em **je suis allé** (_eu fui_), a estrutura verbal é **suis allé** e, assim, o pronome vai na frente de **suis** (verbo auxiliar): **j'y suis allé** (_eu fui lá_).

Não confunda o **passé composé** conjugado com **être** ou **avoir** (**je suis allé**) com o **futur proche** (_futuro imediato_; veja o Capítulo 17) conjugado com **aller**, como em **je vais sortir** (_eu vou sair_). Ambos são tempos de verbos com duas palavras, mas as regras de posicionamento de cada um são diferentes.

> ✔ Na frase a seguir, no **futur proche**, o verbo que tem um objeto (complemento) é **partir**, e não **vais**; assim, o pronome virá antes de **partir**.

> **Je vais partir au Brésil.** (*Eu vou embora para o Brasil.*) → **Je vais y partir.** (*Eu vou embora para lá.*)

✔ Na frase anterior, porém, no **passé composé,** o verbo é constituído por **suis parti** e, assim, o pronome vai na frente de toda a locução.

> **Je suis parti au Brésil.** (*Eu fui embora para o Brasil.*) → **J'y suis parti.** (*Eu fui embora para lá.*)

O objeto do verbo está sublinhado nas frases do **passé composé** ou no **futur proche** a seguir. Substitua-o pelo pronome entre parênteses e reescreva toda a frase.

P. Vous allez diner <u>au restaurant</u>. (y)

R. Vous allez y dinner.

46. Il a acheté <u>des CDs</u>. (en)

_____

47. Tu vas rester <u>chez toi</u> ce soir? (y)

_____

48. Je vais attendre <u>le bus</u>. (le)

_____

49. Elle a parlé <u>à son professeur</u>. (lui)

_____

50. Nous allons vendre <u>notre voiture</u>. (la)

_____

Em ordens afirmativas e negativas (modo imperativo)

As ordens são formas verbais incomuns, visto que não explicitam o sujeito do verbo na frase. O termo técnico para esse modo de conjugação é **l'impératif** (*imperativo*), o qual será analisado em mais detalhes no Capítulo 20. Por enquanto, o que se precisa saber é que ele tem apenas três formas — uma para **tu** (*você* [singular informal]), uma para **nous** (*nós*) e uma para **vous** (*vocês* [singular formal ou plural formal e informal]) —, as quais são emprestadas da conjugação do presente do indicativo para a maioria dos verbos. Para **parler**, as três formas do imperativo são **parle** (*fale* [singular informal]), **parlons** (*falemos*) e **parlez** (*falem* [singular formal ou plural formal e informal]).

Para colocar o pronome em uma frase no imperativo afirmativo, não há necessidade de trocar nada, como se faz nas frases comuns. Na verdade, a posição do pronome é a mesma da frase em português, depois do verbo, fazendo-se:

1. **Encontre o objeto do verbo e determine qual o pronome que o substitui.**

   Por exemplo, em **Regarde <u>le chat</u>** (*Olhe o gato*), **le chat** é o objeto direto do verbo. Então, use o POD **le**.

2. **Substitua o objeto pelo pronome apropriado e ligue-o ao verbo com hífen.**

   O resultado com o exemplo anterior é **Regarde-le.** (*Olhe-o.*)

Quando os pronomes **me** e **te** estiverem depois do verbo, eles devem ser substituídos pelos pronomes oblíquos tônicos equivalentes: **moi** e **toi** (vou falar sobre pronomes oblíquos tônicos adiante neste capítulo). Por exemplo:

Parle-moi! *Fale comigo.*

Achète-toi une nouvelle voiture. *Compre um carro novo para você.*

No imperativo, os verbos em **-er** (incluindo **aller**) perdem o **-s** da conjugação **tu** do presente do indicativo. No entanto, quando o pronome depois do verbo for **y** ou **en**, o **-s** retorna por questões fonéticas. A Tabela 13-1 mostra o que pode acontecer quando **y** ou **en** vem depois dos verbos conjugados na segunda pessoa do singular (**tu**).

Tabela 13-1	Tu Imperativo + En ou Y	
Presente do indicativo	*Imperativo*	*Imperativo com Y ou En*
tu parles	**parle** (*fale*)	**parles-en** (*fale sobre isso*)
tu manges	**mange** (*coma*)	**manges-en** (*coma [isso]*)
tu vas	**va** (*vá*)	**vas-y** (*vá lá*)

No caso de ordens negativas, o pronome sujeito também é omitido e só se usam três formas relevantes do presente do indicativo (**tu**, **nous**, **vous**). Usam-se os negativos **ne** e **pas** ao redor do verbo, como em frases negativas normais: **Ne regarde pas le chat!** (*Não olhe para o gato!*) No que se refere ao posicionamento de pronomes, coloque o pronome objeto antes do verbo, como em uma frase normal. Veja as três formas do imperativo negativo nos exemplos a seguir (lembre-se de que **ne** vira **n'** antes de vogal):

Ne le regarde pas. (*Não olhe para ele/isso.*)

N'y allons pas. (*Não vamos lá.*)

N'en mangez pas. (*Não comam [isso].*)

Substitua a expressão sublinhada nas ordens afirmativas e negativas a seguir pelo pronome objeto correspondente e reescreva a frase. Veja o exemplo:

P. Mange <u>la pomme</u>.

R. Mange-la.

51. Ne mangez pas <u>de bonbons</u>.

_____

52. Offre quelque chose <u>à ton ami</u>.

_____

53. Raconte <u>des histoires</u>.

_____

54. N'écoutez pas <u>cet homme</u>.

_____

55. Allons <u>au cinéma</u>.

_____

Em frases ou ordens com dois pronomes

Às vezes há necessidade de usar dois pronomes em uma mesma frase, como para responder à pergunta **As-tu mis les livres sur le bureau?** (*Você colocou os livros sobre a escrivaninha?*): **Oui, je les y ai mis** (*Sim, eu os coloquei ali*).

Existem várias combinações possíveis no caso de frases com dois pronomes. Elas podem incluir (ao mesmo tempo) os POIs, os PODs, **y**, **en** e os pronomes reflexivos (**me**, **te**, **se**, **nous**, **vous**, **se**). (Veja o Capítulo 7 para mais informações sobre pronomes.) A regra, no caso de dois pronomes, é que os que são comuns em todas as listas (**me**, **te**, **nous**, **vous**) e o **se** sempre venham primeiro. Além disso, **en** sempre vem por último quando combinado com outro pronome. A tabela a seguir mostra como fazer as combinações. Leia-a da esquerda para a direita. Por exemplo, se precisar usar os pronomes **te** e **y** na frase, **te** virá primeiro e **y** virá depois. Ou, se precisar usar **lui** e **en**, **lui** virá primeiro e **en** virá depois. Pode-se escolher qualquer um dos dois, desde que se siga a ordem da esquerda para a direita.

me	le	lui	y	en
te	la	leur		
se	les			
nous				
vous				

Veja alguns exemplos que mostram o uso de dois pronomes na prática:

Je te le dis. (*Eu estou lhe dizendo isso.*)

Il s'y promène. (*Ele passeia lá.*)

Quando combinar **me**, **te**, **le**, **la** ou **se** com **y** ou **en**, use apóstrofo antes de **y** ou **en**, independentemente de o verbo estar ou não no imperativo.

Outras combinações não exigem nada exceto um hífen em ordens no imperativo, em que os pronomes vêm depois do verbo.

Parle-lui-en. (*Fale com ele/ela sobre isso.*)

Donne-m'en. (*Dê-me um pouco [disso].*)

Substitua a(s) expressão(ões) sublinhada(s) pelo(s) pronome(s) entre parênteses e reescreva toda a frase com dois pronomes. Em alguns casos, o segundo pronome já vai estar na frase. Veja o exemplo:

P. Je nous prépare <u>le dîner</u>. **(le)**

R. Je nous le prépare.

56. Nous mettons <u>le livre</u> <u>sur la table</u>. (le, y)

_____

57. Elle me dit <u>la vérité</u>. (la)

_____

58. Je vais donner <u>mon numéro de téléphone</u> <u>à Louis</u>. (le, lui)

_____

59. Nous donnons <u>du chocolat</u> <u>aux enfants</u> pour Pâques. (en, leur)

_____

60. Ne fais pas <u>tes devoirs</u> <u>dans ton lit</u>. (les, y)

Tonificando com Pronomes Oblíquos Tônicos

Como mostram as seções a seguir, um pronome oblíquo tônico substitui ou enfatiza um objeto humano. É possível encontrá-lo isoladamente, após **c'est** (*ele/ela é*; veja o Capítulo 3) ou após uma preposição. A beleza desse pronome é que ele *não é integrado*, o que significa que você não precisa se preocupar com sua posição na frase: ele vai logo depois da preposição ou do **c'est**! Existem oito pronomes oblíquos tônicos:

- ✔ **moi** (*mim/comigo*)
- ✔ **toi** (*ti/contigo/você* [singular informal])
- ✔ **lui** (*si/consigo/ele*)
- ✔ **elle** (*si/consigo/ela*)
- ✔ **nous** (*nós/conosco*)
- ✔ **vous** (*vocês* [singular informal ou plural formal e informal])
- ✔ **eux** (*eles*)
- ✔ **elles** (*elas*)

Substituindo o substantivo

O pronome oblíquo tônico enfatiza ou indica uma pessoa, podendo apresentar-se depois da expressão **c'est** (*ele/ela é*) ou isoladamente, como mostram estes exemplos:

> — **Est-ce que c'est Paul, là-bas?** (*É o Paul lá?*) — **Oui, c'est lui.** (*Sim, é ele.*)

> — **C'est toi qui as fait ça?** (*Foi você quem fez isso?*) — **Oui, c'est moi.** (*Sim, fui eu.*)

> — **Qui veut du chocolat?** (*Quem quer chocolate?*) — **Nous.** (*Nós.*)

Após preposições como **avec** (*com*), **pour** (*para*) e **chez** (*na casa de*), o pronome oblíquo tônico substitui o substantivo para evitar repetições. Veja o exemplo:

> — **Tu viens avec nous, ou tu pars <u>avec Pierre et Julie</u>?** (*Você vem conosco ou vai embora com Pierre e Julie?*)

> — **Je pars avec eux.** (*Eu vou embora com eles.*)

Usa-se o pronome oblíquo tônico após certos verbos + **de**, como **avoir besoin de** (*precisar de*) e **être amoureux de** (*estar apaixonado por*), quando o objeto desses verbos for uma pessoa, não uma coisa (no caso desses outros verbos, veja a seção "Verbo + **de**"). Veja estes exemplos:

> **Il a peur de son prof de math.** (*Ele tem medo do seu professor de matemática.*) → **Il a peur de lui.** (*Ele tem medo dele.*)

> **L'enfant a besoin de ses parents.** (*A criança precisa dos pais.*) → **L'enfant a besoin d'eux.** (*A criança precisa deles.*)

Quando verbos como **penser à** (*pensar em*) e **s'intéresser à** (*interessar-se por*) forem acompanhados por um objeto humano, deve-se usar pronome oblíquo tônico em vez de pronome objeto indireto. Veja alguns verbos comuns desse tipo:

- **penser à** (*pensar em alguém*)
- **tenir à** (*importar-se com alguém querido*)
- **faire attention à** (*prestar atenção em alguém*)
- **être à** (*pertencer a alguém*)
- **s'intéresser à** (*estar interessado em alguém*)

Veja-os na prática:

> **Il pense <u>à ses amis</u>.** (*Ele pensa nos seus amigos.*) → **Il pense à <u>eux</u>.** (*Ele pensa neles.*)

> **Ce livre est <u>à Anne</u>.** (*Este livro pertence a Anne.*) → **Ce livre est à <u>elle</u>.** (*Este livro pertence a ela.*)

Reforçando um substantivo

O pronome oblíquo tônico também pode reforçar o sujeito de um verbo. Desde que se refira a uma pessoa, o sujeito pode ser um substantivo, como **son mari** (*o marido dela*), ou um pronome sujeito (**je**, **tu**, e assim por diante). Em ambos os casos, o pronome oblíquo tônico fica depois do sujeito, em geral separado por vírgula.

> **Jeanne part en vacances; son mari, lui, travaille.** (*Jeanne está saindo de férias; seu marido, por sua vez, está trabalhando.*)

> **Moi, je me suis bien amusé samedi. Et vous?** (*Pessoalmente, eu me diverti muito no sábado. E você?*)

O pronome oblíquo tônico pode reforçar um substantivo, mas nunca substituí-lo. Em outras palavras, ele nunca vai ser o sujeito do verbo. Nunca diga **Moi mange beaucoup de chocolate.** (*Mim come muito chocolate.*) Ainda é preciso usar o pronome sujeito (sublinhado neste exemplo): **Moi, je mange beaucoup de chocolat.** (*Quanto a mim, eu como muito chocolate.*)

Responda às perguntas usando um pronome oblíquo tônico. Se a pergunta tiver **tu**, responda com **je** e, se tiver **vous**, responda com **nous**.

P. **Este-ce que ces gants sont à toi?**

R. **Oui, ces gants sont à moi.**

61. **Est-ce qu'il pense souvent à sa fiancée?**

_____

62. **Est-ce que tu te souviens de ton premier prof de français?**

_____

63. **Est-ce que vous êtes fiers de vos enfants?**

_____

64. **Est-ce que tu vas acheter ce cadeau pour moi?**

_____

65. **Est-ce que nous allons chez Isabelle et Anne?**

_____

Respostas

1. Nous respectons <u>nos parents</u>. (les)

2. Est-ce que tu aimes <u>la musique classique</u>? (la)

3. Le prof écoute <u>moi et les autres étudiants</u>. (nous)

4. Les étudiants font <u>leurs devoirs</u>. (les)

5. Est-ce que vous voyez <u>moi</u>? (me)

6. Il regarde <u>toi</u>. (te)

7. Est-ce que vous connaissez <u>le président</u>? (le)

8. Ils ont trouvé <u>la solution</u>. (la)

9. Elle influence <u>Pierre et toi</u>. (vous)

10. Nous cédons <u>notre place</u> dans le bus. (la)

11. Nous les aimons.

12. Elle les apprend.

13. Vous l'achetez.

14. Ils la visitent.

15. Je les retrouve au café.

16. POI. **leur**

17. POD. **l'**

18. POD. **l'**

19. POI. **lui**

20. POD. **les**

21. POI. **lui**

22. POD. **l'**

23. POD. **les**

24. POI. **leur**

25. POI. **lui**

26. Je leur parle.

27 Elle lui pose des questions.

28 Pierre et Marine lui ressemblent.

29 Vous lui offrez des fleurs.

30 Nous leur faisons la bise.

31 POI

32 y

33 POI

34 y

35 y

36 Elle s'en sert.

37 Vous en êtes déçus.

38 Je m'en souviens.

39 Il en est satisfait.

40 Nous en sommes contents.

41 Vous ne la faites jamais.

42 Tu n'y seras pas ce soir.

43 Ils l'aiment.

44 Il n'en met jamais dans son café.

45 Je leur parle souvent.

46 Il en a acheté.

47 Tu vas y rester ce soir?

48 Je vais l'attendre.

49 Elle lui a parlé.

50 Nous allons la vendre.

51 N'en mangez pas.

52 Offre-lui quelque chose.

53 Racontes-en.

54 Ne l'écoutez pas.

55 Allons-y.

56 Nous l'y mettons.

57 Elle me la dit.

58 Je vais le lui donner.

59 Nous leur en donnons pour Pâques.

60 Ne les y fais pas.

61 Oui, il pense à elle.

62 Oui, je me souviens de lui/d'elle.

63 Oui, nous sommes fiers d'eux.

64 Oui, je vais l'acheter pour toi.

65 Oui, nous allons chez elles.

Capítulo 14

O Uso de Gerúndio e da Voz Passiva

O gerúndio e a voz passiva são duas maneiras de descrever como as coisas acontecem. Usa-se o gerúndio para descrever ações que ocorrem simultaneamente, como em **tu mangeais en lisant ce livre** (*você comia enquanto lia este livro*). Já a construção passiva permite, por exemplo, que se fale de modo distante e impessoal sobre algo feito por outra pessoa (independentemente de essa pessoa ser nomeada na frase ou não). Este capítulo vai explicar como usar o gerúndio e a voz passiva nas frases, a fim de que você tenha mais duas opções para falar e escrever em francês com mais naturalidade.

Enquanto se Faz Alguma Coisa: O Gerúndio

Se você lê a correspondência enquanto está *comendo*, *assistindo* ao noticiário e *falando* com o gato, você está usando **le gérondif** (*o gerúndio*). O gerúndio também é útil para explicar como alguma coisa é feita. Como alguém fica em forma? *Malhando*. Como você vai aprender a gramática francesa? *Lendo* este livro, certo? Assim, o gerúndio é uma forma verbal muito útil. Uma notícia melhor ainda é que ele só tem uma forma em francês!

As seções a seguir vão explicar como o gerúndio francês difere do gerúndio português, como obtê-lo a partir do particípio presente e quando usá-lo.

O gerúndio em português e em francês

O gerúndio em português é reconhecido prontamente pelo sufixo *-ndo*. O mesmo acontece com o gerúndio francês: ele é reconhecido pelo sufixo **-ant**. Essa forma, isoladamente, é chamada de *particípio presente* de um verbo; acrescentando a preposição **en** antes dela é que se obtém **le gérondif**.

O gerúndio é muito comum em português, mas, em geral, não tem tradução direta em francês. Assim, não se deve usar o gerúndio francês automaticamente como tradução do gerúndio português. Por exemplo:

- ✔ Em português, o gerúndio serve para expressar uma ação feita no presente. Sendo assim, o presente do indicativo tanto pode ser expresso por *Eu faço* como por *Eu estou fazendo*. Em francês, porém, o presente só pode ser expresso de uma maneira: **je fais** (veja o Capítulo 6 para saber mais sobre o presente do indicativo).

- ✔ O português também usa o gerúndio para falar do passado: *Eu estava fazendo*. O equivalente em francês, nesse caso, é o **imparfait** (*pretérito imperfeito*, veja o Capítulo 16), e não o gerúndio: **je faisais**.

O particípio presente

O gerúndio francês é construído a partir do particípio presente. É fácil obter o particípio presente da maioria dos verbos, tanto regulares como irregulares. Use a forma conjugada do **nous** no presente do indicativo, tire o sufixo **-ons** e troque-o por **-ant**. O pronome sujeito **nous** não é mais necessário. Pronto! A Tabela 14-1 mostra como alguns verbos comuns obtêm o seu particípio presente.

Tabela 14-1	Como Obter o Gerúndio de Alguns Verbos Comuns	
Infinitivo	*Presente de Nous*	*Particípio Presente*
aller (*ir*)	**nous allons** (*nós vamos*)	**allant** (*indo*)
arriver (*chegar*)	**nous arrivons** (*nós chegamos*)	**arrivant** (*chegando*)
commencer (*começar*)	**nous commençons** (*nós começamos*)	**commençant** (*começando*)
dire (*dizer*)	**nous disons** (*nós dizemos*)	**disant** (*dizendo*)
dormir (*dormir*)	**nous dormons** (*nós dormimos*)	**dormant** (*dormindo*)
faire (*fazer*)	**nous faisons** (*nós fazemos*)	**faisant** (*fazendo*)
finir (*terminar*)	**nous finissons** (*nós terminamos*)	**finissant** (*terminando*)
manger (*comer*)	**nous mangeons** (*nós comemos*)	**mangeant** (*comendo*)
ouvrir (*abrir*)	**nous ouvrons** (*nós abrimos*)	**ouvrant** (*abrindo*)
parler (*falar*)	**nous parlons** (*nós falamos*)	**parlant** (*falando*)

Infinitivo	Presente de Nous	Particípio Presente
répéter (repetir)	**nous répétons** (nós repetimos)	**répétant** (repetindo)
tenir (segurar)	**nous tenons** (nós seguramos)	**tenant** (segurando)
travailler (trabalhar)	**nous travaillons** (nós trabalhamos)	**travaillant** (trabalhando)
vendre (vender)	**nous vendons** (nós vendemos)	**vendant** (vendendo)
voir (ver)	**nous voyons** (nós vemos)	**voyant** (vendo)

Os únicos três gerúndios irregulares em francês são:

- ✔ **avoir** (ter), que vira **ayant** (tendo)

- ✔ **être** (ser/estar), que vira **étant** (sendo, estando)

- ✔ **savoir** (saber), que vira **sachant** (sabendo)

Dê o particípio presente dos verbos regulares e irregulares a seguir. Veja o Capítulo 6 quando não souber o presente do indicativo de algum verbo. Veja o exemplo:

P. partir

R. partant

1. voir _____

2. tenir _____

3. faire _____

4. ouvrir _____

5. commencer _____

6. manger _____

7. lire _____

8. parler _____

9. réussir _____

10. jouer _____

Como criar gerúndios e saber quando usá-los

O gerúndio francês é usado com a preposição **en**, que não possui, nesse caso, equivalência direta em português. Ele pode ser traduzido como *enquanto está + -ndo* ou *enquanto + verbo no presente*, como em *enquanto está comendo/enquanto come* (**en mangeant**); *enquanto estava + -ndo* ou *enquanto + verbo no imperfeito*, como em *enquanto estava lendo* ou *enquanto lia* (**en lisant**); *ao + verbo no infinitivo*, como em *ao chegar* (**en arrivant**); dentre outras possibilidades. Mas tenha isto em mente: a ação expressa pelo gerúndio é realizada pelo *mesmo sujeito* do verbo da oração principal. Por exemplo, a frase *O pai beijou os filhos ao chegar* em francês é: **En arrivant Papa a embrassé les enfants**. Mas na frase **En arrivant les enfants ont embrassé Papa** (*Os filhos beijaram o pai ao chegar*), o **en arrivant** se refere a **les enfants**, e não ao pai, visto que o verbo **ont embrassé** (*beijaram*) refere-se à ação dos filhos, e não do pai.

Na verdade, não importa onde o gerúndio está na frase. Tanto pode estar no início, como no fim dela. A maioria das pessoas o coloca no fim.

> **En mangeant une pomme j'ai mordu ma lèvre.** (*Enquanto comia uma maçã, eu mordi o lábio.*)

> **J'ai mordu ma lèvre en mangeant une pomme.** (*Eu mordi o lábio enquanto comia uma maçã.*)

Os verbos pronominais (assunto do Capítulo 7) devem manter o seu pronome reflexivo no gerúndio. Além disso, o pronome deve concordar com o sujeito do verbo principal. O pronome deve estar entre o **en** e o particípio presente. Veja, a seguir, um exemplo com o verbo **se promener** (*passear*):

- ✔ Se o sujeito do verbo principal for **je**, o verbo pronominal no gerúndio é **en me promenant**.

- ✔ Se o sujeito do verbo principal for **tu**, o verbo pronominal no gerúndio é **en te promenant**.

- ✔ Se o sujeito do verbo principal for **il**, **elle**, **on**, **ils** ou **elles**, o verbo pronominal no gerúndio é **en se promenant**.

- ✔ Se o sujeito do verbo principal for **nous**, o verbo pronominal no gerúndio é **en nous promenant**.

- ✔ Se o sujeito do verbo principal for **vous**, o verbo pronominal no gerúndio é **en vous promenant**.

Use o gerúndio nos seguintes casos:

✔ Para expressar ações simultâneas. Por exemplo:

Elle conduit en écoutant la radio. (*Ela dirige escutando o rádio.*)

Nous prenons une douche en chantant. (*Nós tomamos banho cantando.*)

✔ Para responder a perguntas "como/por quê". Por exemplo:

Je suis tombé en courant. (*Eu caí porque estava correndo.*)

Il gagne sa vie en vendant des hot-dogs. (*Ele ganha a vida vendendo cachorros-quentes.*)

✔ Para dizer o momento em que alguma coisa aconteceu/deve acontecer. Por exemplo:

Elle a crié en voyant la souris. (*Ela gritou ao ver o rato.*)

Ferme la porte en partant. (*Feche a porta ao sair.*)

✔ Para expressar uma condição. Por exemplo:

En révisant les verbes tu réussiras l'examen. (*Se revisar os verbos, você passará na prova.*)

Explique como as pessoas a seguir ganham a vida, usando os verbos entre parênteses no gerúndio. Veja o exemplo:

P. Julie est professeur. (enseigner)

R. Elle gagne sa vie en enseignant.

11. Charles est chanteur. (chanter)

_____

12. Conrad est écrivain. (écrire)

_____

13. Paul est chauffeur de taxi. (conduire)

_____

14. Wolf est pianiste. (jouer du piano)

_____

15. Josie est vendeuse. (vendre)

_____

Use o gerúndio dos verbos entre parênteses a seguir para dizer a razão, a maneira ou o momento em que as ações aconteceram. Depois traduza cada frase; consulte um dicionário francês-português se precisar de ajuda com o vocabulário. Veja o exemplo:

P. **Elle a eu un accident de voiture. (parler sur son portable)**

R. **Elle a eu un accident de voiture en parlant sur son portable.** (*Ela sofreu um acidente de trânsito enquanto falava ao celular.*)

16. **Il s'est bléssé. (être imprudent en vélo)**

_____

_____

17. **Julie a fait des progrès. (s'entrainer beaucoup)**

_____

_____

18. **Je me suis cassé une dent. (manger des noix)**

_____

_____

19. **Tu as perdu tes clés. (se promener au parc)**

_____

_____

20. **Nous avons appris la nouvelle. (téléphoner à nos amis)**

_____

_____

Um Jeito Diferente de Escrever Frases: A Construção Passiva

Em uma construção passiva, a pessoa que está realizando a ação (oficialmente denominada *agente*) é um tanto ausente, mas a ação é feita assim mesmo. Veja um exemplo: **Cette maison a été vendue** (*Esta casa foi vendida*). Nessa frase, **cette maison** (*esta casa*) parece ser o sujeito, porque o verbo está na terceira pessoa do singular, mas, na verdade, não se sabe quem vendeu a casa! Em outras palavras, o agente permanece um mistério enquanto não se souber *por quem* (**par qui**) a casa foi vendida.

Um jeito legal de decidir se se está lidando com a voz passiva é tentar acrescentar "por mutantes" depois do sujeito e do verbo. Por exemplo, é possível dizer *Esta casa foi vendida por mutantes*. Isso mostra que o exemplo anterior é legítimo. Por outro lado, não faz nenhum sentido dizer *Ela vendeu a casa por mutantes*. Nesse caso, a frase não é passiva.

As seções a seguir vão ajudar a escrever frases na passiva dos dois modos: revelando ou ocultando o agente.

Nota: A passiva é geralmente chamada de *voz passiva*. A maioria dos livros de gramática usa esse nome. Eu prefiro o termo *construção* em vez de *voz*, porque isso destaca melhor que a passiva envolve um jeito diferente de construir frases. *Voz* não diz nada!

Juntando être com um particípio passado em uma construção passiva

A construção passiva envolve uma forma conjugada do verbo **être** (*ser*), em qualquer tempo, simples ou composto, seguida pelo particípio passado do verbo. As duas partes dessa construção foram divididas nas seções a seguir.

Começando com o particípio passado

Veja como obter o particípio passado dos verbos regulares:

- ✔ Para todos os verbos em **-er**, tire o **-er** do infinitivo e substitua-o por **-é**, assim: **parler** (*falar*) → **parlé** (*falado*).

- ✔ Para a maior parte dos verbos em **-ir**, tire o **-ir** do infinitivo e substitua-o por **-i**, assim: **finir** (*terminar*) → **fini** (*terminado*).

- ✔ Para a maior parte dos verbos em **-re**, tire o **-re** do infinitivo e substitua-o por **-u**, assim: **vendre** (vender) → **vendu** (vendido).

Nota: Há muitos verbos com particípios passados irregulares. Veja o Capítulo 15 para saber mais sobre como obter os particípios passados.

Um particípio passado é, basicamente, um verbo que virou um adjetivo. Isso significa que ele tem de concordar em gênero (masculino ou feminino) e número (singular ou plural) com o sujeito do verbo. No exemplo **les nouvelles seront annoncées** (*as novidades serão anunciadas*), o particípio passado **annoncées** se refere a **les nouvelles** (feminino plural) e, assim, leva as características do feminino (**-e**) e do plural (**-s**). Veja como isso funciona usando **fini** (*terminado*) como exemplo de um particípio passado (mas isso funciona com qualquer particípio passado):

✔ Se **fini** se refere a um sujeito masculino singular, ele continua como **fini**.

✔ Se **fini** se refere a um sujeito masculino plural, acrescente um **-s**: **finis**.

✔ Se **fini** se refere a um sujeito feminino singular, acrescente um **-e**: **finie**.

✔ Se **fini** se refere a um sujeito feminino plural, acrescente **-es**: **finies**.

Acrescentando être

Veja as estruturas usadas para se obter a passiva nos tempos principais:

✔ **Para o presente do indicativo** (veja o Capítulo 6):

> Sujeito + forma de **être** conjugada no **présent** + particípio passado.

Exemplo: **La maison est construite.** (*A casa é construída.*)

✔ **Para o passé composé (pretérito perfeito)** (veja o Capítulo 15):

> Sujeito + forma de **être** conjugada no **passé composé** + particípio passado.

Exemplo: **Nous avons été informés.** (*Nós fomos informados.*)

✔ **Para o pretérito imperfeito** (veja o Capítulo 16):

> Sujeito + forma de **être** conjugada no **imparfait** + particípio passado.

Exemplo: **Le courrier était distribué avant midi.** (*A correspondência era distribuída antes de meio-dia.*)

✔ **Para o futuro** do presente (veja o Capítulo 17):

> Sujeito + forma de **être** conjugada no **futur simple** + particípio passado.

Exemplo: **Les nouvelles seront annoncées.** (*As novidades serão anunciadas.*)

✔ **Para o conditionnel présent (futuro do pretérito)** (veja o Capítulo 18):

> Sujeito + forma de **être** conjugada no **conditionnel présent** + particípio passado.

Exemplo: **Elle serait facilement trompée.** (*Ela seria enganada com facilidade.*)

✔ **Para o pretérito mais-que-perfeito** (veja o Capítulo 21):

> Sujeito + forma de **être** conjugada no **plus-que-parfait** + particípio passado.

Exemplo: **La porte avait été fermée.** (*A porta tinha sido fechada.*)

✔ **Para o futur antérieur (futuro anterior)** (veja o Capítulo 21):

> Sujeito + forma de **être** conjugada no **futur antérieur** (*futuro anterior*) + particípio passado.

Exemplo: **Les nouvelles auront été annoncées.** (*As novas terão sido anunciadas.*)

✔ **Para o conditionnel passé (pretérito condicional)** (veja o Capítulo 21):

Sujeito + forma de **être** conjugada no **conditionnel passé** (*pretérito condicional*) + particípio passado.

Exemplo: **On aurait été punis.** (*Nós teríamos sido punidos.*)

Traduza as frases a seguir para o francês, tomando muito cuidado com o tempo verbal escolhido para **être** (recomenda-se estudar os tempos verbais antes) e com a concordância do particípio passado com o sujeito. Consulte um dicionário francês-português se precisar de ajuda com o vocabulário. Veja o exemplo:

P. *O gato está sendo repreendido.*

R. **Le chat est grondé.**

21. *Os ratos foram comidos.*

_____

22. *A casa terá sido vendida.*

_____

23. *Julie foi informada.*

_____

24. *Eles teriam sido presos.*

_____

25. *Elas seriam ajudadas.*

_____

26. *A casa será construída.*

_____

27. *Os livros são lidos.*

_____

28. *O carro foi consertado.*

_____

29. *O jantar sempre era servido.*

_____

30. *A data tinha sido escolhida.*

_____

Encontrando o agente misterioso

Se optar por revelar a identidade do agente dizendo quem ou o que realmente está realizando a ação, use **par** (*por/pelo*[s]/*pela*[s]) + agente depois do verbo passivo. Veja como escrever uma frase passiva com o agente expresso:

Sujeito + forma conjugada de **être** + particípio passado + **par** + agente.

Veja alguns exemplos da seção anterior com agentes para ilustrar.

La maison est construite par un architecte. (*A casa é construída por um arquiteto.*)

Nous avons été informés par nos voisins. (*Nós fomos informados pelos nossos vizinhos.*)

Le courrier était distribué par le facteur avant midi. (*A correspondência era distribuída pelo carteiro antes de meio-dia.*)

Les nouvelles seront annoncées par la presse. (*As novidades serão anunciadas pela imprensa.*)

Respostas

1 voyant

2 tenant

3 faisant

4 ouvrant

5 commençant

6 mangeant

7 lisant

8 parlant

9 réussissant

10 jouant

11 Charles gagne sa vie en chantant.

12 Conrad gagne sa vie en écrivant.

13 Paul gagne sa vie en conduisant.

14 Wolf gagne sa vie en jouant du piano.

15 Josie gagne sa vie en vendant.

16 **Il s'est bléssé en étant imprudent en vélo.** (*Ele se machucou por não ser prudente na bicicleta.*)

17 **Julie a fait des progrès en s'entraînant beaucoup.** (*Julie melhorou praticando bastante.*)

18 **Je me suis cassé une dent en mangeant des noix.** (*Eu quebrei um dente comendo nozes.*)

19 **Tu as perdu tes clés en te promenant au parc.** (*Você perdeu suas chaves enquanto passeava no parque.*)

20 **Nous avons appris la nouvelle en téléphonant à nos amis.** (*Nós soubemos da novidade ao ligar para os nossos amigos.*)

21 Les souris ont été mangées.

22 La maison aura été vendue.

23 Julie a été informée.

24 **Ils auraient été arrêtés.**

25 **Elles seraient aidées.**

26 **La maison sera construite.**

27 **Les livres sont lus.**

28 **La voiture a été réparée.**

29 **Le dîner était toujours servi.**

30 **La date avait été choisie.**

Parte IV

Falando do Passado ou do Futuro

Alguns Particípios Passados Irregulares Comuns

Infinitivo	Particípio Passado
avoir (*ter*)	**eu** (*tido*)
boire (*beber*)	**bu** (*bebido*)
connaître (*conhecer*)	**connu** (*conhecido*)
devoir (*dever*)	**dû** (*devido*)
dire (*dizer*)	**dit** (*dito*)
écrire (*escrever*)	**écrit** (*escrito*)
être (*ser*)	**été** (*sido*)
faire (*fazer*)	**fait** (*feito*)
lire (*ler*)	**lu** (*lido*)
mettre (*colocar*)	**mis** (*colocado*)
mourir (*morrer*)	**mort** (*morrido*)
naître (*nascer*)	**né** (*nascido*)
plaire (*agradar*)	**plu** (*agradado*)
pleuvoir (*chover*)	**plu** (*chovido*)
pouvoir (*poder*)	**pu** (*podido*)
prendre (*pegar*)	**pris** (*pegado*)
savoir (*saber*)	**su** (*sabido*)
tenir (*segurar*)	**tenu** (*segurado*)
venir (*vir*)	**venu** (*vindo*)
voir (*ver*)	**vu** (*visto*)
vouloir (*querer*)	**voulu** (*querido*)

Nesta parte...

- ✒ Saiba como usar o **passé composé** (*pretérito perfeito*), que indica ações concluídas no passado.

- ✒ Entenda o **imparfait** (*pretérito imperfeito*), que indica eventos pretéritos que ainda estão acontecendo ou ações habituais no passado.

- ✒ Olhe para a frente com as conjugações dos verbos no futuro e saiba quando usar o **futur simple** (*futuro simples*) em vez do **futur proche** (*futuro imediato*).

Capítulo 15

Indicando Ações no Passado com o Passé Composé (Pretérito Perfeito)

. . . .

Neste Capítulo

- ► Falando do passado com particípios
- ► Formando o **passé composé** com verbos auxiliares
- ► Como usar adequadamente o **passé composé**

. . . .

O que você fez no sábado à noite? Saiu ou ficou em casa e assistiu a um filme? Para fazer essas perguntas em francês, usa-se o **passé composé**, o tempo que corresponde ao *pretérito perfeito* em português. O **passé composé** é o mais usado dentre todos os tempos do passado em francês. É um tempo composto, o que significa que ele é feito de dois componentes, em vez de apenas um. Esses dois componentes são:

- ✔ Um verbo auxiliar conjugado — **être** (*ser*) ou **avoir** (*ter*) — no presente do indicativo
- ✔ Um particípio passado, que é uma forma fixa do verbo principal

Por exemplo, para dizer *nós dançamos* em francês, use a forma conjugada de **avoir** (o verbo auxiliar) na primeira pessoa do plural (**nous**) no presente do indicativo e o particípio passado do verbo **danser** (*dançar*), formando assim o **passé composé**: **nous avons dansé**.

Agora, vamos fazer esses componentes dançar! Este capítulo vai mostrar como escrever frases no **passé composé** usando particípios passados e verbos auxiliares e como empregar o **passé composé** de modo apropriado.

Como Obter o Particípio Passado

O *particípio passado* é uma forma fixa de um verbo, usada em tempo composto (como o **passé composé**) junto com o verbo auxiliar (vou falar sobre os verbos auxiliares adiante, neste capítulo). O particípio passado não é conjugado. A maioria dos particípios passados em português termina com **-ado** ou **-ido**, como *dançado*, *andado* e *descansado*. Em francês, os particípios passados regulares terminam em **-é**, **-i** ou **-u**, dependendo dos sufixos do verbo no infinitivo (**-er**, **ir** ou **-re**). Porém, como é de costume com os verbos, há os particípios passados irregulares, que seguem regras diferentes. As seções a seguir mostrarão como obter os particípios passados tanto regulares como irregulares.

Particípios passados regulares

Obter os particípios passados da maioria dos verbos é fácil. Isso porque cada um dos três tipos de conjugação (verbos regulares em **-er**, **-ir** e **-re**; veja o Capítulo 6 para ler uma introdução sobre esse assunto) tem formação própria. Em vez de tentar decorar o particípio passado de cada verbo, simplesmente procure se lembrar do padrão para cada um dos três tipos. Simples!

Verbos em -er

No caso de verbos em **-er** regulares (além do irregular **aller**), tire o **-er** do infinitivo e o substitua por **-é**. Por exemplo, para obter o particípio passado de **danser** (*dançar*), tire o **-er** e acrescente **-é** a **dans-**. O resultado é **dansé**. Veja alguns exemplos de verbos em **-er** no infinitivo, seguidos pelo seu particípio passado e sua tradução em português:

- **aller** → **allé** (*ir* → *ido*)
- **commencer** → **commencé** (*começar* → *começado*)
- **montrer** → **montré** (*mostrar* → *mostrado*)
- **parler** → **parlé** (*falar* → *falado*)

Verbos em -ir

No caso de verbos em **-ir** regulares, tire o **-ir** do infinitivo e o substitua por **-i**. Por exemplo, para obter o particípio passado de **finir** (*terminar*), tire o **-ir** e acrescente **-i** a **fin-**. O resultado é **fini**. Veja alguns exemplos de verbos em **-ir** no infinitivo, seguidos pelo seu particípio passado e sua tradução em português:

- **dormir** → **dormi** (*dormir* → *dormido*)
- **grossir** → **grossi** (*engordar* → *engordado*)
- **partir** → **parti** (*partir* → *partido*)
- **sortir** → **sorti** (*sair* → *saído*)

Nota: A maioria dos verbos em **-ir** seguem o padrão acima de formação do particípio passado. Há exceções, contudo. Confira, adiante, a seção "Particípios Passados Irregulares".

Verbos em -re

No caso de verbos em **-re** regulares, tire o **-re** do infinitivo e o substitua por **-u**. Por exemplo, para obter o particípio passado de **vendre** (*vender*), tire o **-re** e acrescente **-u** a **vend-**. O resultado é **vendu**. Veja alguns exemplos de verbos em **-re** no infinitivo, seguidos pelo seu particípio passado e sua tradução em português:

- ✔ **descendre** → **descendu** (*descer* → *descido*)
- ✔ **entendre** → **entendu** (*escutar* → *escutado*)
- ✔ **mordre** → **mordu** (*morder* → *mordido*)
- ✔ **répondre** → **répondu** (*responder* → *respondido*)

Dê o particípio passado destes verbos regulares. Veja o exemplo:

P. dormir

R. dormi

1. descendre _____

2. casser _____

3. parler _____

4. sortir _____

5. entendre _____

6. grossir _____

7. répondre _____

8. commencer _____

9. perdre _____

10. monter _____

Particípios passados irregulares

Como já era de esperar, os particípios passados irregulares existem. Esses particípios não seguem padrão algum; é preciso decorá-los (sinto muito!). A Tabela 15-1 apresenta alguns verbos comuns com particípios passados irregulares.

Tabela 15-1   Alguns Particípios Passados Irregulares Comuns

Infinitivo	Particípio Passado
apprendre (*aprender*)	**appris** (*aprendido*)
avoir (*ter*)	**eu** (*tido*)
boire (*beber*)	**bu** (*bebido*)
comprendre (*entender*)	**compris** (*entendido*)
connaître (*conhecer*)	**connu** (*conhecido*)
devoir (*dever*)	**dû** (*devido*)
dire (*dizer*)	**dit** (*dito*)
écrire (*escrever*)	**écrit** (*escrito*)
être (*ser*)	**été** (*sido*)
faire (*fazer*)	**fait** (*feito*)
falloir (*ser necessário*)	**fallu** (*sido necessário*)
lire (*ler*)	**lu** (*lido*)
mettre (*colocar*)	**mis** (*colocado*)
mourir (*morrer*)	**mort** (*morrido*)
naître (*nascer*)	**né** (*nascido*)
plaire (*agradar*)	**plu** (*agradado*)
pleuvoir (*chover*)	**plu** (*chovido*)
pouvoir (*poder*)	**pu** (*podido*)
prendre (*pegar*)	**pris** (*pegado*)
savoir (*saber*)	**su** (*sabido*)
tenir (*segurar*)	**tenu** (*segurado*)
venir (*vir*)	**venu** (*vindo*)
voir (*ver*)	**vu** (*visto*)
vouloir (*querer*)	**voulu** (*querido*)

Acrescentando os Verbos Auxiliares Être e Avoir

Embora a maioria dos verbos use **avoir** (*ter*) para formar o **passé composé**, alguns usam **être** (*ser*) como auxiliar. Já que a quantidade dos verbos que usam **être** é menor, vou começar falando deles. E, com isso, pode-se concluir que todos os outros verbos usam **avoir** para formar o **passé composé** (mas, cuidado!, alguns verbos usam os dois).

Bem-vindo à casa de être

Eu chamo esses verbos de *casa de* **être** pelo seguinte motivo: eles descrevem mais ou menos tudo o que pode acontecer em uma casa ou perto dela. Para visualizar a casa de **être** (e assim tirar mais proveito disso), pense nos verbos de deslocamento, como **entrer/sortir** (*entrar/sair*) e **monter/descendre** (*subir/descer*). A esses, é possível acrescentar algumas ações pessoais do dia a dia descritas por verbos reflexivos (que geralmente acontecem em casa também), como **se réveiller** (*acordar*), **se coucher** (*deitar-se*), **se laver** (*lavar-se*), **se brosser les dents** (*escovar os dentes*) e, por extensão, todos os outros verbos pronominais, como **s'amuser** (*se divertir*), **s'ennuyer** (*ficar entediado*), e assim por diante (veja o Capítulo 7 para saber mais sobre verbos pronominais).

O uso de verbos de deslocamento

A lista a seguir contém os verbos de deslocamento que pertencem à casa de **être**. Alguns são regulares e outros, irregulares.

- **aller** (*ir*)
- **arriver** (*chegar*)
- **descendre** (*descer*); **redescendre** (*voltar para baixo*)
- **entrer** (*entrar*)
- **monter** (*subir*); **remonter** (*voltar para cima*)
- **partir** (*ir embora*); **repartir** (*ir embora de novo*)
- **passer** (*passar/visitar*); **repasser** (*passar/visitar novamente*)
- **rentrer** (*chegar em casa*)
- **rester** (*ficar*)
- **retourner** (*voltar*)
- **sortir** (*sair*); **ressortir** (*sair de novo*)
- **tomber** (*cair*); **retomber** (*cair de novo*)
- **venir** (*vir*); **revenir** (*vir de novo/voltar para casa*)

Nota: Certos verbos não são de deslocamento, mas também integram a casa de **être**, como **devenir** (*tornar-se*), **mourir** (*morrer*), **naître** (*nascer*) e **renaître** (*renascer*).

Para formar o **passé composé** desses verbos de deslocamento, conjugue **être** no presente do indicativo e depois acrescente o particípio passado. Para começar, veja aqui a conjugação de **être** no presente do indicativo para sua referência (veja o Capítulo 6 para mais informações).

être (*ser*)	
je **suis**	nous **sommes**
tu **es**	vous **êtes**
il/elle/on **est**	ils/elles **sont**

Simples? Mas isso não é tudo — agora vem a concordância do particípio passado! Sempre que um verbo for conjugado com **être** para formar um tempo composto, como o **passé composé**, é o particípio passado que deve concordar em número e gênero com o sujeito de **être**. Veja como funciona a concordância do particípio passado:

- ✔ Se o sujeito de **être** for masculino singular, mantenha o particípio passado em sua forma básica, assim: **Il est arrivé** (*Ele chegou*).

- ✔ Se o sujeito de **être** for feminino singular, o particípio passado deve concordar em gênero com o sujeito, acrescentando **-e** para o feminino: **Elle est arrivée** (*Ela chegou*).

- ✔ Se o sujeito de **être** for masculino plural ou um grupo misto de feminino e masculino, o particípio passado deve concordar em número com esse sujeito e acrescentar **-s** para o plural: **Ils sont arrivés** (*Eles chegaram*); **nous sommes arrivés** (*nós chegamos*); **vous êtes arrivés** (*vocês chegaram*).

- ✔ Se o sujeito de **être** for feminino plural, o particípio passado deve concordar em gênero e número com o sujeito e acrescentar **-es** para o feminino plural: **Elles sont arrivées** (*Elas chegaram*); **nous sommes arrivées** (*nós* [*feminino*] *chegamos*); **vous êtes arrivées** (*vocês* [*feminino*] *chegaram*).

Forme o **passé composé** com **être** dos verbos de deslocamento a seguir usando o sujeito indicado entre parênteses. Não se esqueça de fazer a concordância dos particípios passados com os sujeitos. Veja o exemplo:

P. arriver (je [feminino]) _____

R. je suis arrivée

11. mourir (**il**) _____

12. monter (**tu** [masculino]) _____

13. partir (**elles**) _____

14. venir (**elle**) _____

15. aller (**nous** [feminino]) _____

16. naître (**vous** [masculino plural]) _____

17. entrer (**je** [masculino]) _____

18. rester (**on**) _____

19. descendre (**ils**) _____

20. tomber (**tu** [feminino]) _____

Colocando verbos pronominais no passé composé

Um verbo pronominal é conjugado com um pronome a mais; daí o seu nome (veja o Capítulo 7 para mais detalhes). Por exemplo, **se préparer** (*preparar-se*) é um verbo pronominal. Lembra-se da conjugação desse verbo no presente do indicativo? Ela está na tabela a seguir para mostrar onde vai o pronome adicional (para mais informações, leia o Capítulo 7):

se préparer *(preparar-se)*	
je **me prépare**	nous **nous préparons**
tu **te prépares**	vous **vous préparez**
il/elle/on **se prépare**	ils/elles **se préparent**

No **passé composé**, as combinações **je me, tu te, il/elle/on se, nous nous, vous vous** e **ils/elles se** são mantidas. No entanto, o verbo a ser conjugado é o auxiliar **être**, seguido pelo particípio passado do verbo pronominal. Por exemplo: para dizer *Eu me preparei* (supondo que o sujeito se refira a um homem), use **je me**, acrescente a forma conjugada de **être** para **je** (**suis**) e, então, o particípio passado (**préparé**). Em **elle s'est préparée** (*ela se preparou*), o particípio passado **préparée** concorda com o sujeito feminino singular **elle**.

Nota: **Te** transforma-se em **t'** antes da segunda pessoa do singular de **être** (**es**), e **se**, em **s'** antes da terceira pessoa do singular de **être** (**est**).

Veja a seguir a conjugação completa para **se préparer** no **passé composé**, com todas as opções possíveis de concordância dos particípios passados entre parênteses.

se préparer (preparar-se)	
je **me suis préparé(e)**	nous **nous sommes préparé(e)s**
tu **t'es préparé(e)**	vous **vous êtes préparé(e)s**
il/on **s'est préparé**	ils **se sont préparés**
elle **s'est préparée**	elles **se sont préparées**

Dê o **passé composé** com **être** para os verbos pronominais a seguir, usando os sujeitos indicados entre parênteses. O particípio passado pode ser regular ou irregular. Não se esqueça de fazer a concordância dos particípios passados com os sujeitos.

P. se préparer (je [masculino]) _____

R. je me suis préparé

21. se laver (je [feminino]) _____

22. s'ennuyer (tu [feminino]) _____

23. s'amuser (ils) _____

24. s'excuser (vous [masculino plural]) _____

25. se lever (nous [feminino]) _____

26. se dépêcher (elles) _____

27. se trouver (on) _____

28. se marier (ils) _____

29. se laver (elle) _____

30. s'habiller (il) _____

Conjugando todo o resto com avoir

A maioria dos verbos em francês usa **avoir** (*ter*) para formar um tempo composto como o **passé composé**. Simplesmente use o verbo **avoir** no presente do indicativo junto com o particípio passado do verbo principal. Essa conjugação não requer concordância entre o particípio passado e o sujeito, diferentemente do caso de **être** (oba!).

Para começar, veja a conjugação de **avoir** no presente do indicativo (veja o Capítulo 6 para mais detalhes):

avoir (*ter*)	
j'ai	nous **avons**
tu **as**	vous **avez**
il/elle/on **a**	ils/elles **ont**

É possível separar os verbos que usam **avoir** em vários grupos. Em primeiro lugar, **être** e **avoir** usam **avoir** para formar o **passé composé** (os particípios passados irregulares desses verbos estão em seção anterior neste capítulo). Veja a conjugação de **être** no **passé composé**:

être (*ser*)	
j'ai été	nous **avons été**
tu **as été**	vous **avez été**
il/elle/on **a été**	ils/elles **ont été**

Veja a conjugação de **avoir** no **passé composé**:

avoir (*ter*)	
j'ai eu	nous **avons eu**
tu **as eu**	vous **avez eu**
il/elle/on **a eu**	ils/elles **ont eu**

Veja-os na prática:

> **Nous avons été en classe.** (*Nós estávamos na aula.*)
>
> **Qu'est-ce que tu as eu?** (*O que você teve?*)

Continuando, verbos impessoais como **pleuvoir** (*chover*) e **falloir** (*ser necessário*) usam **avoir** para formar o **passé composé** (ambos são conjugados apenas na terceira pessoa do singular **il**). Veja alguns exemplos:

> **Il a plu toute la semaine.** (*Choveu a semana inteira.*)
>
> **Il a fallu quitter la maison.** (*Foi necessário deixar a casa.*)

Todos os outros verbos que não estão na "casa de **être**" (veja a seção anterior) formam o **passé composé** com **avoir**. Veja alguns exemplos:

Elle a mangé une pomme. (*Ela comeu uma maçã.*)

Nous avons beaucoup voyagé. (*Nós viajamos bastante.*)

Ils ont visité la Grèce l'été dernier. (*Eles visitaram a Grécia no verão passado.*)

Les enfants ont joué au jardin. (*As crianças brincaram no jardim.*)

Conjugue os verbos a seguir no **passé composé,** usando o sujeito indicado entre parênteses. Todos os verbos têm particípio passado regular.

P. manger (il) _____

R. il a mangé

31. rendre (il) _____

32. répéter (tu) _____

33. choisir (elle) _____

34. préparer (je) _____

35. vendre (nous) _____

36. entendre (ils) _____

37. finir (vous) _____

38. écouter (elles) _____

39. payer (nous) _____

40. obéir (je) _____

Que dizer dos verbos que usam tanto être como avoir?

Todos os verbos de deslocamento da "casa de **être**" (listados anteriormente neste capítulo) são *verbos intransitivos*, o que significa que eles não necessitam de complemento (objeto). Por exemplo, em português, *chegar* é intransitivo, porque não admite objeto direto ou indireto, apenas um adjunto adverbial que indica circunstância, como lugar, tempo ou meio (como *chegar a Paris, chegar às 11h* ou *chegar de carro*). Você não pode *chegar alguma coisa* (*alguma coisa* não pode ser o objeto direto de *chegar*, nem indireto). A mesma coisa acontece em francês: **arriver**, como o seu equivalente em português, não admite objeto: também é um verbo intransitivo. No entanto, cinco verbos da casa de **être** podem ter objeto direto. Quando este for o caso, duas coisas acontecem: os significados dos verbos mudam um pouco e eles formam o **passé composé** com **avoir,** em vez de **être**. Esses cinco verbos são: **passer** (*passar/visitar*), **sortir** (*sair*), **rentrer** (*chegar em casa*), **monter** (*subir*) e **descendre** (*descer*). As seções a seguir vão explicar alguns detalhes a respeito desses verbos.

Monter e descendre

Quando se referir a deslocamento, **monter** é intransitivo e significa *subir*. Nesse caso, use **être** para formar o seu **passé composé**, como explicado, e certifique-se de fazer a concordância do particípio passado com o sujeito.

> **Ils sont montés au sommet de la Tour Eiffel.** (*Eles subiram até o topo da Torre Eiffel.*)

Mas **monter** também pode significar *levar alguma coisa para cima*. Nesse caso, ele é transitivo direto (*alguma coisa* é o objeto direto) e é conjugado com **avoir** no **passé composé**, tal como exemplificado a seguir.

> **Il a monté un plateau de petit-déjeuner à sa femme.** (*Ele levou uma bandeja com o café da manhã para sua esposa no andar de cima.*)

Quando indicar deslocamento, **descendre** é intransitivo e significa *descer*. Use **être** para formar o seu **passé composé**, como explicado, e certifique-se de fazer a concordância do particípio passado com o sujeito.

> **Elle est descendue à la cave.** (*Ela desceu até a adega.*)

Mas **descendre** também pode significar *levar alguma coisa para baixo*. Nesse caso, ele é transitivo direto (*alguma coisa* é o objeto direto) e é conjugado com **avoir** no **passé composé**, tal como exemplificado a seguir.

> **Tu as descendu la valise sur le quai.** (*Você desceu a mala até a plataforma [do trem].*)

Passer

Quando indicar deslocamento, **passer** é intransitivo e significa *passar/visitar*. O seu **passé composé** é formado com **être**, como explicado. Certifique-se de fazer a concordância do particípio passado com o sujeito.

> **Hier nous sommes passés chez nos amis.** (*Ontem nós passamos na casa dos nossos amigos.*)

Mas **passer** também pode significar *passar tempo*. Nesse caso, ele é transitivo (o termo referente ao *tempo* é o objeto direto) e é conjugado com **avoir** no **passé composé**, tal como exemplificado a seguir.

> **Dimanche elle a passé la soirée avec sa famille.** (*No domingo ela passou a noite com sua família.*)

Rentrer

Quando indicar deslocamento, **rentrer** é intransitivo e significa *chegar em casa*. Use **être** para formar o seu **passé composé**, como explicado, e certifique-se de fazer a concordância do particípio passado com o sujeito.

> **Tu es rentré très tard hier soir.** (*Você voltou para casa muito tarde ontem à noite.*)

Mas **rentrer** também pode significar *levar alguma coisa para dentro*. Nesse caso, ele é transitivo (*alguma coisa* é o objeto direto) e é conjugado com **avoir** no **passé composé**, tal como exemplificado a seguir.

> **Papa a rentré la voiture au garage.** (*Papai pôs o carro na garagem.*)

Sortir

Quando indicar deslocamento, **sortir** é intransitivo e significa *sair*. O seu **passé composé** é formado com **être**, como explicado. Certifique-se de fazer a concordância do particípio passado com o sujeito.

> **Samedi soir, vous êtes sortis.** (*Vocês saíram no sábado à noite.*)

Mas **sortir** também pode significar *levar alguma coisa para fora*. Nesse caso, ele é transitivo (*alguma coisa* é o objeto direto) e é conjugado com **avoir** no **passé composé**, tal como exemplificado a seguir.

> **Le magicien a sorti un lapin du chapeau.** (*O mágico puxou um coelho para fora da cartola.*)

O Uso Apropriado do Passé Composé

Agora que já aprendeu como formar o **passé composé** com os verbos auxiliares e com os particípios passados, é possível falar do passado. As seções a seguir explicam as formas de uso do **passé composé** (*pretérito perfeito*), dão algumas expressões de tempo para ajudá-lo a saber quando usá-lo e mostram como escrever frases negativas com ele.

Os usos básicos

O **passé composé** fala sobre coisas que aconteceram uma ou várias vezes no passado recente ou remoto. Veja a seguir os usos básicos do **passé composé**:

✔ Relatar uma ocorrência no passado, um evento completamente terminado:

- **Elle est allée en Italie il y a cinq ans.** (*Ela foi à Itália há cinco anos.*)
- **Hier nous avons mangé du poisson.** (*Nós comemos peixe ontem.*)

✔ Listar ações que ocorreram uma em seguida da outra:

- **D'abord je suis rentré, puis j'ai pris une douche, et je me suis couché.** (*Primeiro eu fui para casa, depois tomei banho e fui dormir.*)
- **Nous avons déjeuné, puis nous sommes sortis.** (*Nós almoçamos e depois saímos.*)

✔ Interromper ações em curso (que são expressas no **imparfait**; veja o Capítulo 16 para mais detalhes):

- **J'étudiais quand le téléphone a sonné.** (*Eu estava estudando quando o telefone tocou.*)
- **Quand il est rentré, les enfants dormaient.** (*Quando ele chegou em casa, as crianças estavam dormindo.*)

Negação

A negação em francês sempre tem duas partes que cercam o verbo conjugado: **ne** e **pas**, como em **il ne parle pas** (*ele não fala*). **Pas** pode ser substituído por outra palavra negativa, como **personne** (*ninguém*), **rien** (*nada*), **jamais** (*nunca*), dentre outras. Quando for negar no **passé composé**, coloque o **ne** antes do verbo auxiliar e a segunda palavra negativa depois dele — com duas exceções (veja o Capítulo 8 para saber mais sobre as negativas).

Veja algumas frases negativas no **passé composé**:

Je n'ai pas compris la question. (*Eu não entendi a pergunta.*)

Vous n'avez jamais vu Notre-Dame. (*Vocês nunca viram Notre-Dame.*)

Duas palavras negativas não seguem esse padrão. São elas: **personne** (*ninguém*) e **nulle part** (*lugar nenhum*). Em vez de colocá-las depois do verbo auxiliar, coloque-as depois do particípio passado. A posição de **ne** não muda. Veja dois exemplos:

Elle n'a reconnu personne. (*Ela não reconheceu ninguém.*)

Ils ne sont allés nulle part hier. (*Eles não foram a lugar nenhum ontem.*)

Para formar a negação de um verbo pronominal no **passé composé,** coloque o **ne** antes do pronome reflexivo e o **pas** (ou equivalente) depois do verbo auxiliar (que é sempre **être**). Veja alguns verbos pronominais no **passé composé** negativo:

Elle ne s'est pas maquillée. (*Ela não se maquiou.*)

Ils ne se sont pas vus. (*Eles não se viram.*)

Converta as frases a seguir em negações (se precisar de mais informações sobre palavras negativas, veja o Capítulo 8).

P. **Il est parti. (***Ele foi embora.***)**

R. **Il n'est pas parti.**

41. **J'ai mangé quelque chose.** (*Eu comi alguma coisa.*)

_____

42. **Nous avons chanté.** (*Nós cantamos.*)

_____

43. **Il y a eu un accident.** (*Aconteceu um acidente.*)

_____

44. **Ils sont rentrés.** (*Eles entraram em casa.*)

_____

45. **Tu t'es amusé.** (*Você se divertiu.*)

_____

46. **Elle a rencontré quelqu'un.** (*Ela conheceu alguém.*)

_____

47. **Vous avez fait quelque chose.** (*Vocês fizeram alguma coisa.*)

_____

48. **Elles se sont excusées.** (*Elas se desculparam.*)

_____

49. **J'ai toujours aimé les fraises.** (*Eu sempre gostei de morangos.*)

_____

50. **Tu as déjà fini.** (*Você já terminou.*)

_____

Respostas

1 descendu

2 cassé

3 parlé

4 sorti

5 entendu

6 grossi

7 répondu

8 commencé

9 perdu

10 monté

11 il est mort

12 tu es monté

13 elles sont parties

14 elle est venue

15 nous sommes allées

16 vous êtes nés

17 je suis entré

18 on est resté

19 ils sont descendus

20 tu es tombée

21 je me suis lavée

22 tu t'es ennuyée

23 ils se sont amusés

24 vous vous êtes excusés

25 nous nous sommes levées

26 elles se sont dépêchées

27   on s'est trouvé

28   ils se sont mariés

29   elle s'est lavée

30   il s'est habillé

31   il a rendu

32   tu as répété

33   ele a choisi

34   j'ai préparé

35   nous avons vendu

36   ils ont entendu

37   vous avez fini

38   elles ont écouté

39   nous avons payé

40   j'ai obéi

41   Je n'ai rien mangé.

42   Nous n'avons pas chanté.

43   Il n'y a pas eu d'accident.

44   Ils ne sont pas rentrés.

45   Tu ne t'es pas amusé.

46   Elle n'a rencontré personne.

47   Vous n'avez rien fait.

48   Elles ne se sont pas excusées.

49   Je n'ai jamais aimé les fraises.

50   Tu n'as pas encore fini.

Capítulo 16

Lembrando e Descrevendo Ações Correntes do Passado com o Pretérito Imperfeito

O **imparfait** (*pretérito imperfeito*) é usado para descrever uma ação que aconteceu no passado, mas sem indicação precisa de tempo, ou para falar sobre o que se costumava fazer, mas não se faz mais. Ele é o segundo tempo do pretérito mais comum em francês. O mais comum é o **passé composé** (*pretérito perfeito*; veja o Capítulo 15). A maior diferença entre esses dois tempos é a estrutura: o **imparfait** é formado por uma única palavra, como em **je parlais** (*eu falava*), enquanto o **passé composé** é composto (verbo auxiliar conjugado + particípio passado do verbo principal), como em **j'ai parlé** (*eu falei*). Este capítulo começa explicando como formar o **imparfait** e depois explica quando e como usá-lo apropriadamente.

O Formato do Pretérito Imperfeito

Boas notícias: somente o verbo **être** (*ser/estar*) tem conjugação irregular no **imparfait**. Todos os outros verbos seguem o mesmo padrão para formar o **imparfait** e retiram seu radical da conjugação no presente do indicativo de **nous** (*nós*). Um aviso, porém: é necessário conhecer as conjugações no presente do indicativo antes de começar no **imparfait**. Assim, não é tão simples usar o **imparfait** como parece à primeira vista, em especial ao considerar que os verbos irregulares no presente mantêm a sua irregularidade no **imparfait**. Mas não se preocupe. As seções a seguir retomarão diversas conjugações do presente do indicativo, de modo que a transição para o **imparfait** ocorra sem problemas.

As terminações do pretérito imperfeito

Para formar o **imparfait** de todos os verbos, exceto **être** (*ser/estar*), comece com a conjugação no presente do indicativo de **nous** (*nós*), tire o sufixo **-ons** para obter o radical e acrescente uma das seguintes terminações, dependendo do sujeito que estiver usando: **-ais**, **-ais**, **-ait**, **-ions**, **-iez** ou **-aient**. Simples, não? Mais boas notícias: o **imparfait** só tem um padrão de terminações e ele se enquadra em todos os verbos — em **-er**, **-ir**, **-re** e nos irregulares!

Veja um exemplo de verbo em **-er**: a conjugação de **parler** (*falar*) no **imparfait**. Primeiro, obtenha a conjugação no presente do indicativo de **nous** (**parlons**); depois, tire o **-ons** e acrescente as terminações:

parler (*falar*)	
je **parlais**	nous **parlions**
tu **parlais**	vous **parliez**
il/elle/on **parlait**	ils/elles **parlaient**

A tabela a seguir mostra a conjugação no pretérito imperfeito de um verbo regular em **-ir**, **finir** (*terminar*). Primeiro, obtenha a conjugação no presente do indicativo de **nous** (**finissons**); depois, tire o **-ons** e acrescente as terminações:

finir (*terminar*)	
je **finissais**	nous **finissions**
tu **finissais**	vous **finissiez**
il/elle/on **finissait**	ils/elles **finissaient**

A tabela a seguir mostra a conjugação no pretérito imperfeito de um verbo regular em **-re**, **vendre** (*vender*). Primeiro, obtenha a conjugação no presente do indicativo de **nous** (**vendons**); depois, tire o **-ons** e acrescente as terminações:

vendre (*vender*)	
je **vendais**	nous **vendions**
tu **vendais**	vous **vendiez**
il/elle/on **vendait**	ils/elles **vendaient**

Esteja pronto para aplicar essa fórmula em qualquer verbo (exceto **être**), mesmo que o resultado seja um **i** duplo! Verbos que terminam em **-ier**, como **étudier** (*estudar*), **se marier** (*casar-se*) e **crier** (*gritar*), por exemplo, terminam em **-iions** e **-iiez** nas conjugações de **nous** e **vous** no **imparfait**. Veja alguns exemplos:

> **Nous étudiions ensemble au lycée.** (*Nós estudávamos juntos no ensino médio.*)

> **Vous criiez beaucoup au match de foot.** (*Vocês gritavam muito na partida de futebol.*)

E os verbos que terminam em **-yer,** como **payer** (*pagar*) ou **s'ennuyer** (*estar entediado*), terminam com **-yions** e **-yiez** no **imparfait**, assim:

> **Nous payions.** (*Nós pagávamos.*)

> **Vous payiez.** (*Vocês pagavam.*)

Dê o **imparfait** dos verbos a seguir usando o sujeito entre parênteses. (Se precisar de ajuda com as conjugações no presente do indicativo de **nous** antes de conjugar no **imparfait**, veja o Capítulo 6.)

P. déjeuner (je)

R. je déjeunais

1. regarder (tu) _____

2. grandir (il) _____

3. s'amuser (elle) _____

4. attendre (nous) _____

5. réfléchir (ils) _____

6. étudier (nous) _____

7. agir (vous) _____

8. aimer (elles) _____

9. entendre (on) _____

10. réussir (je) _____

Verbos que terminam em -cer e em -ger

Os verbos que terminam em **-cer** e em **-ger** sofrem uma mudança na escrita, na conjugação do presente do indicativo de **nous** (veja o Capítulo 6 para saber mais sobre isso). Essa mudança continua na conjugação do **imparfait**, mas de outras formas; as seções a seguir darão mais detalhes.

Verbos que terminam em -cer

Ao serem conjugados, os verbos em francês geralmente mantêm a pronúncia do radical de acordo com a do infinitivo. A maior parte das conjugações no presente do indicativo dos verbos em **-cer**, como **placer** (*posicionar*), têm o som suave de *c*, o que não acontece no caso de **nous**. Para manter o som suave de *c* em todas as pessoas, o **ç** substitui o **c** antes da terminação **-ons**, assim: **nous plaçons** (*nós posicionamos*). Sem o **ç**, **c + o** teria o som duro de *k* (veja o Capítulo 2 para saber mais sobre pronúncia).

No caso do **imparfait**, o som duro de *k* adviria das terminações **-ais**, **-ais**, **-ait** e **-aient** (c + a), por isso essas conjugações (**je, tu, il/elle/on** e **ils/elles**) mantêm o **ç** do presente do indicativo de **nous** para recuperar o som suave de *c*. As conjugações de **nous** e **vous** no **imparfait** (terminações **-ions** e **-iez**) não precisam do **ç** porque **c + i** já tem som suave. A tabela a seguir apresenta a conjugação de **placer** no pretérito imperfeito para que seja possível comparar as diferenças.

placer (*posicionar*)	
je **plaçais**	nous **placions**
tu **plaçais**	vous **placiez**
il/elle/on **plaçait**	ils/elles **plaçaient**

Outros verbos desse tipo incluem **agacer** (*aborrecer*), **commencer** (*começar*) e **effacer** (*apagar*).

Verbos que terminam em -ger

No presente do indicativo, os verbos que terminam em **-ger** acrescentam **e** antes da terminação **-ons** da conjugação de **nous,** em prol da pronúncia. Por exemplo, o infinitivo de **ranger** (*organizar*) tem som suave de *g,* o qual é transferido para o radical **rang-**, desde que as terminações acrescentadas a ele comecem com **e**. Já que **g + e** tem som suave, as conjugações de **je, tu, il/elle/on, vous** e **ils/elles** não serão problema. As terminações **-ons** de **nous**, porém, quebram o padrão, visto que **g + o** tem som duro. Para consertar isso, acrescente um **e** entre a terminação **-ons** e o radical, assim: **rangeons** (*nós organizamos*). (O Capítulo 2 tem mais informações sobre pronúncia.)

LEMBRE-SE

No caso do **imparfait**, ainda se deve manter um som suave em todas as pessoas, mas a maioria das terminações começa com **a** (-**ais**, -**ais**, -**ait** e -**aient**), e **g** + **a** forma um som duro. O que fazer? Simplesmente mantenha o **e** do sufixo de **nous** no presente do indicativo em todas as demais pessoas. As terminações de **nous** e **vous** no **imparfait** são -**ions** e -**iez**, de modo que não precisam de um **e** a mais, porque **g** + **i** já tem som suave. A tabela a seguir apresenta a conjugação de **ranger** no pretérito imperfeito para que seja possível comparar as diferenças.

ranger *(organizar)*	
je **rangeais**	nous **rangions**
tu **rangeais**	vous **rangiez**
il/elle/on **rangeait**	ils/elles **rangeaient**

Outros verbos desse tipo incluem **plonger** (*mergulhar*), **manger** (*comer*), **nager** (*nadar*) e **voyager** (*viajar*).

Dê o **imparfait** dos verbos em -**cer** e -**ger** a seguir, usando o sujeito entre parênteses.

P. plonger (**vous**)

R. vous plongiez

11. manger (**tu**) _____

12. voyager (**je**) _____

13. annoncer (**vous**) _____

14. avancer (**elle**) _____

15. obliger (**vous**) _____

16. placer (**je**) _____

17. commencer (**ils**) _____

18. nager (**on**) _____

19. mélanger (**il**) _____

20. menacer (**nous**) _____

Lidando com verbos de radicais irregulares no presente do indicativo

Todos os verbos irregulares no presente do indicativo são regulares no **imparfait**, já que seguem a mesma fórmula apresentada anteriormente na seção "As terminações do pretérito imperfeito": obtenha a conjugação de **nous** no presente do indicativo, seja ele irregular ou não, e tire o sufixo **-ons**, substituindo-o por uma das seguintes terminações, de acordo com o sujeito: **-ais**, **-ais**, **-ait**, **-ions**, **-iez** ou **-aient**. Já que a irregularidade acontece no presente do indicativo, a Tabela 16-1 apresenta a conjugação de alguns verbos irregulares bem comuns no presente do indicativo de **nous**.

Tabela 16-1	Verbos Irregulares no Presente do Indicativo e seus Radicais no Pretérito Imperfeito		
Infinitivo	*Português*	*Conjugação de Nous no Presente do Indicativo*	*Radical para o Pretérito Imperfeito*
aller	*ir*	**nous allons**	**all-**
avoir	*ter*	**nous avons**	**av-**
devoir	*dever*	**nous devons**	**dev-**
dire	*dizer*	**nous disons**	**dis-**
dormir	*dormir*	**nous dormons**	**dorm-**
faire	*fazer*	**nous faisons**	**fais-**
lire	*ler*	**nous lisons**	**lis-**
mettre	*colocar*	**nous mettons**	**mett-**
pouvoir	*poder*	**nous pouvons**	**pouv-**
prendre	*pegar*	**nous prenons**	**pren-**
venir	*vir*	**nous venons**	**ven-**
vouloir	*querer*	**nous voulons**	**voul-**

Agora, veja alguns verbos irregulares no pretérito imperfeito na prática:

Elle devait aider sa mère. (*Ela devia ajudar sua mãe.*)

Nous prenions le bus pour aller à l'école. (*Nós pegávamos o ônibus para ir à escola.*)

Ils faisaient toujours leurs devoirs ensemble. (*Eles sempre faziam os deveres de casa juntos.*)

O pretérito imperfeito de être

Être é o único verbo conjugado irregularmente no **imparfait**. Ele é irregular, porque não segue nenhum dos padrões aplicáveis aos outros verbos, conforme descrito nas seções anteriores. Suas terminações são as mesmas

(**-ais**, **-ais**, **-ait**, **-ions**, **-iez** e **-aient**); o que muda é o radical. O que quero dizer é o seguinte: qual é a conjugação de **être** no presente do indicativo de **nous**? (Vou esperar enquanto você vê isso no Capítulo 6.) Sim, **nous sommes** (*nós somos*). Agora, veja a tabela a seguir, que contém a conjugação de **être** no **imparfait**! Bem diferente de **nous sommes**, não?

être (*ser*)	
j'**étais**	nous **étions**
tu **étais**	vous **étiez**
il/elle/on **était**	ils/elles **étaient**

O Uso do Pretérito Imperfeito nas Situações do Dia a Dia

O **imparfait** pode ser traduzido em português por diferentes formas verbais do passado, embora a mais comum delas seja o pretérito imperfeito. Por exemplo, **je dansais** pode ser traduzido como *eu dancei, eu dançava* ou *eu estava dançando*. O que vai indicar qual delas usar é o contexto e algumas expressões de tempo que serão apresentadas em detalhes nas seções a seguir.

Hábitos passados

O pretérito imperfeito é usado para falar sobre alguma coisa *habitual*, ou seja, sobre alguma coisa que era feita regularmente no passado. Para dizer *Eu visitava a minha avó aos domingos quando era pequeno*, em francês, diga **Je rendais visite à ma grand-mère le dimanche, quand j'étais petit.**

Percebeu que as expressões de tempo *aos domingos* (**le dimanche**) e *quando era pequeno* (**quand j'étais petit**) ajudaram a destacar o aspecto habitual da frase? Muitas expressões parecidas com essas são usadas em francês; veja algumas delas:

- **tous les jours/les ans/les mois** (*todo dia/ano/mês*)
- **chaque jour/mois/année** (*todo dia/mês/ano*)
- **le lundi/mardi/. . .** (*toda segunda-feira/terça-feira/. . .*)
- **tout le temps** (*o tempo todo*)
- **jamais** (*nunca*)
- **d'habitude** (*geralmente*)
- **rarement** (*raramente*)

> ✔ **comme** (no início de uma frase) (*como*)
>
> ✔ **pendant que** (*enquanto*)
>
> ✔ **autrefois** (*antigamente*)
>
> ✔ **quand** + [**imparfait**] (*quando*)

Veja algumas dessas expressões de tempo na prática:

> **Chaque année, elle allait en vacances à la mer.** (*Ela ia de férias à praia todo ano.*)
>
> **Quand nous étions petits, nous jouions souvent au foot.** (*Nós jogávamos futebol com frequência quando éramos pequenos.*)

Conjugue os verbos a seguir no pretérito imperfeito.

P. Il _____ toujours tard. (**partir**)

R. partait

21. Tu _____ leurs parents. (**connaître**)

22. Elle _____ un beau jardin. (**avoir**)

23. Vous _____ dans notre quartier. (**habiter**)

24. J' _____ beaucoup. (**étudier**)

25. Ils _____ tout. (**partager**)

Contando uma história

Sempre se prepara o cenário antes de contar ou de se lembrar de uma história. Essa preparação pode envolver a descrição

> ✔ Do clima
>
> ✔ Do dia e hora
>
> ✔ Do cenário
>
> ✔ Dos sentimentos e estado mental
>
> ✔ Da aparência das pessoas e coisas
>
> ✔ Das coisas que estavam acontecendo

O francês usa o **imparfait** para preparar o cenário. Veja um exemplo:

> **Le jour de leur mariage, il fasait beau, les invités étaient contents, et la mariée était très belle.** (*No dia do casamento deles, o tempo estava bom, os convidados estavam felizes e a noiva estava muito linda.*)

Várias coisas foram descritas nesse exemplo:

✔ **il faisait beau** (*o tempo estava bom*)

✔ **étaient contents** (*estavam felizes*)

✔ **était très belle** (*estava muito linda*)

Veja outro exemplo:

> **Samedi dernier, il pleuvait. Il y avait beaucoup de circulation et il était 8h 30 quand je suis enfin arrivé à la maison. J'étais très fatigué!** (*Estava chovendo no sábado passado. O trânsito estava pesado e eram 8h30 quando finalmente cheguei em casa. Eu estava muito cansado!*)

Várias coisas foram descritas nesse exemplo:

✔ **il pleuvait** (*estava chovendo*)

✔ **il y avait beaucoup de circulation** (*o trânsito estava pesado*)

✔ **il était 8h30** (*eram 8h30*)

✔ **j'étais très fatigué** (*eu estava muito cansado*)

Decida se os verbos sublinhados nestas frases deveriam estar no **imparfait,** se o texto estivesse em francês. Escreva "sim" ou "não".

P. Eu *levantei* cedo esta manhã.

R. *não*

26. *Estava* frio quando eu fui embora ontem à noite. _____

27. Você *tomava* o ônibus para ir à escola quando era pequeno? _____

28. O que você *fez* ontem à noite? _____

29. O que ela *estava fazendo* quando você chegou? _____

30. Todos choraram quando a noiva *disse* "sim". _____

Ações em curso no passado

Às vezes, é preciso falar sobre várias coisas que estavam acontecendo ao mesmo tempo. Nesse caso, o francês usa o **imparfait** para todos os verbos. Quando duas ações estão acontecendo ao mesmo tempo, elas podem ser ligadas por **et** (*e*) e por **pendant que** (*enquanto*). Veja alguns exemplos:

> **Maman lisait pendant que papa regardait la télé.** (*Mamãe estava lendo enquanto papai assistia à TV.*)

> **Il pleuvait et la rivière grossissait dangereusement.** (*Estava chovendo e o rio subia perigosamente.*)

Em outros casos, a ação em curso é interrompida de repente. Imagine alguém que está dormindo, mas que, subitamente, escuta um barulho alto na cozinha. Nesse caso, o francês usa o **imparfait** junto com o **passé composé** (*pretérito perfeito*; veja o Capítulo 15 para mais detalhes). Um verbo no **imparfait** indica que alguma coisa estava acontecendo (a ação em curso) e uma ação no **passé composé** a interrompe. Veja frases desse tipo em francês:

> **Je dormais quand j'ai entendu un grand bruit à la cuisine.** (*Eu estava dormindo quando escutei um barulho alto na cozinha.*)

> **Ils faisaient un pique-nique, quand la pluie a commencé.** (*Eles estavam fazendo um piquenique quando a chuva começou.*)

Como os exemplos demonstraram, a parte da frase no **passé composé** (que interrompe o que estava acontecendo), em geral, vem por último na frase, depois da palavra **quand** (*quando*).

Indique se o tempo de cada verbo sublinhado na frase em português deveria estar no **passé composé** ou no **imparfait**. Escreva **passé composé** ou **imparfait** (separados por uma barra se houver mais de um verbo) nos espaços em branco.

P. Eu *fui* até a sua casa, mas você não *estava* lá.

R. passé composé/imparfait

31. No ano passado, eu *lia* o jornal toda manhã. _____

32. Nós *saímos* ontem. _____

33. Quando eu *tinha* 10 anos, ele *quebrou* a bicicleta dele. _____

34. Ele *gostava* de cerejas, mas um dia *ficou* muito doente. _____

35. Aonde vocês *foram* quando viajaram da última vez? _____

Situações hipotéticas

Conhece a música "Se eu fosse um homem rico"? O violinista no telhado está usando o português apropriado (*se eu fosse*) para falar de uma fantasia, uma situação hipotética. Em francês, essa situação hipotética é expressa no pretérito imperfeito e complementada por um verbo no **conditionnel présent** (*futuro do pretérito*), para dizer o que ele, de fato, *faria*. Por exemplo, ele poderia cantar:

> **Si j'étais riche, je contruirais un château.** (*Se eu fosse rico, construiria um castelo.*)
>
> **Si elle faisait du sport, elle serait plus en forme.** (*Se ela se exercitasse, estaria em melhor forma.*)
>
> **S'ils habitaient en France, ils parleraient français tous les jours.** (*Se eles vivessem na França, falariam francês todos os dias.*)

Como pode ver, o francês descreve uma situação hipotética de forma diferente do português, usando **si** (*se*) + **imparfait** para falar de um sonho, e o **conditionnel présent** (*futuro do pretérito*), como **construirais** (*construiria*), **serait** (*estaria*) e **parleraient** (*falariam*) para informar o resultado. Leia mais sobre o **conditionnel** no Capítulo 18.

Oferecendo sugestões

Em um contexto informal, **si** (*se*) + **imparfait** pode ser usado para fazer um convite ou sugerir uma atividade, assim: **Si on allait au cinéma?** (*Que acha de irmos ao cinema?*) Veja mais alguns exemplos:

> **Si tu faisais tes devoirs au lieu de regarder la télé?** (*Que tal fazer o seu dever de casa em vez de assistir à TV?*)
>
> **Si on sortait ce soir?** (*Que tal sairmos esta noite?*)

Combine cada uma das frases no **imparfait** a seguir com uma das categorias que a descreve melhor.

Ação em curso no passado   Sugestão   Hábito passado

Contando uma história   Hipótese

P. **La baby-sitter regardait la télé pendant que les enfants dormaient.**

R. Ação em curso no passado

36. **Quand nous étions petits, nous prenions le bus scolaire.**

37. **Autrefois, il faisait un voyage chaque année.**

38. Elle travaillait quand le bébé a commencé à pleurer.

39. Il était minuit et il pleuvait.

40. Si tu achetais une moto, Maman serait inquiète.

41. Si on sortait ce soir?

42. Quand les enfants étaient au lycée, ils rentraient à la maison tous le soirs.

43. Je dînais quand le téléphone a sonné.

44. Avec le soleil, tout le monde était heureux.

45. Papa lisait pendant que nous faisions nos devoirs.

Respostas

1	regardais	**17**	commençaient	**33**	imparfait/passé composé
2	grandissait	**18**	nageait	**34**	imparfait/passé composé
3	s'amusait	**19**	mélangeait	**35**	passé composé
4	attendions	**20**	menacions	**36**	Hábito passado
5	réfléchissaient	**21**	connaissais	**37**	Hábito passado
6	étudiions	**22**	avait	**38**	Ação em curso no passado
7	agissiez	**23**	habitiez	**39**	Contando uma história
8	aimaient	**24**	étudiais	**40**	Hipótese
9	entendait	**25**	partageaient	**41**	Sugestão
10	réussissais	**26**	sim	**42**	Hábito passado
11	mangeais	**27**	sim	**43**	Ação em curso no passado
12	voyageais	**28**	não	**44**	Contando uma história
13	annonciez	**29**	sim	**45**	Ação em curso no passado
14	avançait	**30**	não		
15	obligiez	**31**	imparfait		
16	plaçais	**32**	passé composé		

Capítulo 17

Um Passo à Frente com o Futuro

A o fazer planos, como imaginar o que fazer quando sua família vier para o feriado ou como a sua vida será diferente quando adotar aquele cachorrinho, usa-se o futuro do presente (**le futur simple**) em francês. A formação do **futur simple** é bem simples. Assim, creio que não vai demorar muito para que você use o futuro ao falar. Este capítulo vai explicar como fazer conjugações regulares e irregulares no futuro, quais outras maneiras existem para falar dele e como identificar outros usos para ele.

O Futur Simple dos Verbos Regulares

O futuro do presente em francês é simples, assim como em português. Usa-se uma forma verbal de uma única palavra e a conjugação só afeta as terminações verbais. É preciso conhecer a conjugação, mas ela é bem simples, já que, em francês, o futuro vem do infinitivo completo (veja o Capítulo 6 para saber mais sobre o infinitivo). As seções a seguir vão ajudá-lo a conjugar no **futur simple** verbos em **-er**, **-ir** e **-re** regulares.

O futur simple dos verbos em -er e -ir

Siga estes passos para conjugar todos os verbos em **-er** e **-ir** regulares no **futur simple**:

1. **Comece com o infinitivo completo, sem tirar nenhuma parte.**

2. **Acrescente uma das seguintes terminações, dependendo do sujeito usado: -ai, -as, -a, -ons, -ez ou -ont.**

   Certifique-se de escolher a terminação que concorde com o sujeito usado: para **je**, escolha o sufixo **-ai**; para **tu**, escolha o **-as**, e assim por diante (veja o Capítulo 6 para saber mais sobre sujeitos e terminações verbais).

Como pode ver, essas terminações se parecem muito com o presente do verbo **avoir**! Tenha isso em mente, caso esqueça das terminações do **futur simple** (veja o Capítulo 6 para saber mais sobre esse verbo).

Quer ver esses verbos na prática? Veja a conjugação completa no **futur simple** do verbo **parler** (*falar*), um verbo em **-er** regular.

parler (*falar*)	
je **parlerai**	nous **parlerons**
tu **parleras**	vous **parlerez**
il/elle/on **parlera**	ils/elles **parleront**

Fique alerta! O som de **é** (*ē*) do infinitivo de um verbo **-er**, como **jouer** (*brincar*), muda de **é** (*ē*) para um **e** mais fechado, ou até mesmo mudo, ao se acrescentar um novo sufixo a ele. O sufixo **-er** de **étudier** (*estudar*), por exemplo, tem o som de **é** (*ē*). Porém, em **il étudiera** (*ele estudará*), tem o som de ê-tiu-di-rá — o som de **é** no **-er** desapareceu! (Veja o Capítulo 2 para saber o básico sobre a pronúncia das palavras em francês.)

Veja a seguir a conjugação completa de **finir** (*terminar*), um verbo em **-ir** regular.

finir (*terminar*)	
je **finirai**	nous **finirons**
tu **finiras**	vous **finirez**
il/elle/on **finira**	ils/elles **finiront**

Os verbos em **-er** e **-ir** de cada uma das frases a seguir estão no infinitivo, entre parênteses. Conjugue esses verbos no **futur simple**. Certifique-se de que as terminações concordem com os sujeitos. Veja o exemplo:

P. Je _____ chez toi ce soir. (passer)

R. passerai

1. Ils _____ la porte à clé. (fermer)

2. Je _____ pour prendre des nouvelles. (téléphoner)

3. Vous _____ avant la fin du film. (partir)

4. Tu _____ en France un jour. (habiter)

5. Il _____ de voiture l'année prochaine. (changer)

6. Ils _____ en automne. (se marier)

7. On _____ pour l'examen. (étudier)

8. Elle _____ le chien. (nourrir)

9. Nous _____ vite. (réagir)

10. Elles _____ la bonne réponse. (choisir)

O futur simple dos verbos em -re

Siga estes passos para conjugar os verbos em **-re** regulares no futuro do presente:

1. **Comece com o infinitivo e tire o -e final.**

2. **Acrescente uma das seguintes terminações, dependendo do sujeito usado: -ai, -as, -a, -ons, -ez ou -ont.**

   Certifique-se de escolher a terminação que concorde com o sujeito usado: para **je**, escolha **-ai**; para **tu**, escolha **-as**, e assim por diante.

Quer um exemplo? Veja a conjugação completa de **vendre** (*vender*), um verbo em **-re** regular.

vendre (*vender*)	
je **vendrai**	nous **vendrons**
tu **vendras**	vous **vendrez**
il/elle/on **vendra**	ils/elles **vendront**

O verbo em **-re** de cada uma das frases a seguir está no infinitivo, entre parênteses. Conjugue-o no **futur simple**. Certifique-se de que a terminação concorde com o sujeito. Veja o exemplo:

P. Je _____ dans un bon hôtel. (descendre)

R. descendrai

11. Nous _____ le train pour voyager. (prendre)

12. Tu _____ la vérité. (dire)

13. Je _____ un chapeau. (mettre)

14. Nous _____ le journal. (lire)

15. Ils _____ patiemment. (attendre)

O Futur Simple dos Verbos Irregulares

É muito simples conjugar os verbos regulares, analisados nas seções anteriores deste capítulo, no **futur simple**. No entanto, alguns verbos se recusam a seguir a maioria e se comportam de outra forma. Eles são os temíveis verbos irregulares. O que "irregular" significa no futuro? Que ainda se utilizam as terminações **-ai**, **-as**, **-a**, **-ons**, **-ez** e **-ont** (abordadas nas seções anteriores deste capítulo), mas elas não são acrescentadas ao infinitivo completo. Esse radical simples do **futur simple** deve ser agora substituído por um conjunto de radicais irregulares. As seções a seguir vão explicar essas mudanças.

O futur simple dos verbos em -yer e -ayer

Verbos no infinitivo que têm sufixo **-yer**, como **employer** (*empregar*), **nettoyer** (*limpar*) e **s'ennuyer** (*estar entediado*), apresentam uma pequena irregularidade no **futur simple**. Siga cuidadosamente estes passos para conjugá-los no **futur simple**:

1. Comece com o infinitivo e altere o seu y para i.

2. Acrescente as terminações costumeiras a ele, escolhendo aquelas que concordem com o sujeito: -ai, -as, -a, -ons, -ez ou -ont.

Veja a conjugação completa de **employer** e note a mudança do **y** para **i**.

employer (*empregar*)	
je **emploierai**	nous **emploierons**
tu **emploieras**	vous **emploierez**
il/elle/on **emploiera**	ils/elles **emploieront**

Como explicado no Capítulo 6, verbos que terminam em **-ayer**, como **payer** (*pagar*) e **essayer** (*tentar*), podem ou não trocar o **y** por **i**. Em outras palavras, pode-se usar **payeras** ou **paieras**, por exemplo (para a conjugação de **tu**). Ambas as formas estão corretas e são aceitas. Sugiro que você escolha um padrão (talvez o de não trocar o **y**) e que use só esse. Caso deseje alternar entre as formas (usando o **i**), simplesmente siga os passos indicados.

Veja a conjugação completa de **essayer**, com as duas versões:

essayer (*tentar*)	
j'essaierai/essayerai	nous **essaierons/essayerons**
tu **essaieras/essayeras**	vous **essaierez/essayerez**
il/elle/on **essaiera/essayera**	ils/elles **essaieront/essayeront**

O verbo irregular de cada uma das frases a seguir está no infinitivo, entre parênteses. Conjugue-o corretamente no **futur simple**. Certifique-se de que o sufixo concorde com o sujeito. Se o verbo tiver uma forma alternativa, escreva-a também. Veja o exemplo:

P. Il _____ plus tard. (**essayer**)

R. essayera/essaiera

16. La prochaine fois, il _____ une amende. (**payer**)

17. Tu ne _____ pas. (**s'ennuyer**)

18. Ils _____ des gens honnêtes. (**employer**)

19. Vous _____ votre chambre. (**nettoyer**)

20. Elle _____ une nouvelle robe. (**essayer**)

Appeler e jeter no futur simple

No caso de **appeler** (*chamar*) e **jeter** (*jogar*), dobre a consoante que vem antes do sufixo do infinitivo e acrescente as terminações do futuro. Isso não é muito difícil. Veja como fazer essas conjugações irregulares:

1. Tire o sufixo -er do infinitivo.

Appeler vira **appel-** e **jeter** vira **jet-**.

2. **Dobre a última consoante (l para appeler e t para jeter) e coloque o sufixo -er de volta.**

   O resultado é **appel + l + er** e **jet + t + er**.

3. **Acrescente a terminação do futuro que concorde com o sujeito: -ai, -as, -a, -ons, -ez ou -ont.**

Veja a conjugação completa para **appeler**:

appeler (*chamar*)	
j'**appellerai**	nous **appellerons**
tu **appelleras**	vous **appellerez**
il/elle/on **appellera**	ils/elles **appelleront**

Os exemplos a seguir ajudarão a ver na prática as conjugações de **appeler** no **futur simple**:

J'appellerai mes parents dimanche. (*Eu ligarei para os meus pais no domingo.*)

Ils appelleront leur chien Brutus. (*Eles chamarão o cão deles de Brutus.*)

Veja a conjugação completa no **futur simple** de **jeter**.

jeter (*jogar*)	
je **jetterai**	nous **jetterons**
tu **jetteras**	vous **jetterez**
il/elle/on **jettera**	ils/elles **jetteront**

Veja alguns exemplos do uso de **jeter** no **futur simple**:

Vous ne jetterez pas vos papiers par terre. (*Vocês não jogarão os papéis no chão.*)

Elle jettera ces vieux livres. (*Ela jogará fora esses livros velhos.*)

O que fazer com verbos que terminam com e/é + consoante + -er

À parte os verbos irregulares apresentados nestas duas últimas seções, todos os outros verbos irregulares que têm **e/é** + consoante antes do sufixo **-er** do infinitivo seguem suas próprias regras no **futur simple**: o **e/é** vira **è** em todas as pessoas no futuro. Alguns verbos comuns desse tipo incluem: **acheter** (*comprar*), **amener** (*trazer*), **préférer** (*preferir*) e **se lever** (*levantar-se*). Veja o que fazer com esse tipo de verbo:

1. **Comece com o infinitivo e tire o -er.**

   Por exemplo, **amener** vira **amen-**.

2. **Troque o e/é + consoante por è + consoante.**

   Nesse caso, **amen-** vira **amèn-**.

3. **Ponha o -er de volta.**

   Amèn- agora vira **amèner-**.

4. **Acrescente a terminação do futuro que concorde com o sujeito: -ai, -as, -a, -ons, -ez ou -ont.**

   Se quiser usar a primeira pessoa do singular (**je**), use **amèner +
   ai = amènerai**.

Como exemplo, veja a conjugação completa de **acheter**.

acheter (*comprar*)	
j'**achèterai**	nous **achèterons**
tu **achèteras**	vous **achèterez**
il/elle/on **achètera**	ils/elles **achèteront**

Nota: Esses verbos costumavam manter o **é** no futuro, mas não o fazem mais
desde a reforma ortográfica de 1990. Muitos livros ainda apresentam o modo
antigo. Assim, não se surpreenda se encontrar as duas versões.

Conjugue o verbo irregular entre parênteses no **futur simple**, certificando-se
de que ele concorde com o sujeito de cada frase. Veja o exemplo:

P. Vous _____ le pain. (acheter)

R. achèterez

21. Elle _____ tard dimanche. (**se lever**)

22. Vous _____ votre chien au pique-nique. (**amener**)

23. Il _____ un cadeau pour toi. (acheter)

24. Tu _____ le chien. (**promener**)

25. Nous _____ partir avant vous. (**préférer**)

26. Je _____ les enfants pour l'école. (**lever**)

27. Ils _____ ensemble. (répéter)

28. Tu _____ ton manteau dans la maison. (enlever)

29. Cet hiver le lac _____. (geler)

30. Elles _____ sûrement une solution. (suggérer)

Verbos com radical completamente irregular no futuro

Alguns verbos são tão diferentes que é preciso memorizá-los. A Tabela 17-1 lista os verbos mais comuns que têm radical completamente diferente no **futur simple**.

Tabela 17-1	Radicais Irregulares no Futuro	
Infinitivo	*Tradução*	*Radical no Futur Simple*
aller	*ir*	**ir-**
avoir	*ter*	**aur-**
devoir	*dever*	**devr-**
envoyer	*enviar*	**enverr-**
être	*ser/estar*	**ser-**
faire	*fazer*	**fer-**
pleuvoir	*chover*	**pleuvr-**
pouvoir	*poder*	**pourr-**
recevoir	*receber*	**recevr-**
savoir	*saber*	**saur-**
tenir	*segurar*	**tiendr-**
venir	*vir*	**viendr-**
voir	*ver*	**verr-**
vouloir	*querer*	**voudr-**

Siga os passos a seguir para conjugar esses verbos irregulares no **futur simple**:

1. **Comece com o radical dado na Tabela 17-1.**

   Por exemplo, para **voir** (*ver*), use **verr-**.

2. **Acrescente as terminações costumeiras ao radical, escolhendo aquela que concorde com o sujeito: -ai, -as, -a, -ons, -ez ou -ont.**

Por exemplo, se quiser usar a primeira pessoa do singular de **verr-**, acrescente **-ai** para obter **je verrai**.

Veja mais alguns exemplos na prática:

J'aurai bientôt une nouvelle voiture. (*Eu terei um novo carro em breve.*)

Cet été, tu enverras des cartes postales à tes amis. (*Neste verão, você enviará cartões-postais aos seus amigos.*)

Cada frase abaixo tem um verbo irregular no infinitivo. Conjugue-o no **futur simple**, certificando-se de que ele concorde com o sujeito. Veja o exemplo:

P. Je _____ partir. (pouvoir)

R. pourrai

31. Nous _____ la cuisine. (faire)

32. Mon fils _____ dans une bonne école. (aller)

33. Ils ne _____ jamais la vérité. (savoir)

34. Dans 10 ans tu _____ marié. (être)

35. Vous _____ des cartes postales pendant le voyage. (envoyer)

36. Elle _____ des choses intéressantes. (voir)

37. Elles _____ assez de temps pour finir leur travail. (avoir)

38. Je _____ avec toi. (venir)

39. Demain, il _____. (pleuvoir)

40. Je _____ partir. (pouvoir)

Outras Maneiras de Falar sobre o Futuro

Em francês, como em português, o **futur simple** não é a única maneira de falar sobre as coisas que estão por vir. As seções a seguir explicarão quais são essas maneiras, como escrevê-las e quando usá-las no lugar do futuro simples.

Acrescentando expressões de tempo

Visto que o **futur simple** é um tanto vago em indicar quanto à frente as coisas estão, algumas expressões de tempo são, geralmente, usadas com ele. Elas podem ser usadas para precisar um momento no futuro. A Tabela 17-2 lista algumas dessas expressões de tempo mais comuns.

Tabela 17-2	Expressões de Tempo Comuns
Expressões de Tempo Usadas com o Futur Simple	*Tradução em Português*
après	*depois*
puis	*então/depois*
ensuite	*então/depois*
plus tard	*mais tarde*
tout à l'heure	*daqui a pouco*
bientôt	*em breve*
dans + [quantidade de tempo]	*em +* [quantidade de tempo]
cet après-midi	*esta tarde*
ce soir	*esta noite*
demain	*amanhã*
demain matin	*amanhã de manhã*
demain après-midi	*amanhã à tarde*
demain soir	*amanhã à noite*
après-demain	*depois de amanhã*
[dia da semana] **+ prochain**	*no próximo* [dia da semana]
la semaine prochaine	*na próxima semana*
le mois prochain	*no próximo mês*
le weekend prochain	*no próximo fim de semana*
l'année prochaine	*no próximo ano*
la prochaine fois (que)	*na próxima vez (que)*
l'été prochain	*no próximo verão*
le printemps prochain	*na próxima primavera*
l'automne prochain	*no próximo outono*
l'hiver prochain	*no próximo inverno*
un jour	*um dia*

Algumas expressões da Tabela 17-2 também são usadas no presente e no pretérito. Nesse caso, o tempo verbal muda o sentido da expressão. Por exemplo, **ce weekend,** no **futur simple,** indica *neste fim de semana,* mas, no pretérito, indicaria *no último fim de semana.*

Veja algumas expressões de tempo na prática com o **futur simple**:

Il fera la vaisselle plus tard, ensuite il regardera la télé. (*Ele lavará a louça mais tarde e depois assistirá à TV.*)

Le weekend prochain nous irons au zoo. (*No próximo fim de semana, iremos ao zoológico.*)

Un jour, on inventera les voyages dans le temps. (*Um dia, alguém inventará a viagem no tempo.*)

Quando usar um verbo conjugado depois de **la prochaine fois** (*na próxima vez*), para indicar quando será a próxima vez que certa ação será realizada, coloque **que** entre os dois. Para dizer somente *na próxima vez*, não coloque **que**. Veja a diferença nos exemplos a seguir:

La prochaine fois que tu iras en vacances, prends des photos. (*Tire fotos na próxima vez que sair de férias.*)

La prochaine fois, je n'oublierai pas mon appareil photo! (*Não vou esquecer minha câmera na próxima vez.*)

Coloque as frases a seguir no futuro, conjugando os verbos no **futur simple** e mudando a expressão de tempo do presente para uma do futuro. Este exercício contém verbos regulares e irregulares. Cada frase deve ter uma expressão de tempo diferente (por exemplo, **maintenant** [*agora*] corresponde a várias opções no futuro). Consulte um dicionário francês-português se precisar de ajuda com o vocabulário. Veja o exemplo:

P. Tu es ici aujourd'hui.

R. Tu seras ici demain.

41. Je vais en vacances maintenant.

_____

42. Ils parlent avec leurs amis ce soir.

_____

43. Tu joues au foot lundi.

_____

44. Scarlett pense à son problème aujourd'hui.

_____

45. Il pleut cet après-midi.

_____

46. Nous sommes en vacances cette semaine.

_____

47. Vous nettoyez votre bureau maintenant.

_____

48. Elles s'ennuient ce mois-ci.

_____

49. On voit nos amis samedi.

_____

50. Tu as ton diplôme cette année.

_____

O uso de aller com um infinitivo quando o futuro é certo

Usa-se uma forma especial do futuro, quando o assunto for algo que vai acontecer em um futuro próximo: o **futur proche** (_futuro imediato_).
Por exemplo, quando o céu está muito, muito escuro e cheio de nuvens assustadoras, torna-se claro que vai chover em breve. Nesse caso, diz-se **Il va pleuvoir** (_Vai chover_). É muito fácil conjugar no **futur proche**: conjugue **aller** (_ir_) no presente do indicativo, com o sujeito apropriado, e acrescente o verbo desejado no infinitivo, como indicado aqui:

Sujeito + **aller** conjugado no presente do indicativo + verbo no infinitivo

Je + vais + dormir. (_Eu vou dormir._)

Nous + allons + danser. (_Nós vamos dançar._)

Para facilitar, veja a seguir a conjugação de **aller** no presente do indicativo.

aller (_ir_)	
je **vais**	nous **allons**
tu **vas**	vous **allez**
il/elle/on **va**	ils/elles **vont**

Compare a diferença do uso entre o **futur simple** e o **futur proche** nas duas frases a seguir. Seus amigos acabaram de se casar e você acha que, provavelmente, algum dia eles vão ter filhos.

> **Ils auront un bébé un jour.** (*Eles terão filhos algum dia.*)

Nove meses depois, você os encontra. A mulher está obviamente grávida. Assim, é possível dizer:

> **Ils vont avoir un bébé.** (*Eles vão ter um filho.*)

Nota: No registro oral, o **futur proche** é mais usado do que o **futur simple**, independentemente de se tratar de um futuro imediato ou distante (**je vais me marier un jour**).

Siga os passos a seguir para negar um verbo no **futur proche**:

1. **Isole o verbo auxiliar aller.**

   Conjugue esse verbo. Por exemplo, **va** é a conjugação na terceira pessoa do singular de **aller**.

2. **Coloque o ne e o pas (ou qualquer outra palavra negativa) em volta dele.**

   Com o exemplo anterior, o resultado é **ne va pas**.

3. **Coloque o infinitivo depois de pas.**

   Esta é a sua frase completa: **Elle ne va pas dormir.** (*Ela não vai dormir.*)

As palavras negativas **personne** (*ninguém*), **nulle part** (*lugar nenhum*), **ni** (*nem*) e **aucun** (*nenhum*) + substantivo não seguem essa regra; elas vão depois do infinitivo, não antes. Veja a fórmula a seguir:

> Sujeito + **ne** + **aller** conjugado + infinitivo + **personne/nulle part/ni/ aucun** + substantivo

Veja-os na prática:

> **Je ne vais écrire à personne.** (*Eu não vou escrever para ninguém.*)
>
> **Ils ne vont partir nulle part pour Noël.** (*Eles não vão a lugar nenhum no Natal.*)
>
> **Elle ne va voir ni sa soeur, ni sa mère.** (*Ela não vai ver nem sua irmã nem sua mãe.*)
>
> **Nous n'allons prendre aucun médicament.** (*Nós não vamos tomar nenhum remédio.*)

O uso do presente do indicativo em casos especiais

Às vezes, com o contexto apropriado, é possível usar o presente para indicar uma ideia que está no futuro (vá ao Capítulo 6 para saber mais sobre o presente do indicativo). Se for falar sobre alguma coisa que está obviamente no futuro, como um compromisso, ou se usar uma expressão de tempo que indica o futuro, como **ce soir** (*esta noite*) ou **demain** (*amanhã*), é possível usar o **présent** em vez do **futur simple** ou do **futur proche**. Esse é um jeito bem francês de falar.

Veja alguns exemplos na prática:

> — **Quand as-tu rendez-vous chez le dentiste?** (*Quando é a sua consulta no dentista?*)
>
> — **J'y vais demain.** (*Eu vou lá amanhã.*)
>
> — **Qu'est-ce que tu fais ce soir?** (*O que você vai fazer esta noite?*)
>
> — **Je garde ma petite soeur.** (*Vou cuidar da minha irmãzinha.*)

Outros Usos para o Futuro

É muito comum as pessoas usarem **le futur** em francês para falar sobre algo além do futuro. Por exemplo, é possível descrever uma relação de causa e efeito usando o **futur simple**, bem como dizer a alguém o que fará *quando* terminar o seu trabalho mais cedo. Além disso, os verbos **espérer** (*esperar*) e **prédire** (*predizer*) são, em geral, usados com o **futur simple**. As seções a seguir vão explicar isso em mais detalhes.

Descrevendo relações de causa e efeito

"Se terminar o seu trabalho mais cedo, você vai para casa mais cedo." Esse tipo de frase usando "se" indica uma relação lógica entre as duas partes dela, cada uma tendo a mesma importância do que a outra (diferentemente de declarações hipotéticas, como "Se tivesse terminado mais cedo, você teria ido para casa mais cedo."). Em uma frase de causa e efeito, o efeito, ou a metade que apresenta o resultado, é expresso com um verbo no futuro, enquanto a metade que expressa a causa usa **si** (*se*) + verbo no presente. Cada uma dessas metades é chamada de *oração*. Elas podem ser invertidas na frase, mas os tempos de cada uma não devem ser alterados. Em outras palavras, o verbo no futuro nunca deverá estar na mesma oração que contém o **si**.

Siga esta fórmula para se certificar de que esses tempos ficarão separados:

Oração 1 [**si** + presente do indicativo (causa)] + Oração 2 [futuro do presente (efeito)]

Ou

Oração 1 [futuro do presente (efeito)] + Oração 2 [**si** + presente do indicativo (causa)]

Veja alguns exemplos dessa fórmula na prática:

Si tu viens à Paris, tu resteras chez nous. (*Se vier a Paris, você ficará na nossa casa.*)

Tu auras plus de temps pour jouer ce soir si tu finis ton travail maintenant. (*Você terá mais tempo para brincar de noite, se terminar o seu trabalho agora.*)

Lembre-se desta diferença entre o português e o francês: em português, usa-se o futuro do subjuntivo depois de *se*, mas, em francês, usa-se o presente do indicativo depois de **si**, assim:

Francês: [**Si** + verbo no presente do indicativo], [outro verbo no futuro do presente]

Português: [*Se* + verbo no futuro do subjuntivo], [outro verbo no futuro do presente]

Mas ambas as orações podem ser invertidas, assim:

Francês: [Outro verbo no futuro do presente] + [**si** + verbo no presente do indicativo]

Português: [Outro verbo no futuro do presente] + [*se* + verbo no futuro do subjuntivo]

Expressando o que fará quando algo acontecer

É preciso usar o futuro nas duas orações — ou seja, nas duas partes da frase — caso elas estejam separadas por **quand** (*quando*) ou por alguma outra expressão parecida. Por exemplo:

Qu'est-ce que tu feras quand il fera très chaud cet été? (*O que você fará quando estiver bem quente no verão?*)

Quand je serai grand, je serai pilote de Formule 1. (*Quando eu crescer, serei piloto de Fórmula 1.*)

Lembre-se desta diferença entre o português e o francês: em português, usa-se o futuro do subjuntivo depois de *quando*, mas, em francês, usa-se o futuro do presente do indicativo (**futur simple**) depois de **quand**, assim:

Francês: [**Quand** + verbo no **futur simple**], [outro verbo no **futur simple**]

Português: [*Quando* + verbo no futuro do subjuntivo], [outro verbo no futuro do presente]

Mas ambas as orações podem ser invertidas, assim:

Francês: [Outro verbo no **futur simple**] + [**quand** + verbo no **futur simple**]

Português: [Outro verbo no futuro do presente] + [*quando* + verbo no futuro do subjuntivo]

Estas são algumas expressões que podem ser usadas em uma frase no lugar de **quand**:

lorsque (*quando* [mais formal])

dès que (*assim que*)

aussitôt que (*assim que* [mais formal])

Traduza as frases a seguir para o francês. Use um dicionário francês-português, se necessário. Todas as frases usam uma expressão de tempo, como **quand**. Assim, use o **futur simple** em ambas as orações. Perceba que quando o português usa o futuro do subjuntivo, o francês usa o **futur simple**. Veja o exemplo:

P. *Quando terminar de trabalhar, você vai embora.*

R. **Quand tu finiras ton travail, tu partiras.**

51. *Assim que ele chegar a Paris, vai telefonar para os pais dele.*

52. *Nós iremos a Lyon quando tivermos um carro novo.*

_____

53. *Quando você* (singular informal) *chegar ao cruzamento, vai virar à direita.*

_____

54. *Quando o tempo estiver bom no próximo verão, irei à praia.*

_____

55. *Vocês ganharão um sorvete quando forem comportados.*

_____

Esperanças e predições

O **futur simple** também é usado depois de verbos como **espérer** (*esperar*) e **prédire** (*predizer*), porque eles indicam algo que ainda não aconteceu e que, portanto, está no futuro. Veja alguns exemplos:

> **Elle espère qu'il fera beau demain.** (*Ela espera que o tempo esteja bom amanhã.*)

> **La voyante prédit que nous aurons une fille.** (*A vidente predisse que teremos uma filha.*)

Respostas

1 fermeront

2 téléphonerai

3 partirez

4 habiteras

5 changera

6 se marieront

7 étudiera

8 nourrira

9 réagirons

10 choisiront

11 prendrons

12 diras

13 mettrai

14 lirons

15 attendront

16 paiera/payera

17 t'ennuieras

18 emploieront

19 nettoierez

20 essaiera/essayera

21 se lèvera

22 amènerez

23 achètera

24 promèneras

25 préfèrerons

26 lèverai

27 répèteront

28 enlèveras

29 gèlera

30 suggèreront

31 ferons

32 ira

33 sauront

34 seras

35 enverrez

36 verra

37 auront

38 viendrai

39 pleuvra

40 pourrai

41 J'irai en vacances plus tard.

42 Ils parleront avec leurs amis demain soir.

43 Tu joueras au foot lundi prochain.

44 Scarlett pensera à son problème demain.

45 Il pleuvra demain après-midi.

46 Nous serons en vacances la semaine prochaine.

47 Vous nettoierez votre bureau tout à l'heure.

48 Elles s'ennuieront le mois prochain.

49 On verra nos amis samedi prochain.

50 Tu auras ton diplôme l'année prochaine.

51 Dès qu'il arrivera à Paris, il téléphonera à ses parents.

52 Nous irons à Lyon quand nous aurons une nouvelle voiture.

53 Quand tu arriveras au carrefour, tu tourneras à droite.

54 Quand il fera beau l'été prochain, j'irai à la plage.

55 Vous aurez une glace quand vous serez sages.

Parte V
Expressando Condições, Subjetividade e Ordens

O Imperativo de Alguns Verbos em -er

Infinitivo	Imperativo de Tu	Imperativo de Nous	Imperativo de Vous
appeler (*chamar*)	**appelle** (*chama tu, chame você*)	**appelons** (*chamemos nós*)	**appelez** (*chamem vocês*)
balayer (*varrer*)	**balaie** (*varre tu, varra você*)	**balayons** (*varramos nós*)	**balayez** (*varram vocês*)
célébrer (*celebrar*)	**célèbre** (*celebra tu, celebre você*)	**célébrons** (*celebremos nós*)	**célébrez** (*celebrem vocês*)
commencer (*começar*)	**commence** (*começa tu, comece você*)	**commençons** (*comecemos nós*)	**commencez** (*comecem vocês*)
effacer (*apagar*)	**efface** (*apaga tu, apague você*)	**effaçons** (*apaguemos nós*)	**effacez** (*apaguem vocês*)
envoyer (*enviar*)	**envoie** (*envia tu, envie você*)	**envoyons** (*enviemos nós*)	**envoyez** (*enviem vocês*)
épeler (*soletrar*)	**épelle** (*soletra tu, soletre você*)	**épelons** (*soletremos nós*)	**épelez** (*soletrem vocês*)
jeter (*jogar*)	**jette** (*joga tu, jogue você*)	**jetons** (*joguemos nós*)	**jetez** (*joguem vocês*)
lancer (*lançar*)	**lance** (*lança tu, lance você*)	**lançons** (*lancemos nós*)	**lancez** (*lancem vocês*)
manger (*comer*)	**mange** (*come tu, coma você*)	**mangeons** (*comamos nós*)	**mangez** (*comam vocês*)
menacer (*ameaçar*)	**menace** (*ameaça tu, ameace você*)	**menaçons** (*ameacemos nós*)	**menacez** (*ameacem vocês*)
nager (*nadar*)	**nage** (*nada tu, nade você*)	**nageons** (*nademos nós*)	**nagez** (*nadem vocês*)
payer (*pagar*)	**paie** (*paga tu, pague você*)	**payons** (*paguemos nós*)	**payez** (*paguem vocês*)
refléter (*refletir*)	**reflète** (*reflete tu, reflita você*)	**reflétons** (*reflitamos nós*)	**reflétez** (*reflitam vocês*)
répéter (*repetir*)	**répète** (*repete tu, repita você*)	**répétons** (*repitamos nós*)	**répétez** (*repitam vocês*)
voyager (*viajar*)	**voyage** (*viaja tu, viaje você*)	**voyageons** (*viajemos nós*)	**voyagez** (*viajem vocês*)

Nesta parte...

- ✔ Fale sobre uma fantasia, um desejo ou uma situação hipotética com o **conditionnel**.

- ✔ Expresse os seus sentimentos sobre um acontecimento com o subjuntivo.

- ✔ Dê ordens com o imperativo, que é o modo verbal apropriado para isso.

- ✔ Fale de uma ação que está mais no passado do que a ação principal da frase com os tempos verbais de duas palavras chamados *tempos compostos*.

Capítulo 18

O Uso do Conditionnel Présent (Futuro do Pretérito)

Neste Capítulo

- ➤ Conjugando verbos regulares no **conditionnel**
- ➤ Entendendo as formas irregulares no **conditionnel**
- ➤ O uso apropriado do **conditionnel**

A onde você *iria* nas férias se pudesse escolher qualquer lugar? *Escolheria* a praia ou as montanhas? O futuro do pretérito, em português, permite a expressão de uma fantasia, um desejo ou uma hipótese. Em francês, o tempo correspondente ao futuro do pretérito é o **conditionnel présent**, formado a partir do infinitivo do verbo. Este capítulo vai ensinar como conjugar no **conditionnel présent** e como usá-lo apropriadamente.

A Conjugação do Conditionnel Présent dos Verbos Regulares

As seções a seguir vão ensinar como conjugar os verbos regulares no **conditionnel présent**, que é muito similar à conjugação dos verbos regulares no **futur simple** (veja o Capítulo 17). Tanto o **conditionnel** como o futuro usam o infinitivo completo como radical; a diferença está nas terminações. As terminações do **conditionnel** se parecem com as do **imparfait** (*pretérito imperfeito*). Elas são: **-ais, -ais, -ait, -ions, -iez** e **-aient** (veja o Capítulo 16 para saber mais sobre o **imparfait**). Agora, prepare-se para juntar os radicais e as terminações e conjugar os verbos em **-er**, **-ir** e **-re** regulares no **conditionnel présent**.

Todos os infinitivos (em **-er**, **-ir** e **-re**) têm **-r**. Visto que o radical para um verbo ser conjugado no **conditionnel** é o infinitivo, todas as conjugações no **conditionnel** devem ter o **-r** do infinitivo. Se não houver **-r** na palavra, não se trata de um **conditionnel**!

Verbos regulares em -er e -ir

Siga estes passos para conjugar os verbos em **-er** e **-ir** regulares no **conditionnel présent**:

1. **Comece com o infinitivo completo (não tire nada dele).**

2. **Acrescente uma das seguintes terminações, dependendo do sujeito usado: -ais, -ais, -ait, -ions, -iez ou -aient.**

   Certifique-se de escolher a terminação que concorde com o sujeito da frase: para **je**, escolha a terminação **-ais**; para **nous**, escolha **-ions**, e assim por diante.

Quer ver esses passos na prática? Veja a conjugação completa no **conditionnel présent** do verbo **parler** (*falar*), um verbo regular em **-er**:

parler (*falar*)	
je **parlerais**	nous **parlerions**
tu **parlerais**	vous **parleriez**
il/elle/on **parlerait**	ils/elles **parleraient**

Confira, a seguir, a conjugação completa no **conditionnel présent** do verbo **finir** (*terminar*), um verbo regular em **-ir**:

finir (*terminar*)	
je **finirais**	nous **finirions**
tu **finirais**	vous **finiriez**
il/elle/on **finirait**	ils/elles **finiraient**

Verbos regulares em -re

Conjugar o **conditionnel présent** de verbos regulares em **-re** é muito parecido com o que se faz com os verbos regulares em **-er** e **-ir**. A diferença é que o **-e** do **-re** some. Siga estes passos:

1. Comece com o infinitivo e tire apenas o -e.

2. Acrescente uma das seguintes terminações, dependendo do sujeito usado: -ais, -ais, -ait, -ions, -iez ou -aient.

    Certifique-se de escolher a terminação que concorde com o sujeito da frase: para **je**, escolha **-ais**; para **tu**, escolha **-ais**, e assim por diante.

Quer um exemplo? Veja a conjugação completa de **comprendre** (*compreender*), um verbo regular em **-re**:

comprendre (*compreender*)	
je **comprendrais**	nous **comprendrions**
tu **comprendrais**	vous **comprendriez**
il/elle/on **comprendrait**	ils/elles **comprendraient**

Troque o infinitivo entre parênteses pela conjugação apropriada no **conditionnel présent** em cada uma das frases a seguir. Veja o exemplo:

P. Tu _____ à l'heure. (finir)

R. finirais

1. Je _____ avec toi. (déjeuner)

2. Ils _____ visite à Mamie. (rendre)

3. Nous _____. (attendre)

4. Elles _____. (agir)

5. Ils _____ mieux. (danser)

6. Tu _____. (réussir)

7. Vous _____ des sandwiches. (préparer)

8. Il _____. (grossir)

9. On _____ des champignons. (chercher)

10. Elle _____ sa voiture. (vendre)

As Conjugações Irregulares no Conditionnel Présent

Tal como qualquer outro tempo verbal em francês, o **conditionnel** também tem a sua parcela de verbos irregulares. A coisa boa, porém, é que eles já são familiares. Isso porque os verbos irregulares no **conditionnel** são os mesmos verbos irregulares no futuro (veja o Capítulo 17), como as seções a seguir vão mostrar.

Verbos que terminam em -yer e -ayer

Todos os verbos que têm **-yer** no infinitivo, como **employer** (*empregar/ usar*) e **nettoyer** (*limpar*) apresentam uma pequena irregularidade no **conditionnel présent**: o seu **y** vira **i**. Veja a seguir o que fazer:

1. **Comece com o infinitivo e troque o y do infinitivo por i, sem tirar nada do verbo.**

   Por exemplo, **employer** vira **emploier**.

2. **Acrescente as terminações costumeiras a ele, escolhendo aquela que concorde com o sujeito usado: -ais, -ais, ait, -ions, -iez ou -aient.**

   Veja um exemplo: Para **je**, escolha **-ais**: **j'emploierais**.

Veja a seguir a conjugação completa de **employer** e note a mudança do **y** para **i**:

employer (*empregar*)	
j'**emploierais**	nous **emploierions**
tu **emploierais**	vous **emploieriez**
il/elle/on **emploierait**	ils/elles **emploieraient**

No caso dos verbos em **-ayer**, o **y** também vira **i**, mas existe a opção de mantê-lo. Veja a seguir a conjugação completa de **payer** (*pagar*) com as duas opções:

payer (*pagar*)	
je **paierais/payerais**	nous **paierions/payerions**
tu **paierais/payerais**	vous **paieriez/payeriez**
il/elle/on **paierait/payerait**	ils/elles **paieraient/payeraient**

Visto que **-yer** e **-ayer** são sufixos tão parecidos, sugiro o caminho do denominador comum, ou seja, aquele que troca o **y** por **i**. Assim, as conjugações sempre estarão certas.

Troque o infinitivo entre parênteses pela conjugação apropriada no **conditionnel présent** em cada uma das frases a seguir. Veja o exemplo:

P. tu _____ (payer)

R. paierais/payerais

11. ils _____ (employer)

12. nous _____ (tutoyer)

13. je _____ (nettoyer)

14. elle _____ (essayer)

15. on _____ (s'ennuyer)

Os verbos appeler e jeter

No caso de **appeler** (*chamar*) e **jeter** (*jogar*), tudo o que é preciso é dobrar a consoante que vem antes do sufixo do infinitivo e acrescentar as terminações do **conditionnel**. Veja como conjugar esses dois verbos no **conditionnel présent**:

1. **Comece com o infinitivo e tire o sufixo -er.**

   Appeler vira **appel-** e **jeter** vira **jet-**.

2. **Dobre a última consoante (l para appeler, t para jeter) e coloque o sufixo -er de volta.**

   appel + l + er

   jet + t + er

3. **Acrescente a terminação do conditionnel que concorde com o sujeito: -ais, -ais, -ait, -ions, -iez ou -aient.**

   Veja um exemplo: para **nous**, escolha **-ions**: **appellerions/jetterions**.

Veja a conjugação completa de **appeler**:

appeler (*chamar*)	
j'appellerais	nous **appellerions**
tu **appellerais**	vous **appelleriez**
il/elle/on **appellerait**	ils/elles **appelleraient**

Veja a conjugação completa de **jeter**:

jeter (*jogar*)	
je **jetterais**	nous **jetterions**
tu **jetterais**	vous **jetteriez**
il/elle/on **jetterait**	ils/elles **jetteraient**

Verbos em e/é mais consoante mais -er

No caso de verbos do tipo **e/é** + consoante logo antes do sufixo **-er** do infinitivo, o **e/é** vira **è** em todas as suas pessoas no **conditionnel**. Verbos desse tipo incluem **acheter** (*comprar*), **enlever** (*tirar*), **répéter** (*repetir*), **préférer** (*preferir*) e **espérer** (*esperar*). Veja como conjugar verbos assim:

1. **Comece com o infinitivo e tire o -er.**

   Por exemplo, **répéter** vira **répét-**.

2. **Troque o e/é + consoante por è + consoante.**

   Neste caso, **répét-** vira **répèt-**.

3. **Coloque o -er de volta.**

   Neste exemplo, **répèt-** vira **répèter-**.

4. **Acrescente a terminação do conditionnel que concorde com o sujeito da frase: -ais, -ais, -ait, -ions, -iez ou -aient.**

   Veja um exemplo: para **je**, escolha **-ais**: **répèterais**.

Outro exemplo: veja a conjugação completa, no **conditionnel présent**, de **acheter**.

acheter (*comprar*)	
je **achèterais**	nous **achèterions**
tu **achèterais**	vous **achèteriez**
il/elle/on **achèterait**	ils/elles **achèteraient**

Conjugue os verbos entre parênteses no **conditionnel présent**. Veja o exemplo para começar:

P. je _____ (amener)

R. j'amènerais

16. tu _____ (espérer)

17. il _____ (geler)

18. nous _____ (posséder)

19. vous _____ (répéter)

20. ils _____ (enlever)

Verbos com radical completamente diferente no conditionnel

No caso de alguns verbos irregulares no **conditionnel**, é melhor esquecer a ideia de usar o infinitivo completo como radical. Um radical completamente diferente substitui o bom e velho infinitivo. Nesses casos, concentre os seus esforços em decorar esses radicais irregulares. Os mais comuns estão na Tabela 18-1.

Tabela 18-1	Verbos Irregulares com o Radical do Conditionnel	
Infinitivo	*Tradução*	*Radical do Conditionnel*
aller	*ir*	ir-
avoir	*ter*	aur-
devoir	*dever*	devr-
envoyer	*enviar*	enverr-
être	*ser*	ser-
faire	*fazer*	fer-
pleuvoir	*chover*	pleuvr-
pouvoir	*poder*	pourr-
recevoir	*receber*	recevr-
savoir	*saber*	saur-
tenir	*segurar*	tiendr-
venir	*vir*	viendr-
voir	*ver*	verr-
vouloir	*querer*	voudr-

Nota: Como você deve ter percebido, os radicais do **futur simple** e do **conditionnel présent** são idênticos, mesmo os irregulares. Assim, basta decorá-los uma única vez para poder conjugar nos dois tempos verbais!

Siga estes passos para conjugar esses verbos irregulares no **conditionnel présent**:

1. **Comece com o radical dado na Tabela 18-1.**

   Por exemplo, para **venir** (*vir*), use **viendr-**.

2. **Acrescente as terminações costumeiras do conditionnel a ele, escolhendo aquela que concorde com o sujeito da frase: -ais, -ais, -ait, -ions, -iez ou -aient.**

   Por exemplo, se for usar a primeira pessoa do singular de **viendr-**, acrescente **-ais** para obter **je viendrais**.

Veja mais alguns exemplos na prática:

Je ferais la vaisselle maintenant si je n'étais pas occupé. (*Eu lavaria a louça agora se não estivesse ocupado.*)

Nous irions à la plage s'il faisait beau. (*Iríamos à praia se o tempo estivesse bom.*)

Ils auraient plus de temps s'ils regardaient moins la télé. (*Eles teriam mais tempo se assistissem menos à TV.*)

Conjugue os infinitivos entre parênteses corretamente no **conditionnel présent** em cada frase. Os verbos são todos irregulares.

P. S'il faisait beau, je _____ à la plage. (aller)

R. irais

21. Si elles avaient 90 ans, elles _____ vieilles! (être)

22. Qu'est-ce que vous _____ si vous n'aviez plus d'argent? (faire)

23. Si nous avions le temps nous _____ chez vous. (venir)

24. Si on achetait des billets on _____ voir le spectacle. (pouvoir)

25. Si j'avais mal aux dents, j'_____ chez le dentiste. (aller)

26. Si tu étais poli, tu _____ la porte. (tenir)

27. S'ils allaient à Paris, ils _____ la Tour Eiffel. (voir)

28. S'il était riche, il _____ un château. (avoir)

29. Si elle avait un chien, elle _____ le promener! (**devoir**)

30. Si tu étais le prof, tu _____ les réponses. (**savoir**)

Quando Usar o Conditionnel Présent

Tal como o futuro do pretérito em português, o **conditionnel présent** permite descrever um evento hipotético (*isso aconteceria se . . .*), dar conselhos, fazer ofertas, expressar desejos educadamente e indicar um evento futuro a partir de um contexto no passado (*ele disse que faria isso*). As seções a seguir mostram como falar tudo isso em francês.

Fantasiando diversas situações

É esta seção que vai explicar por que o **conditionnel** tem esse nome. Algum palpite? Sim, porque envolve uma condição! Faz-se uma declaração condicional, como *se o tempo estivesse bom* ou *se você não tivesse que trabalhar*, e então se diz o que *aconteceria* se essas condições fossem satisfeitas. Como ele é todo baseado em condições, talvez não se torne realidade. É por isso que chamo essa condição de fantasia.

A condição é expressa em uma oração com **si** (*se*) e um verbo no pretérito imperfeito, assim: **s'il faisait beau** (*se o tempo estivesse bom*). (Veja o Capítulo 16 para saber mais sobre o pretérito imperfeito.) A outra oração da frase — a parte com o resultado fantasioso — usa o **conditionnel présent**. Veja isso na prática com estes exemplos:

> **Si elle avait une moto, elle achèterait un casque.** (*Se tivesse uma moto, ela compraria um capacete.*)

> **Si tu avais mal à la tête, tu prendrais une aspirine.** (*Se você tivesse dor de cabeça, tomaria uma aspirina.*)

As duas orações podem mudar de ordem, mas não de verbos! Nunca coloque o **conditionnel** em uma oração com **si**. O verbo no **conditionnel** não é parte da condição. Por exemplo:

> **Si nous étions trés riches nous aurions un château.** (*Se fôssemos muito ricos, teríamos um castelo.*) = **Nous aurions un château si nous étions trés riches.** (*Nós teríamos um castelo se fôssemos muito ricos.*)

As situações a seguir não são boas. *Se* as condições *fossem* diferentes, os resultados *seriam* melhores. Use o **conditionnel présent** para melhorar essas situações. Consulte um dicionário francês-português se precisar de ajuda com o vocabulário. Veja o exemplo:

P. **Pierre n'étudie pas assez. Il a de mauvaises notes.** (*Pierre não estuda o suficiente. Ele tem notas ruins.*)

R. **Si Pierre étudiait assez, il n'aurait pas de mauvaises notes.** (*Se Pierre estudasse o suficiente, ele não teria notas ruins.*)

31. **Je n'ai pas de moto. Je n'achète pas de casque!** (*Eu não tenho moto. Não vou comprar um capacete!*)

_____

32. **Albert ne travaille pas. Il est fauché.** (*Albert não trabalha. Ele está falido.*)

_____

33. **Elle est occupée. Elle ne vient pas.** (*Ela está ocupada. Ela não vem.*)

_____

34. **Nous n'avons pas de livre. Nous ne lisons pas.** (*Nós não temos livros. Nós não lemos.*)

_____

35. **Paul ne dort pas assez. Il est fatigué.** (*Paul não dorme o suficiente. Ele está cansado.*)

_____

36. **Il pleut. Je reste à la maison.** (*Está chovendo. Eu vou ficar em casa.*)

_____

37. **Elle a peur en avion. Elle ne prend jamais l'avion.** (*Ela tem medo de avião. Ela nunca viaja de avião.*)

_____

38. **La maison est sale. Nous faisons le ménage.** (*A casa está suja. Nós estamos fazendo faxina.*)

_____

39. **Julie n'aime pas Paul. Elle ne se marie pas avec lui.** (*Julie não ama Paul. Ela não vai se casar com ele.*)

_____

40. **Il ne fait pas beau. Valérie ne va pas à la plage.** (*O tempo não está bom. Valérie não vai à praia.*)

Um conselho amistoso

O seu bom amigo Paul está tentando deixar a barba crescer, mas ele não fica bem de barba. Por isso, você tenta lhe dar um conselho amistoso, dizendo-lhe algo como: *Você deveria tirar a barba. Deveria* é o que lhe permite transformar o verbo *tirar* em um conselho em vez de uma ordem. Assim como em português, o **conditionnel présent** do verbo **devoir** (*dever*) é usado para modalizar o verbo principal, transformando-o em uma sugestão amistosa. (Perceba que **devoir** é completamente irregular no **conditionnel**; veja a seção "Verbos com radical completamente diferente no **conditionnel**" para saber mais sobre isso.)

Para dar um conselho em francês, use o **conditionnel présent** de **devoir**, assim:

Sujeito + **devoir** (no **conditionnel présent**) + outro verbo (no infinitivo)

Por exemplo: **Tu devrais raser ta barbe.** (*Você deveria tirar a barba.*)

O sujeito de **devoir** depende de quem recebe o conselho. A Tabela 18-2 vai ajudar a escolher o sujeito apropriado.

Tabela 18-2	Conjugação de Devoir no Conditionnel a ser Usada com Diferentes Pessoas
Pessoa(s) Aconselhada(s)	*Conjugação de Devoir*
Você mesmo	**je devrais**
Uma pessoa conhecida (falando diretamente a ela)	**tu devrais**
Uma terceira pessoa (falando sobre ela)	**il/elle devrait**
Um grupo que inclui você	**nous devrions**
Uma pessoa desconhecida (falando diretamente a ela)	**vous devriez**
Mais de uma pessoa conhecida ou desconhecida (falando diretamente a elas)	**vous devriez**
Um grupo de pessoas (falando sobre ele)	**ils/elles devraient**

Veja alguns exemplos:

Tu devrais manger moins de sucre. (*Você deveria comer menos açúcar.*)

Nous devrions prendre des vacances. (*Nós deveríamos tirar férias.*)

Vous devriez penser aux autres! (*Vocês deveriam pensar nos outros!*)

Um pedido educado

Para fazer um pedido educado do tipo *Você poderia . . .?*, o francês usa o **conditionnel présent** do verbo **pouvoir** (*poder*), acompanhado pelo infinitivo de outro verbo. (Perceba que **pouvoir** é completamente irregular no **conditionnel**; veja a seção "Verbos com radical completamente diferente no **conditionnel**" para saber mais sobre isso.) Veja como fazer um pedido educado em francês:

> Sujeito + o **conditionnel présent** de **pouvoir** + outro verbo (no infinitivo) + ?

O sujeito de **pouvoir** é a pessoa a quem você está pedindo um favor, o que exclui **je** (*eu*). A Tabela 18-3 vai ajudar a escolher o sujeito apropriado.

Tabela 18-3	Conjugação de Pouvoir no Conditionnel a ser Usada com Diferentes Pessoas
Pessoa(s) a Quem Você Faz o Pedido	*Conjugação de Pouvoir*
Uma pessoa conhecida (falando diretamente a ela)	**tu pourrais**
Uma terceira pessoa (falando sobre ela)	**il/elle pourrait**
Um grupo que inclui você	**nous pourrions**
Uma pessoa desconhecida (falando diretamente a ela)	**vous pourriez**
Várias pessoas conhecidas ou desconhecidas (falando diretamente a elas)	**vous pourriez**
Um grupo de pessoas (falando sobre ele)	**ils/elles pourraient**

Veja alguns exemplos (veja o Capítulo 9 para saber mais sobre como fazer perguntas):

> **Est-ce que tu pourrais me prêter ta voiture demain?** (*Você poderia me emprestar o seu carro amanhã?*)

> **Pourriez-vous fermer la porte s'il vous plaît?** (*Poderia fechar a porta, por favor?*)

> **Est-ce que les étudiants pourraient venir plus tôt demain?** (*Os alunos poderiam vir mais cedo amanhã?*)

Ofertas e desejos

Dependendo do sujeito, os verbos **vouloir** (*querer*) e **aimer** (*gostar*) podem indicar tanto uma oferta quanto um desejo quando estiverem no **conditionnel présent**. Veja a conjugação de **vouloir** no **conditionnel présent**:

vouloir (*querer*)	
je **voudrais**	nous **voudrions**
tu **voudrais**	vous **voudriez**
il/elle/on **voudrait**	ils/elles **voudraient**

Veja a conjugação completa de **aimer** no **conditionnel présent**:

aimer (*gostar*),	
j'**aimerais**	nous **aimerions**
tu **aimerais**	vous **aimeriez**
il/elle/on **aimerait**	ils/elles **aimeraient**

Para oferecer algo, como *Gostaria de [um copo de] água?*, o francês tem duas opções. Ambas usam o **conditionnel**:

✔ Use **vouloir** no **conditionnel présent** + o que quer que esteja oferecendo. Por exemplo:

Voudrais-tu de l'eau? (*Gostaria de [um copo de] água?*)

✔ Use **aimer** no **conditionnel présent** + o que quer que esteja oferecendo. Por exemplo:

Aimerait-il de l'aide? (*Ele gostaria de ajuda?*)

Em ambos os casos, o sujeito do verbo é a pessoa a quem você está oferecendo alguma coisa, e não você, o falante (veja o Capítulo 9 para saber mais sobre a estrutura das perguntas).

Os verbos **vouloir** e **aimer** também podem ser usados de modo intercambiável para fazer um pedido. Nesse caso, os sujeitos determinam de quem é o pedido. Se o sujeito for **je**, o desejo do falante é expresso; se o sujeito for **tu**, o desejo do ouvinte é expresso, e assim por diante. As frases devem ser escritas assim: sujeito + **vouloir ou aimer** no **conditionnel présent** + infinitivo e/ou item pedido. Veja alguns exemplos:

Je voudrais commander s'il vous plait. (*Eu gostaria de fazer o meu pedido, por favor.*)

Bébé voudrait un ours en peluche pour Noël. (*O bebê gostaria de um urso de pelúcia no Natal.*)

Nous aimerions gagner le loto. (*Nós gostaríamos de ganhar na loteria.*)

Vouloir e **aimer** podem ser usados de modo intercambiável, mas **vouloir** é mais comum.

Falando do futuro em um contexto passado

O **conditionnel présent** é usado em especial para falar do futuro em um contexto passado. Considere a frase a seguir: **Elle nous a dit que ce serait facile et c'était vrai.** (*Ela nos disse que seria fácil e era verdade.*) Nessa frase, **serait** (*seria*) é o **conditionnel** indicando o futuro a partir de um contexto no passado (daí o nome em português *futuro do pretérito*).

É possível reconhecer esse tipo de frase pelo seu verbo introdutório, que sempre estará no pretérito: *Ontem eles disseram que. . .* ou *Ele prometeu que. . . .* Veja alguns exemplos:

> **Le maire a dit qu'il n'y aurait pas de marathon dimanche prochain.**
> (*O prefeito disse que não haveria maratona no próximo domingo.*)

> **Maman a promis qu'elle m'achèterait une voiture l'an prochain.**
> (*Mamãe prometeu que compraria um carro para mim no ano que vem.*)

> **Sherlock pensait qu'il pourrait arrêter l'assassin.** (*Sherlock pensava que poderia impedir o assassino.*)

> **Hier, ils nous ont dit qu'il ferait froid aujourd'hui.** (*Ontem eles nos disseram que hoje faria frio.*)

Determine se as frases a seguir indicam um conselho amistoso, um pedido educado, um desejo ou o futuro em um contexto passado. Consulte um dicionário francês-português se precisar de ajuda com o vocabulário.

P. **Pourrais-tu parler plus fort?**

R. *pedido educado*

41. **La radio a annoncé qu'il ferait beau demain.** _____

42. **Elle voudrait se reposer.** _____

43. **Pourrais-tu m'expliquer le problème?** _____

44. **Vous devriez suivre sa recommendation.** _____

45. **Ils aimeraient visiter la France.** _____

46. **Pourriez-vous ouvrir la porte?** _____

47. **Tu devrais dormir plus.** _____

48. **Nous avons parié que ce candidat perdrait les élections.** _____

49. **Je savais que tu réussirais!** _____

50. **Tu ne devrais pas manger tout ce chocolat.** _____

Respostas

1. déjeunerais
2. rendraient
3. attendrions
4. agiraient
5. danseraient
6. réussirais
7. prépareriez
8. grossirait
9. chercherait
10. vendrait
11. emploieraient
12. tutoierions
13. nettoierais
14. essaierait/essayerait
15. s'ennuierait
16. espèrerais
17. gèlerait
18. possèderions
19. répèteriez
20. enlèveraient
21. seraient
22. feriez
23. viendrions
24. pourrait
25. irais
26. tiendrais
27. verraient

28 aurait

29 devrait

30 saurais

31 Si j'avais une moto, j'achèterais un casque! (*Se eu tivesse uma moto, compraria um capacete!*)

32 Si Albert travaillait, il ne serait pas fauché. (*Se Albert trabalhasse, não estaria falido.*)

33 Si elle n'était pas occupée, elle viendrait. (*Se não estivesse ocupada, ela viria.*)

34 Si nous avions un livre, nous lirions. (*Se nós tivéssemos um livro, leríamos.*)

35 Si Paul dormait assez, il ne serait pas fatigué. (*Se Paul dormisse o suficiente, ele não estaria cansado.*)

36 S'il ne pleuvait pas, je ne resterais pas à la maison. (*Se não estivesse chovendo, eu não ficaria em casa.*)

37 Si elle n'avait pas peur en avion, elle prendrait l'avion. (*Se ela não tivesse medo de avião, viajaria de avião.*)

38 Si la maison n'était pas sale, nous ne ferions pas le ménage. (*Se a casa não estivesse suja, nós não estaríamos fazendo faxina.*)

39 Si Julie aimait Paul, elle se marierait avec lui. (*Se Julie amasse Paul, ela se casaria com ele.*)

40 S'il faisait beau, Valérie irait à la plage. (*Se o tempo estivesse bom, Valérie iria à praia.*)

41 futuro no passado

42 desejo

43 pedido educado

44 conselho amistoso

45 desejo

46 pedido educado

47 conselho amistoso

48 futuro no passado

49 futuro no passado

50 conselho amistoso

Capítulo 19

O Subjuntivo

Le **subjonctif** (*o subjuntivo*) é o modo verbal que expressa a subjetividade do falante. Possui quatro tempos verbais: um no presente e três no pretérito, mas, em prol da simplicidade, este capítulo vai se referir ao subjuntivo presente apenas como *o subjuntivo*.

Nota: O francês, como o português, tem diferentes modos verbais à disposição do falante. O *indicativo* é o modo dos fatos. Ele inclui a maioria dos tempos mais comuns, como o **présent** (*presente*; veja o Capítulo 6), o **passé composé** (*pretérito perfeito*; veja o Capítulo 15), o **imparfait** (*pretérito imperfeito*; veja o Capítulo 16) e o **futur simple** (*futuro do presente*; veja o Capítulo 17). Os outros modos são o **conditionnel** (*futuro do pretérito*), usado para indicar situações hipotéticas (veja o Capítulo 18) e o imperativo, usado para dar ordens (veja o Capítulo 20).

O subjuntivo não pode formar uma frase sozinho. Ele precisa ser ativado pelo verbo da oração principal. Uma frase com verbo no subjuntivo tem dois elementos que as outras frases não têm:

✔ A oração principal contém uma expressão específica terminada em **que** (*que*), o que ativa o subjuntivo na segunda oração.

✔ Tem duas orações, cada uma com um sujeito diferente.

Por exemplo, em **j'ai peur qu'il pleuve** (*Receio que chova*) e **il veut que tu partes** (*ele quer que você saia*), **j'ai peur que** (*receio que*) e **il veut que** (*ele quer que*) são as expressões gatilhos, e as segundas orações (**il pleuve** e **tu partes**) têm sujeitos diferentes.

Este capítulo vai mostrar como as formas e os usos do subjuntivo são simples. Assim, concentre-se nas expressões gatilhos e pratique, pratique e pratique!

As Formas do Subjuntivo

Uma vez que a pessoa está familiarizada com as conjugações no presente do indicativo (veja o Capítulo 6), ela não terá nenhum problema em conjugar no subjuntivo, visto que ele é formado a partir da terceira pessoa do plural do presente (**ils/elles**), tanto para os verbos regulares como para os irregulares.

A Tabela 19-1 lista as terminações do subjuntivo para cada um dos pronomes sujeitos da conjugação. As terminações do subjuntivo para **je**, **tu**, **il/elle/on** e **ils/elles** são as mesmas usadas para conjugar os verbos regulares em **-er** nas pessoas **je**, **tu**, **il/elle/on** e **ils/elles** no presente do indicativo.

Tabela 19-1 Terminações dos Verbos Usadas no Subjuntivo

Sujeito	Terminações dos Verbos no Subjuntivo
je	-e
tu	-es
il/elle/on	-e
nous	-ions
vous	-iez
ils/elles	-ent

As seções a seguir vão explicar como conjugar tanto verbos regulares como irregulares. ***Nota:*** Para evitar confusão, toda vez que for listada uma conjugação no subjuntivo, ela será acompanhada pelo **que,** para diferenciá-la das conjugações do presente do indicativo.

Os verbos regulares no subjuntivo

Siga estes passos para conjugar um verbo regular no subjuntivo:

1. **Conjugue o verbo na terceira pessoa do plural (ils/elles) no presente do indicativo e tire o -ent para obter o radical.**

   Por exemplo, a terceira pessoa do plural no presente do indicativo do verbo **parler** (*falar*) é **parlent**. Tire o **-ent** para obter **parl-**.

2. **Substitua o -ent pela terminação apropriada (veja a Tabela 19-1), certificando-se de que essa terminação concorde com o sujeito usado.**

Se quiser usar o **nous** de **parler**, acrescente a terminação **-ions** ao radical do passo 1 para obter **parlions**.

Veja a conjugação no subjuntivo de **aimer** (*gostar*), um verbo regular em **-er**, cuja conjugação no presente do indicativo na terceira pessoa do plural (**ils/elles**) é **aiment**:

aimer (_gostar_)	
que **j'aime**	que nous **aimions**
que tu **aimes**	que vous **aimiez**
qu'il/elle/on **aime**	qu'ils/elles **aiment**

Verbos regulares que terminam em **-ier**, como **étudier** (_estudar_), acabam com um **i** duplo nas conjugações de **nous** e **vous** no subjuntivo, assim: **que nous étudiions, que vous étudiiez**.

Veja a conjugação no subjuntivo de **finir** (_terminar_), um verbo regular em **-ir**, cuja conjugação no presente do indicativo na terceira pessoa do plural (**ils/elles**) é **finissent**:

finir (_terminar_)	
que je **finisse**	que nous **finissions**
que tu **finisses**	que vous **finissiez**
qu'il/elle/on **finisse**	qu'ils/elles **finissent**

Veja a conjugação no subjuntivo de **vendre** (_vender_), um verbo regular em **-re**, cuja conjugação no presente do indicativo na terceira pessoa do plural (**ils/elles**) é **vendent**:

vendre (_vender_)	
que je **vende**	que nous **vendions**
que tu **vendes**	que vous **vendiez**
qu'il/elle/on **vende**	qu'ils/elles **vendent**

Dê a conjugação de **ils/elles** no presente do indicativo de cada verbo regular, seguida das conjugações de **je** e **nous** no subjuntivo, precedidas por **que** (consulte o Capítulo 6 para saber mais sobre o presente do indicativo, se precisar de ajuda). Veja o exemplo:

_P._ chanter

_R._ ils chantent, que je chante, que nous chantions

_1._ manger

_____

_2._ choisir

_____

3. attendre

_____

4. réussir

_____

5. arriver

_____

6. répondre

_____

7. penser

_____

8. finir

_____

9. travailler

_____

10. rendre

_____

Os verbos irregulares no subjuntivo

Os verbos irregulares no subjuntivo podem ser de três tipos: verbos com dois radicais, como **boire** (_beber_), verbos que mantêm seus radicais irregulares do presente do indicativo e verbos que são completamente irregulares, como os "quatro verbos fatais" (**être** [_ser/estar_], **avoir** [_ter_], **aller** [_ir_] e **faire** [_fazer_]), dentre outros que seguem o seu próprio padrão de conjugação no subjuntivo.

Verbos com dois radicais

Verbos com dois radicais são conjugados no presente do indicativo com um radical para **je**, **tu**, **il/elle/on** e **il/elles** e outro para **nous** e **vous**. Essa mudança de radical continua no subjuntivo.

Siga estes passos para as conjugações de **je**, **tu**, **il/elle/on** e **ils/elles** (radical 1) no subjuntivo:

1. **Conjugue o verbo no presente do indicativo na terceira pessoa do plural (ils/elles) e tire o -ent para obter o radical.**

2. **Substitua o -ent pela terminação do subjuntivo que concorde com o sujeito usado: -e para je, -es para tu, -e para il/elle/on e -ent para ils/elles.**

Siga estes passos para as conjugações de **nous** e **vous** (radical 2) no subjuntivo:

1. **Comece com a conjugação de nous no presente do indicativo e tire o -ons.**

2. **Substitua o -ons pela terminação do subjuntivo que concorde com o sujeito usado: -ions para nous e -iez para vous.**

A Tabela 19-2 mostra a mudança de radical do presente do indicativo para o subjuntivo de alguns verbos comuns de dois radicais.

Tabela 19-2	O Subjuntivo de Verbos com Dois Radicais			
Infinitivo	*Radical 1: Presente de ils/elles*	*Subjuntivo de je*	*Radical 2: Presente de nous*	*Subjuntivo de nous*
acheter (*comprar*)	**achètent**	**que j'achète**	**achetons**	**que nous achetions**
appeler (*chamar*)	**appellent**	**que j'appelle**	**appelons**	**que nous appelions**
boire (*beber*)	**boivent**	**que je boive**	**buvons**	**que nous buvions**
payer (*pagar*)	**paient**	**que je paie**	**payons**	**que nous payions**
prendre (*pegar*)	**prennent**	**que je prenne**	**prenons**	**que nous prenions**
venir (*vir*)	**viennent**	**que je vienne**	**venons**	**que nous venions**

Verbos que mantêm o seu radical irregular do presente do indicativo

Alguns verbos em **-ir** e **-re** são irregulares no presente do indicativo, porque não seguem as regras nem os padrões indicados pelos seus infinitivos. Mas há boas notícias no caso do subjuntivo: não importa qual seja a forma de **ils** no presente do indicativo, ela ainda servirá para obter o radical do subjuntivo. Além disso, usam-se as mesmas terminações apresentadas na seção "Os verbos regulares no subjuntivo".

A Tabela 19-3 lista a conjugação de **ils** dos verbos irregulares mais comuns no presente do indicativo, seguidos pelos seus radicais no subjuntivo.

Tabela 19-3	Radicais dos Verbos Irregulares Usados no Subjuntivo	
Infinitivo	*Conjugação da Terceira Pessoa do Plural no Presente do Indicativo*	*Radical para o Subjuntivo*
dire (*dizer*)	ils disent	dis-
dormir (*dormir*)	ils dorment	dorm-
écrire (*escrever*)	ils écrivent	écriv-
mettre (*colocar*)	ils mettent	mett-
offrir (*ofertar*)	ils offrent	offr-
partir (*ir embora*)	ils partent	part-
sortir (*sair*)	ils sortent	sort-

Verbos irregulares problemáticos

Alguns verbos irregulares podem ser um problema ao se tentar conjugá-los no subjuntivo, porque

🖙 Eles não seguem nenhum padrão no presente do indicativo.

🖙 Eles não usam a conjugação (também irregular) de **ils/elles** para formar o radical no subjuntivo.

Assim, a melhor opção é tentar decorá-los! Esses verbos incluem os "quatro verbos fatais": **être** (*ser/estar*), **avoir** (*ter*), **aller** (*ir*) e **faire** (*fazer*). Eles também incluem **pouvoir** (*poder*), **vouloir** (*querer*) e **savoir** (*saber*).

être (*ser/estar*)	
que je **sois**	que nous **soyons**
que tu **sois**	que vous **soyez**
qu'il/elle/on **soit**	qu'ils/elles **soient**

avoir (*ter*)	
que **j'aie**	que nous **ayons**
que tu **aies**	que vous **ayez**
qu'il/elle/on **ait**	qu'ils/elles **aient**

aller (*ir*)	
que **j'aille**	que nous **allions**
que tu **ailles**	que vous **alliez**
qu'il/elle/on **aille**	qu'ils/elles **aillent**

faire (*fazer*)	
que je **fasse**	que nous **fassions**
que tu **fasses**	que vous **fassiez**
qu'il/elle/on **fasse**	qu'ils/elles **fassent**

pouvoir (*poder*)	
que je **puisse**	que nous **puissions**
que tu **puisses**	que vous **puissiez**
qu'il/elle/on **puisse**	qu'ils/elles **puissent**

vouloir (*querer*)	
que je **veuille**	que nous **voulions**
que tu **veuilles**	que vous **vouliez**
qu'il/elle/on **veuille**	qu'ils/elles **veuillent**

savoir (*saber*)	
que je **sache**	que nous **sachions**
que tu **saches**	que vous **sachiez**
qu'il/elle/on **sache**	qu'ils/elles **sachent**

Os verbos **pleuvoir** (*chover*) e **falloir** (*ser necessário*) também são verbos problemáticos, mas eles só são conjugados na terceira pessoa do singular: **qu'il pleuve** (*que chova*) e **qu'il faille** (*que seja necessário*).

Dê o subjuntivo de cada verbo irregular nas pessoas indicadas. Veja o exemplo:

P. aller: que j'_____, qu'elles _____

R. que j'aille, qu'elles aillent

11. avoir: que tu _____, que nous _____

12. être: que je _____, qu'ils _____

13. faire: que tu _____, que nous _____

14. pouvoir: que je _____, qu'ils _____

15. boire: qu'il _____, que vous _____

16. écrire: que tu _____, que vous _____

17. dire: qu'elle _____, que nous _____

18. sortir: que je _____, qu'ils _____

19. venir: que tu _____, qu'on _____

20. payer: qu'il _____, que nous _____

As Expressões que Ativam o Subjuntivo

São muitas as expressões que podem ativar o subjuntivo. Elas podem ter um sujeito pessoal, como em **Anne veut que** (*Anne quer que*) ou **je préfère que** (*eu prefiro que*), ou um sujeito impessoal, como em **il faut que** (*é preciso que*) ou **il est bon que** (*é bom que*). O que se precisa saber sobre esses gatilhos é o seguinte:

- O verbo, em uma expressão gatilho, pode estar em qualquer tempo. Por exemplo, **je voudrais que** (*eu gostaria que*) está no **conditionnel** (veja o Capítulo 18).

- Uma expressão gatilho sempre termina com **que** (*que*). Se isso não acontecer, não será possível usar o subjuntivo na oração seguinte.

As seções a seguir vão apresentar os gatilhos nas seguintes categorias:

- Gatilhos pessoais e impessoais de desejo/necessidade/conselho

- Gatilhos pessoais e impessoais de emoção/reação

- Gatilhos pessoais e impessoais de dúvida

Expressando desejos, necessidades e conselhos

O francês usa o subjuntivo quando alguém quer, precisa, prefere, recomenda ou aconselha outra pessoa a fazer alguma coisa.

Esse tipo de gatilho é chamado de expressão de desejo, necessidade e conselho. Veja, a seguir, uma lista de gatilhos do tipo pessoal (o que quer dizer que uma pessoa ou um grupo de pessoas é o sujeito):

- ✔ **apprécier que** (*apreciar que*)
- ✔ **attendre que** (*esperar que*)
- ✔ **avoir besoin que** (*precisar que*)
- ✔ **exiger que** (*exigir que*)
- ✔ **ne pas supporter que** (*não suportar que*)
- ✔ **préférer que** (*preferir que*)
- ✔ **proposer que** (*propor que*)
- ✔ **recommender que** (*recomendar que*)
- ✔ **refuser que** (*recusar que*)
- ✔ **souhaiter que** (*desejar que*)
- ✔ **suggérer que** (*sugerir que*)
- ✔ **vouloir que** (*querer que*)

O verbo **espérer** (*esperar*) não é um desses verbos gatilhos. Sendo assim, ele nunca vai ser acompanhado pelo subjuntivo. Em vez disso, usa-se o presente do indicativo, o futuro ou o **passé composé**.

Veja alguns gatilhos pessoais na prática:

> **Elle ne supporte pas que les enfants désobéissent.** (*Ela não suporta que as crianças desobedeçam.*)

> **Le prof apprécie que nous parlions français en classe.** (*O professor aprecia que nós falemos francês na aula.*)

A seguir, veja algumas expressões gatilhos impessoais de desejo/necessidade/conselho:

- ✔ **il est important que** (*é importante que*)
- ✔ **il faut que** (*é necessário que*)
- ✔ **il ne faut pas que** (*não é necessário que*)
- ✔ **il se peut que** (*é possível que*)
- ✔ **il vaut mieux que** (*é melhor que*)

Qualquer adjetivo que expresse necessidade pode substituir **important** em um gatilho impessoal como **il est important que**: **essentiel** (*essencial*), **utile** (*útil*), **indispensable** (*indispensável*), **bon** (*bom*) e outros mais.

Veja alguns gatilhos impessoais de desejo, necessidade e conselho na prática:

> **Il est important que les étudiants écoutent bien.** (*É importante que os alunos escutem bem.*)

> **Il vaut mieux que tu ailles voir le docteur.** (*É melhor que você vá ver um médico.*)

Traduza as expressões gatilhos entre parênteses com a ajuda das listas anteriores para completar as frases no subjuntivo. Veja o exemplo:

P. (*É necessário que*) _____ **tu sois à l'heure.**

R. **Il faut que**

21. (*É melhor que*) _____ **nous disions la vérité.**

22. (*Eu prefiro que*) _____ **tu viennes demain.**

23. (*É possível que*) _____ **vous ayez raison.**

24. (*Ele sugere que*) _____ **nous commencions demain.**

25. (*Ele quer que*) _____ **tu te dépêches.**

Expressando sentimentos

As seções a seguir vão listar várias expressões que podem ser usadas para indicar emoções como tristeza, alegria, surpresa ou raiva diante de um evento que está acontecendo ou que vai acontecer.

Verbos gatilhos que expressam emoções

Os gatilhos podem ser verbos regulares que expressam uma emoção como medo ou uma preferência. Eles são conjugados com um sujeito pessoal (como **je** ou **tu**). Estes são alguns deles:

- ✔ **admirer que** (*admirar que*)
- ✔ **aimer que** (*gostar que*)
- ✔ **avoir peur que** (*ter medo que*)
- ✔ **comprendre que** (*entender que*)

▸ **craindre que** (*ter medo que*)

▸ **s'inquiéter que** (*se preocupar que*)

▸ **se réjouir que** (*se alegrar que*)

Veja alguns deles na prática:

> **J'ai peur qu'il pleuve demain.** (*Receio que chova amanhã.*)
>
> **Nous admirons que tu puisses faire ça.** (*Nós admiramos que você consiga fazer isso.*)
>
> **Il comprend que vous soyez déçus.** (*Ele entende que vocês estejam desapontados.*)

Expressões pessoais com être + adjetivo

Quando expressões pessoais estão envolvidas, o sujeito do verbo **être** está reagindo a uma situação. Nesse caso, use um sujeito pessoal como **je** ou **tu** + **être** conjugado + um adjetivo concordando com o sujeito (veja o Capítulo 6 para saber mais sobre a conjugação desse verbo). Por exemplo:

> **Elle est surprise que tu n'aimes pas le chocolat.** (*Ela está surpresa de que você não goste de chocolate.*)
>
> **Nous sommes contents que tu viennes nous voir.** (*Nós estamos contentes de que você tenha vindo nos ver.*)

Estes são alguns dos adjetivos que podem ser usados com tais gatilhos: **surpris** (*surpreso*), **content** (*contente*), **triste** (*triste*), **désolé** (*desolado*), **inquiet** (*preocupado*), **flatté** (*lisonjeado*), **fier** (*orgulhoso*), **déçu** (*decepcionado*) e **choqué** (*chocado*).

Expressões que começam com ça

Para dizer que algo aborrece/surpreende alguém, o francês usa uma expressão impessoal que começa com **ça** (*isso*) e inclui um dos pronomes objetos a seguir para se referir à pessoa *surpresa, aborrecida* ou qualquer outra condição que escolher (veja o Capítulo 13 para saber mais sobre pronomes objetos): **me** (*me*), **te** (*te*), **le** (*o*), **la** (*a*), **nous** (*nos*), **vous** (*vocês*) ou **les** (*os, as*). Por exemplo: **Ça me surprend que tu sois là.** (*Estou surpreso de que você esteja aqui.*)

Ça pode ser o sujeito de verbos como **déranger** (*incomodar*), **intéresser** (*interessar*), **amuser** (*divertir*), **surprendre** (*surpreender*), **plaire** (*agradar*), **inquiéter** (*preocupar*), **énerver** (*irritar*) e **rendre** (+ adjetivo) (*deixar* + adjetivo).

Veja alguns exemplos:

> **Ça vous dérange que je fume?** (*Vou incomodá-los se fumar?*)
>
> **Ça la rend triste que tu sois malade.** (*O fato de você estar doente a deixa triste.*)

Nota: **Ça** é um gatilho impessoal, mas ele informa como uma pessoa se sente.

Expressões com il est/c'est + adjetivo

Use o impessoal **il est** ou **c'est** (*é*) seguido pela forma masculina singular de um adjetivo para descrever uma situação (veja o Capítulo 3 para saber quando usar **il est** ou **c'est**). Por exemplo:

> **Il est étonnant qu'il fasse si chaud en décembre.** (*É surpreendente que esteja tão quente em dezembro.*)

> **C'est bizarre qu'il n'y ait pas de bruit. . .** (*É estranho que não haja nenhum barulho. . .*)

Veja alguns desses adjetivos: **dommage** (*ruim*), **bizarre** (*estranho*), **fou** (*louco*), **amusant** (*divertido*), **triste** (*triste*), **honteux** (*vergonhoso*), **étonnant** (*espantoso*), **bête** (*bobo*), **inquiétant** (*preocupante*), **surprenant** (*surpreendente*), **super** (*ótimo*) e **regrettable** (*lastimável*).

Traduza as frases, que expressam sentimentos, para o português. Consulte um dicionário francês-português se precisar de ajuda com o vocabulário. Veja o exemplo:

P. **Nous sommes contents que tu viennes.**

R. *Nós estamos contentes que vocês tenham vindo.*

26. **J'ai peur que vous ne compreniez pas.**

_____

27. **Ça les surprend que tu chantes bien.**

_____

28. **Il est honteux qu'ils ne disent pas la vérité.**

_____

29. **Ça m'inquiète que les enfants soient en retard.**

_____

30. **Il est dommage qu'il habite si loin.**

_____

Expressando dúvida

Quando quiser expressar dúvida sobre algo que está acontecendo ou vai acontecer (ou não), use um dos seguintes verbos gatilhos, acompanhado pelo subjuntivo: **douter que** (*duvidar que*), **nier que** (*negar que*), **ne pas croire que** (*não crer que*), **ne pas penser que** (*não pensar que*) ou **ne pas trouver que** (*não achar que*).

Veja alguns exemplos:

> **Je ne trouve pas que vous vous ressembliez.** (*Eu não acho que vocês se parecem.*)

> **Le juge doute que tu sois coupable.** (*O juiz duvida que você seja culpado.*)

Várias expressões impessoais com **il est/c'est** + [*adjetivo*] também indicam dúvida. Tais adjetivos incluem: **impossible** (*impossível*), **impensable** (*impensável*), **douteux** (*duvidoso*) e **faux** (*falso*). Por exemplo: **Il est impossible que tu puisses manger tout ça!** (*É impossível que você possa comer tudo isso!*)

Quantidade de Sujeitos

O subjuntivo não existe por conta própria. Ele exige duas orações, cada uma com um sujeito. Por exemplo, **il faut que tu partes** (*é preciso que você vá embora*) tem dois sujeitos diferentes, e o **que** separa o gatilho da segunda oração. Frases com dois verbos, mas apenas um sujeito, não usam o subjuntivo. As seções a seguir vão explicar isso melhor.

Mantendo o subjuntivo em uma frase com dois sujeitos

Esta é a fórmula para uma frase em francês com verbo no subjuntivo:

> Gatilho com o sujeito 1 + **que** + sujeito 2 + verbo no subjuntivo.

Por exemplo: **Je voudrais que tu viennes demain soir.** (*Eu gostaria que você viesse amanhã à noite.*)

Indique, nas frases em português a seguir, se o sujeito da expressão gatilho é diferente do sujeito do verbo da segunda oração, exigindo, assim, o subjuntivo em francês. Escreva **oui** (*sim*) se eles forem diferentes e o subjuntivo for necessário; escreva **non** (*não*) se não for o caso.

P. *Eles querem que eu venha.*

R. oui

31. *Eu gostaria de sair de férias.* ____

32. *Eles precisam me ajudar.* ____

33. *É melhor que nós trabalhemos juntos.* ____

34. *Eu estou feliz em te ver.* ____

35. *É preciso ir à biblioteca.* ____

36. *O professor quer que os alunos sejam bem-sucedidos.* ____

37. *Eu acho que vai chover.* ____

38. *Eu não gosto que você volte para casa depois das 12.* ____

39. *Ele tem medo de encontrar o lobo.* ____

40. *O que você quer que eu faça?* ____

O uso do infinitivo em vez do subjuntivo em frases com apenas um sujeito

Agora que está mais familiarizado com as expressões gatilhos (veja a seção "As Expressões que Ativam o Subjuntivo"), não se deixe enganar! O que quero dizer é que não é apropriado usar o subjuntivo toda vez que uma expressão como **je veux** (*eu quero*) ou **j'ai peur** (*eu receio*) aparece. Tenha em mente o segundo requisito para o uso do subjuntivo: dois sujeitos diferentes, um para cada oração da frase.

Se você *quer sair de férias* ou se *você receia que vai se atrasar*, o mesmo sujeito (que é você) realiza todas as ações. Assim, não há necessidade de **que** para apresentar o segundo sujeito e, portanto, não se pode usar o subjuntivo nesse tipo de frase. Em vez disso, o francês usa o infinitivo, como o português, assim:

> **Je voudrais partir en vacances.** (*Eu queria sair de férias.*)
>
> **Il vaut mieux se protéger du soleil.** (*É melhor se proteger do sol.*)

A fórmula para uma frase com apenas um sujeito é: expressão gatilho + infinitivo. Agora, dependendo do gatilho, é preciso ajustar a fórmula um pouco:

✔ Quando o gatilho for **être** (*ser/estar*) + adjetivo, use **de** antes do próximo infinitivo. Por exemplo:

> **Elle est énervée d'être malade.** (*Ela está irritada por estar doente.*)

> **Il est important de boire de l'eau.** (*É importante beber água.*)

✔ Quando o gatilho for uma expressão com **avoir** (*ter*), como em **avoir envie** (*querer*), use **de** antes do próximo infinitivo. Por exemplo:

> **J'ai peur d'être en retard.** (*Tenho medo de me atrasar.*)

✔ Quando o gatilho for o verbo **regretter** (*arrepender-se/sentir muito*), use **de** antes do próximo infinitivo. Por exemplo:

> **Il regrette de ne pas pouvoir t'aider.** (*Ele sente muito por não poder te ajudar.*)

Evite Algumas Armadilhas

Após se familiarizar com a construção do subjuntivo, é preciso se certificar de usá-lo corretamente. As seções a seguir vão mostrar com o que estar atento para não cair em algumas armadilhas.

Cuidado com os gatilhos falsos

Os gatilhos falsos são verbos traiçoeiros que se disfarçam de verbos gatilhos com um **que** (a primeira exigência para o subjuntivo) e invadem uma frase com dois sujeitos diferentes (a segunda exigência para o subjuntivo), de modo que a frase fica parecendo com a fórmula do subjuntivo, embora não seja! Veja um exemplo: **J'espère que vous comprenez.** (*Eu espero que você entenda.*) Nessa frase, **comprenez** não está no subjuntivo, mesmo estando depois do que parece ser uma expressão gatilho.

Vários verbos entram nessa categoria de gatilhos falsos. Em geral, esses verbos indicam uma fala transmitida (discurso indireto), como em *ele disse que* e *você respondeu que*:

✔ **dire que** (*dizer que*)

✔ **écrire que** (*escrever que*)

✔ **entendre dire que** (*ouvir dizer que*)

✔ **espérer que** (*esperar que*)

✔ **être sûr que** (*estar certo de que*)

✔ **expliquer que** (*explicar que*)

✔ **il paraît que** (*parecer que*)

- **prometter que** (*prometer que*)
- **raconter que** (*contar que*)
- **répondre que** (*responder que*)
- **savoir que** (*saber que*)
- **se souvenir que** (*lembrar-se que*)

Entendre dire sempre vai ser conjugado no **passé composé** (*pretérito perfeito*; veja o Capítulo 15) e apresentar um verbo no pretérito mais-que-perfeito (veja o Capítulo 21). Por exemplo, **J'ai entendu dire que Pierre avait eu un accident.** (*Eu ouvi dizer que Pierre sofreu um acidente.*)

Veja-os na prática:

> **Nous savons que tu dis la vérité.** (*Nós sabemos que você está falando a verdade.*)
>
> **Je suis sûr que j'ai oublié de fermer à clé.** (*Eu tenho certeza de que esqueci de trancar.*)
>
> **Il a répondu qu'il ne savait pas.** (*Ele respondeu que não sabia.*)

Cuidado com os verbos vira-casaca

Alguns verbos podem se apresentar no subjuntivo ou no indicativo, dependendo do fato de serem afirmativos, negativos ou interrogativos. São os verbos de opinião, como **penser que** (*pensar que*), e os verbos ou locuções que indicam certeza, como **il est certain que** (*é certo que*). É preciso saber o seguinte sobre esses verbos:

- Quando um gatilho desse tipo for afirmativo, o verbo que o segue não estará no subjuntivo (ele pode estar em qualquer tempo do indicativo). Por exemplo:

> **Je pense qu'il fera beau demain.** (*Eu acho que o tempo estará bom amanhã.*)

Nesse exemplo, o segundo verbo está no **futur simple**.

- Quando um gatilho desse tipo for negativo ou interrogativo (somente inversão), o verbo que o segue estará no subjuntivo. Por exemplo:

> **Je ne pense pas qu'il fasse beau demain.** (*Eu não acho que o tempo vai estar bom amanhã.*)

Verbos desse tipo incluem expressões pessoais como **penser que** (*pensar que*), **croire que** (*crer que*) e **trouver que** (*achar que*), e expressões impessoais como **il semble que** (*parece que*), **il est vrai que** (*é verdade que*) e **il est évident que** (*é óbvio que*).

Os exercícios a seguir vão servir para ajudar a distinguir as verdadeiras frases subjuntivas das outras. Leia cada frase e conjugue o verbo entre parênteses no subjuntivo, no presente do indicativo ou no futuro do presente do indicativo, como mostra o exemplo. (Veja o Capítulo 6 para saber mais sobre o presente do indicativo e o Capítulo 17 para saber mais sobre o futuro do presente.)

P. Je pense qu'il _____ raison. (avoir)

R. a

41. Je sais que tu _____ toujours. (réussir)

42. Il est important que nous _____ bien. (écouter)

43. Il n'est pas sûr que nous _____ venir samedi. (pouvoir)

44. Tu te souviens qu'ils _____ au premier étage? (habiter)

45. Mes parents veulent que je _____ des études. (faire)

46. Ils pensent que je _____ sérieux. (être)

47. Pensez-vous qu'il y _____ des habitants sur Mars? (avoir)

48. Je ne trouve pas qu'ils _____ très intéressants. (être)

49. Il comprend que vous _____ tôt. (partir)

50. Je te promets que je _____ l'histoire plus tard. (raconter)

Respostas

1   **ils mangent, que je mange, que nous mangions**

2   **ils choisissent, que je choisisse, que nous choisissions**

3   **ils attendent, que j'attende, que nous attendions**

4   **ils réussissent, que je réussisse, que nous réussissions**

5   **ils arrivent, que j'arrive, que nous arrivions**

6   **ils répondent, que je réponde, que nous répondions**

7   **ils pensent, que je pense, que nous pensions**

8   **ils finissent, que je finisse, que nous finissions**

9   **ils travaillent, que je travaille, que nous travaillions**

10   **ils rendent, que je rende, que nous rendions**

11   **que tu aies, que nous ayons**

12   **que je sois, qu'ils soient**

13   **que tu fasses, que nous fassions**

14   **que je puisse, qu'ils puissent**

15   **qu'il boive, que vous buviez**

16   **que tu écrives, que vous écriviez**

17   **qu'elle dise, que nous disions**

18   **que je sorte, qu'ils sortent**

19   **que tu viennes, qu'on vienne**

20   **qu'il paie, que nous payions**

21   **Il vaut mieux que**

22   **Je préfère que**

23   **Il se peut que**

24   **Il suggère que**

25   **Ils veulent que**

26   *Tenho medo de que você não compreenda.*

27   *Eles ficaram surpresos com o fato de que você canta bem.*

28 *É vergonhoso que eles não digam a verdade.*

29 *O fato de as crianças estarem atrasadas me preocupa.*

30 *É uma pena que ele more tão longe.*

31 non

32 non

33 oui

34 non

35 non

36 oui

37 oui

38 oui

39 non

40 oui

41 réussis

42 écoutions

43 puissions

44 habitent

45 fasse

46 suis

47 ait

48 soient

49 partiez

50 raconterai

Capítulo 20

Dando Ordens com o Imperativo

Quando algo é *imperativo*, isso quer dizer que deve ser feito. O **impératif** é o modo verbal usado para dar ordens. Por exemplo, quando alguém quer que os filhos escutem as suas instruções, diz **Écoutez bien!** (*Escutem bem!*) (É claro, o uso de um ponto de exclamação não é obrigatório, mas ele dá ênfase à sua ordem.) O imperativo também é usado quando se quer impedir que alguém faça alguma coisa — em outras palavras, uma ordem negativa. Por exemplo, **Ne regarde pas la télé!** (*Não assista à TV!*)

Este capítulo vai ensinar como dar ordens, tanto afirmativas como negativas, e como acrescentar um pronome objeto a qualquer ordem.

Ordens Afirmativas

Uma ordem afirmativa é dada quando se diz diretamente a alguém para fazer alguma coisa. É possível falar a uma única pessoa, como em **écoute** (*escute*), ou a um grupo de pessoas, como em **écoutez** (*escutem*); também é possível se incluir no grupo, como em **écoutons** (*escutemos*). Esta seção vai ensinar o imperativo de verbos regulares e irregulares, e também vai ensinar como dar ordens com um verbo pronominal.

Entendendo as três pessoas do imperativo

Antes de dar uma ordem, tenha em mente quem será o alvo dela. A quem se está ordenando? A uma pessoa? A várias? Você está se incluindo nessa ordem? O imperativo tem três pessoas (assim como em português). A escolha vai depender de para quem a ordem é dada:

✔ Segunda pessoa do singular corresponde a **tu**

✔ Segunda pessoa do plural corresponde a **vous**

✔ Primeira pessoa do plural corresponde a **nous**

Quando se dá ordens, porém, não se usam esses pronomes sujeitos (**tu**, **vous** ou **nous**). O imperativo é o único modo verbal em francês que não explicita o sujeito. As terminações dos verbos são as únicas pistas de para quem as ordens estão sendo dadas (veja o Capítulo 6 para saber mais sobre terminações verbais). Por exemplo, veja, a seguir, o imperativo afirmativo do verbo regular em **-er danser** (*dançar*):

✔ Quando escutar **Danse!** (*Dance!*), saiba que essa ordem se refere a *você* por causa do sufixo **-e**.

✔ Quando escutar **Dansons!** (*Dancemos!*), não tenha dúvida de que essa ordem se refere a um grupo que inclui o locutor por causa do sufixo **-ons**.

✔ Quando escutar **Dansez!** (*Dancem!*), saiba que essa ordem se refere a **vous** por causa do sufixo **-ez**. Nesse caso, ainda resta saber a qual **vous** a ordem se refere, mas, sem dúvida, o contexto vai esclarecer isso. (Os três significados de **vous** são o singular formal, o plural formal e o plural informal; veja o Capítulo 6 para saber mais sobre isso.)

Siga estas instruções para usar cada uma das pessoas do imperativo:

✔ **Tu:** Use a conjugação de **tu** no imperativo para dar uma ordem a uma pessoa a quem já lhe seja costumeiro referir-se como **tu**: um amigo, um membro da família, seu cônjuge, uma criança ou qualquer outra pessoa com quem seja possível conversar de modo informal. Veja alguns exemplos:

> À sua irmã: **Allume la lumière s'il te plaît.** (*Acenda a luz, por favor.*)

> A uma criança: **Fais tes devoirs.** (*Faça a sua lição de casa.*)

✔ **Nous:** Use a conjugação de **nous** no imperativo para dar uma ordem a um grupo de pessoas que inclui a si mesmo. Veja alguns exemplos:

> **Allons au restaurant ce soir.** (*Vamos ao restaurante esta noite.*)

> **Prenons le bus au lieu de la voiture.** (*Vamos de ônibus em vez de carro.*)

✔ **Vous:** Use a conjugação de **vous** no imperativo nas seguintes situações:

> • Para dar uma ordem a alguém a quem normalmente se diz **vous**: um professor, alguém desconhecido, um vendedor ou qualquer outra pessoa com quem se fala de modo formal. Por exemplo, ao orientar um estranho na rua, diga: **Prenez la première rue à gauche.** (*Vire na primeira à esquerda.*)

- Para dar orientações a mais de uma pessoa a quem normalmente se diz **vous**. Por exemplo, **Mesdames et messieurs, entrez dans la salle de conférence, s'ils vous plaît.** (*Senhoras e senhores, entrem na sala de conferências, por favor.*)

- Para dar uma ordem a mais de uma pessoa a quem normalmente se diz **tu**. Por exemplo, ao falar a um grupo de crianças, pode-se dizer: **Rentrez tout de suite!** (*Entrem, agora!*)

O imperativo de verbos regulares

Você vai gostar de saber que a conjugação do imperativo é bem simples. Na verdade, nem se trata de uma conjugação inédita, pois ele toma emprestado o presente do indicativo na maioria das vezes (se quiser saber mais sobre o presente do indicativo, veja o Capítulo 6). As seções a seguir vão ensinar como conjugar o imperativo de verbos regulares em **-er**, **-ir** e **-re**.

Verbos regulares em-er

Para conjugar os verbos regulares em **-er** e o verbo irregular em **-er aller** (*ir*), use a conjugação do verbo no presente do indicativo nas pessoas **tu** (menos o **s** da terminação **-es**), **nous** (**-ons**) ou **vous** (**-ez**) e lembre-se de não utilizar os pronomes sujeitos. Como exemplo, a lista a seguir mostra a conjugação no presente do indicativo de **tu**, **nous** e **vous** de **parler** (*falar*), lado a lado com as suas formas correspondentes no imperativo.

Presente do Indicativo	*Imperativo*
tu parles (*você fala*)	**parle** (*fale*)
nous parlons (*nós falamos*)	**parlons** (*falemos*)
vous parlez (*vocês falam*)	**parlez** (*falem*)

Traduza as ordens em francês a seguir para o português.

P. **Parlons.**

R. *Falemos.*

1. **Dansez.** _____

2. **Écoute.** _____

3. **Regarde.** _____

4. **Allons.** _____

5. **Mange.** _____

Verbos regulares em -ir

Para conjugar os verbos regulares em **-ir** no imperativo, use as conjugações, no presente do indicativo, de **tu** (**-is**), **nous** (**-issons**) e **vous** (**-issez**), e lembre-se de não usar os pronomes sujeitos. Diferentemente dos verbos em **-er**, a segunda pessoa do singular mantém o **-s**; todas as três formas conjugadas são emprestadas exatamente do mesmo jeito do presente do indicativo. Por exemplo, a lista a seguir mostra a conjugação no presente do indicativo de **tu**, **nous** e **vous** de **finir** (*terminar*), lado a lado com as suas formas correspondentes no imperativo.

Presente do Indicativo	*Imperativo*
tu finis (*você termina*)	**finis** (*termine*)
nous finissons (*nós terminamos*)	**finissons** (*terminemos*)
vous finissez (*vocês terminam*)	**finissez** (*terminem*)

Verbos regulares em -re

Siga os mesmos passos tomados nas conjugações dos verbos em **-er** e **-ir** para conjugar o imperativo de verbos regulares em **-re**. Use as formas do presente do indicativo de **tu** (**-s**), **nous** (**-ons**) e **vous** (**-ez**), lembrando-se de não usar os pronomes sujeitos. Todas as três formas conjugadas são emprestadas exatamente do mesmo jeito do presente do indicativo. Por exemplo, a lista a seguir mostra a conjugação, no presente do indicativo, de **tu**, **nous** e **vous** de **vendre** (*vender*), lado a lado com as suas formas correspondentes no imperativo.

Presente	*Imperativo*
tu vends (*você vende*)	**vends** (*venda*)
nous vendons (*nós vendemos*)	**vendons** (*vendamos*)
vous vendez (*vocês vendem*)	**vendez** (*vendam*)

Complete as frases a seguir conjugando o infinitivo entre parênteses no imperativo afirmativo. Fique atento a quem a ordem está sendo dada!

P. _____ ta vielle voiture. (vendre; à sua mãe)

R. Vends

6. _____ aux questions. (répondre; aos estudantes)

7. _____ nos livres à la bibliothèque. (rendre; a você e aos seus colegas de escola)

8. _____ dans la vie. (**réussir**; aos seus filhos)

9. _____ les bons conseils. (**écouter**; a um membro da família)

10. _____ l'artiste. (**applaudir**; a você e ao seu amigo)

11. _____ vite! (**agir**; aos alunos)

12. _____ le bip sonore. (**attendre**; a um estranho)

13. _____ de crier. (**arrêter**; a seus filhos)

14. _____ ensemble. (**jouer**; a você e aos seus colegas de escola)

15. _____ bien! (**réfléchir**; a um membro da família)

As conjugações irregulares

A maioria dos verbos irregulares é conjugada regularmente no imperativo, emprestando as suas três formas do presente do indicativo (veja a seção anterior). Como resultado, as seções a seguir são, na verdade, um lembrete das conjugações irregulares no presente do indicativo, explicadas no Capítulo 6. E quem não haveria de usar uma delas? (Cuidado, porém — alguns verbos não são conjugados no imperativo a partir do presente do indicativo. Esta seção vai falar sobre esses verbos também.)

Verbos semi-irregulares em -er

Os verbos em **-er** que são considerados semi-irregulares neste livro são

- ✔ Verbos terminados em **-cer** ou **-ger**
- ✔ Verbos terminados em **-yer**
- ✔ Verbos terminados em **-é/e** + consoante + **-er**
- ✔ O verbo **appeler** (*chamar*)

Para conjugar esses verbos semi-irregulares em **-er** , use as formas de **tu** (menos o **s** da terminação **-es**), **nous** (**-ons**) e **vous** (**-ez**) no presente do indicativo, sem os pronomes sujeitos. Todos os ajustes aplicados aos verbos semi-irregulares em **-er** no presente do indicativo são transferidos para o imperativo (veja o Capítulo 6 para mais detalhes). A Tabela 20-1 dá alguns exemplos desses verbos e o imperativo de cada tipo.

Tabela 20-1	O Imperativo de Alguns Verbos Semi-irregulares em -er		
Infinitivo	*Imperativo de Tu*	*Imperativo de Nous*	*Imperativo de Vous*
appeler (*chamar*)	**appelle** (*chame*)	**appelons** (*chamemos*)	**appelez** (*chamem*)
lancer (*lançar*)	**lance** (*lance*)	**lançons** (*lancemos*)	**lancez** (*lancem*)
manger (*comer*)	**mange** (*coma*)	**mangeons** (*comamos*)	**mangez** (*comam*)
payer (*pagar*)	**paie** (*pague*)	**payons** (*paguemos*)	**payez** (*paguem*)
répéter (*repetir*)	**répète** (*repita*)	**répétons** (*repitamos*)	**répétez** (*repitam*)

Conjugue os verbos semi-irregulares em **-er** no imperativo de acordo com o sujeito entre parênteses.

P. payer (tu)

R. Paie!

16. envoyer (**vous**) _____

17. voyager (**nous**) _____

18. commencer (**tu**) _____

19. régler (**vous**) _____

20. nettoyer (**tu**) _____

Três verbos em -ir que se comportam como verbos em -er

Existem três verbos em **-ir** que se comportam como verbos em **-er** no presente do indicativo. Eles são **ouvrir** (*abrir*), **offrir** (*oferecer*) e **souffrir** (*sofrer*). Para conjugá-los, tire o sufixo **-ir** e substitua-o por uma das terminações dos verbos em **-er**, dependendo do sujeito utilizado: **-e, -es, -e, -ons, -ez, -ent**. Por extensão, o imperativo deles também tem a mesma conjugação dos verbos em **-er**. Por exemplo, estas são as três formas do imperativo afirmativo de **ouvrir**: **ouvre** (*abra*), **ouvrons** (*abramos*) e **ouvrez** (*abram*).

Os verbos irregulares

Os procedimentos usados com os verbos semi-irregulares em **-er**, tratados anteriormente neste capítulo, também são usados no caso de outros verbos irregulares, como os verbos em **-ir** curtos, como **partir** (*partir*), **sortir** (*sair*) e **dormir** (*dormir*); os verbos em **-ir** que se comportam como verbos em **-er**, como **ouvrir** (*abrir*) e **offrir** (*oferecer*); e outros verbos irregulares listados na Tabela 20-2 (veja também o Capítulo 6 para mais detalhes).

Em outras palavras, use as conjugações no presente do indicativo de **tu**, **nous** e **vous** sem os pronomes sujeitos. Todos os ajustes aplicados as esses verbos no presente do indicativo são transferidos para o imperativo.

Tabela 20-2	O Imperativo de Alguns Verbos Irregulares		
Infinitivo	*Imperativo de Tu*	*Imperativo de Nous*	*Imperativo de Vous*
apprendre (*aprender*)	**apprends** (*aprenda*)	**apprenons** (*aprendamos*)	**apprenez** (*aprendam*)
boire (*beber*)	**bois** (*beba*)	**buvons** (*bebamos*)	**buvez** (*bebam*)
dire (*dizer*)	**dis** (*diga*)	**disons** (*digamos*)	**dites** (*digam*)
écrire (*escrever*)	**écris** (*escreva*)	**écrivons** (*escrevamos*)	**écrivez** (*escrevam*)
faire (*fazer*)	**fais** (*faça*)	**faisons** (*façamos*)	**faites** (*façam*)
mettre (*colocar*)	**mets** (*coloque*)	**mettons** (*coloquemos*)	**mettez** (*coloquem*)
partir (*partir*)	**pars** (*parta*)	**partons** (*partamos*)	**partez** (*partam*)
venir (*vir*)	**viens** (*venha*)	**venons** (*venhamos*)	**venez** (*venham*)
voir (*ver*)	**vois** (*veja*)	**voyons** (*vejamos*)	**voyez** (*vejam*)

Quatro verbos que não usam o presente do indicativo para obter o imperativo

Existem quatro verbos que não usam a conjugação do presente do indicativo para obter os seus correspondentes no imperativo. Eles são **avoir** (*ter*), **être** (*ser/estar*), **savoir** (*saber*) e, em certa medida, **vouloir** (*querer*). Na verdade, o imperativo desses verbos vêm do subjuntivo (veja o Capítulo 19 para saber mais sobre o subjuntivo).

A lista a seguir mostra as conjugações, no presente do indicativo, de **tu**, **nous** e **vous** de **avoir** com as suas formas correspondentes no imperativo:

Presente do Indicativo	*Imperativo*
tu as (*você tem*)	**aie** (*tenha*)
nous avons (*nós temos*)	**ayons** (*tenhamos*)
vous avez (*vocês têm*)	**ayez** (*tenham*)

No caso do imperativo de **nous** e **vous** de **avoir**, o **a** tem som de **é** (*ê*) (veja o Capítulo 2 para saber mais sobre a pronúncia francesa).

A lista a seguir mostra as conjugações, no presente do indicativo, de **tu**, **nous** e **vous** de **être** com as suas formas correspondentes no imperativo:

Presente do Indicativo

tu es (*você é*)

nous sommes (*nós somos*)

vous êtes (*vocês são*)

Imperativo

sois (*seja*)

soyons (*sejamos*)

soyez (*sejam*)

A lista a seguir mostra as conjugações, no presente do indicativo, de **tu**, **nous** e **vous** de **savoir** com as suas formas correspondentes no imperativo:

Presente do Indicativo

tu sais (*você sabe*)

nous savons (*nós sabemos*)

vous savez (*vocês sabem*)

Imperativo

sache (*saiba*)

sachons (*saibamos*)

sachez (*saibam*)

Vouloir se comporta de um modo um pouco diferente desses outros três verbos no imperativo. Ele é usado em expressões fixas de extrema formalidade e, portanto, não é conjugado na segunda pessoa do singular, visto que **tu** é usado apenas no registro informal. Quanto à conjugação de **nous**, ela simplesmente não é usada em francês. Assim, só resta a conjugação de **vous**: **veuillez**!

A melhor maneira de traduzir **veuillez** em português é acrescentando *por favor*, como em **veuillez patienter** (*espere, por favor*) ou, de maneira ainda mais formal, *queira ..., por favor*. É comum, em francês, acrescentar-se **s'il vous plaît** (*por favor*) ao final da frase no imperativo. Veja mais alguns exemplos da expressão muito formal **veuillez**:

> **Veuillez me suivre, s'il vous plaît.** (*Queira me seguir, por favor.*)

> **Veuillez remplir ce formulaire.** (*Preencha este formulário, por favor.*)

Usar o imperativo de **savoir** e **vouloir** torna o seu pedido ou ordem muito formal. Evite utilizá-los em um contexto do dia a dia. Sempre existirá uma alternativa ao uso do imperativo.

O imperativo dos verbos pronominais

Os verbos pronominais são conjugados com um pronome a mais, chamado de pronome reflexivo (para saber mais sobre verbos pronominais, veja o Capítulo 7). Por exemplo, **je m'amuse** (*eu me divirto*) tem o pronome sujeito **je** e também o pronome reflexivo **me**. Todos os verbos pronominais, como os verbos apresentados anteriormente neste capítulo, tomam emprestado o presente do indicativo para se conjugarem no imperativo. Ignora-se o pronome sujeito, mas mantém-se o pronome reflexivo. A pergunta que fica é: onde colocá-lo? No presente do indicativo, os pronomes reflexivos vêm antes do verbo a que estão ligados, assim:

> **Vous vous dépêchez.** (*Vocês se apressam.*)

No entanto, no caso de uma ordem, o pronome reflexivo vem depois do verbo, ligando-se a ele com hífen, assim:

Dépêchez-vous! (*Apressem-se!*)

No imperativo, o pronome reflexivo **te** é substituído por **toi**, sendo ligado ao verbo com hífen, assim: **Lève-toi tôt** (*Levante-se cedo*) e **Réveille-toi!** (*Acorde!*).

Veja um exemplo: a lista a seguir apresenta as conjugações, no presente do indicativo, de **tu**, **nous** e **vous** de **s'amuser** (*divertir-se*) com as suas formas correspondentes no imperativo.

Presente do Indicativo	*Imperativo*
tu t'amuses (*você se diverte*)	**amuse-toi** (*divirta-se*)
nous nous amusons (*nós nos divertimos*)	**amusons-nous** (*divirtamo-nos*)
vous vous amusez (*vocês se divertem*)	**amusez-vous** (*divirtam-se*)

Veja mais alguns exemplos:

Repose-toi. Tu as l'air fatigué. (*Descanse. Você parece cansado.*)

Dépêchons-nous! Nous allons être en retard. (*Apressemo-nos! Nós vamos nos atrasar.*)

Arrêtez-vous quand il y a un bus scolaire. (*Parem quando houver um ônibus escolar.*)

Por favor, cale-se. Vá embora! Sente-se! Essas expressões são comuns, não? No entanto, as expressões equivalentes em francês desses verbos pronominais são bem irregulares! Então, para o seu proveito, e já que verbos são tão úteis e tão difíceis de lidar, a Tabela 20-3 apresenta a conjugação completa de alguns deles no imperativo.

Tabela 20-3 O Imperativo de Alguns Verbos Pronominais Irregulares

Infinitivo	*Conjugação de Tu*	*Conjugação de Nous*	*Conjugação de Vous*
s'asseoir (*sentar-se*)	**assieds-toi** (*sente-se*)	**asseyons-nous** (*sentemo-nos*)	**asseyez-vous** (*sentem-se*)
se taire (*calar-se*)	**tais-toi** (*cale-se*)	**taisons-nous** (*calemo-nos*)	**taisez-vous** (*calem-se*)
s'en aller (*ir embora*)	**va-t'en** (*vá embora*)	**allons-nous en** (*vamos embora*)	**allez-vous en** (*vão embora*)

Veja-os na prática:

Asseyez-vous tout de suite. (*Sentem-se agora.*)

Tais-toi! Je travaille. (*Cale-se! Eu estou trabalhando.*)

Ce film est ennuyeux. Allons-nous en. (*Esse filme é chato. Vamos embora.*)

Dê o equivalente em francês das ordens a seguir (consulte um dicionário francês-português se precisar de ajuda com o vocabulário.)

P. *Comportem-se.*

R. **Soyez sages.**

21. *Cale-se!* _____

22. *Relaxem durante as férias.* _____

23. *Levantemo-nos cedo hoje!* _____

24. *Lavem a louça, por favor.* _____

25. *Divirta-se.* _____

Ordens Negativas

Uma pessoa distraída está atravessando a rua e não percebe o carro vindo em alta velocidade. Você grita: **Ne traversez pas!** (*Não atravesse!*) Essa foi uma ordem negativa, que começa com *não* em português e com **ne** em francês. O imperativo negativo de todos os verbos em francês — tanto regulares como irregulares — é conjugado a partir dos seus correspondentes negativos no presente do indicativo.

Para dar ordens negativas usando os verbos em **-er**, **-ir** e **-re**, siga os mesmos passos dados no caso das ordens afirmativas (explicados anteriormente neste capítulo): use a conjugação no presente do indicativo de **tu**, **nous** e **vous**, ignorando os pronomes sujeitos. Então, acrescente **ne** na frente do verbo e **pas** depois dele.

Veja, por exemplo, as três formas do imperativo do verbo regular em **-er parler** (*falar*) ao lado das conjugações negativas no presente do indicativo. Compare-as.

Presente do Indicativo, Negação	*Imperativo Negativo*
tu ne parles pas (*você não fala*)	**ne parle pas** (*não fale*)
nous ne parlons pas (*nós não falamos*)	**ne parlons pas** (*não falemos*)
vous ne parlez pas (*vocês não falam*)	**ne parlez pas** (*não falem*)

Veja mais alguns exemplos de ordens negativas na prática:

Ne parlez pas fort quand bébé dort. (*Não fale alto enquanto o bebê dorme.*)

Je n'aime pas cet endroit. Ne restons pas ici. (*Eu não gosto desse lugar. Não fiquemos aqui.*)

Ne finis pas ton dessert. (*Não termine a sua sobremesa.*)

Ao usar os verbos pronominais, lembre-se de uma grande diferença entre as ordens afirmativas e negativas: o pronome se desloca para a frente do verbo. Veja como falar para alguém não se preocupar (**s'inquiéter**), por exemplo. Para o **tu**, use o presente do indicativo na negação: **Tu ne t'inquiètes pas**. Tire o **s** (já que é um verbo em **-er**) e tire o pronome sujeito: **Ne t'inquiète pas** (*Não se preocupe*). Faça o mesmo com **nous** e **vous**: **Ne nous inquiétons pas** (*Não nos preocupemos*) e **Ne vous inquiétez pas** (*Não se preocupem*). Pronto!

Transforme as ordens afirmativas a seguir em ordens negativas. O exercício inclui verbos em **-er** (regulares e semi-irregulares), bem como verbos em **-ir** e **-re**.

P. **Prends ce livre** (*Pegue este livro.*)

R. **Ne prends pas.**

26. **Mangeons ces biscuits.** (*Comamos estes biscoitos.*)

_____

27. **Ouvrez la porte!** (*Abram a porta.*)

_____

28. **Avançons lentement.** (*Avancemos devagar.*)

_____

29. **Posez des questions.** (*Façam perguntas.*)

_____

30. **Arrive en retard.** (*Chegue tarde.*)

_____

Acrescentando um Pronome Objeto à sua Ordem

Se quiser que Julie lhe passe o sal, você pode dizer: *Passe-me o sal, por favor* (**Passe-moi le sel s'il te plaît**). Nessa frase imperativa, *me* é um pronome objeto. E, se algumas pessoas o olharem de modo estranho, você pode querer pedir a elas: *Não me olhem assim* (**Ne me regardez pas comme ça**). Usou-se um pronome objeto novamente, mas dessa vez em uma ordem negativa. Os pronomes objetos em francês são **me**, **te**, **le**, **la**, **les**, **lui**, **leur**, **nous**, **vous**, **en** e **y**. Cada um deles segue regras específicas de posicionamento na frase. Esta seção vai dar mais detalhes sobre isso (para saber todos os detalhes sobre os pronomes objetos, consulte o Capítulo 13).

Em ordens afirmativas

Em uma frase afirmativa comum, os pronomes objetos (os pronomes que sofrem a ação) são posicionados antes do verbo, como em **Nous le regardons** (*Estamos olhando para ele*). No imperativo, porém, os pronomes objetos são colocados depois dos verbos e ligados a ele com hífen, assim: **Regardons-le!** (*Olhemos para ele!*). Essa ordem pode parecer natural para aqueles que falam português. Infelizmente, algumas coisas não tão naturais devem ser feitas nesses casos:

- ✔ Os pronomes **me** e **te** viram **moi** e **toi** quando estiverem depois do verbo. Por exemplo:

    Excusez-moi. (*Com licença.*)

    Regarde-toi! (*Olhe-se!*)

- ✔ Ao se usarem **y** e **en**, duas coisas podem acontecer com o verbo:
    - • Se a ordem for dada na segunda pessoa do singular (**tu**) e o verbo terminar com **e** (verbos regulares em **-er** e **aller**), pode haver o encontro de duas vogais (o francês não gosta disso!). Por exemplo: o **e** de **mange** (*coma*) não deve se encontrar com o **e** de **en**. Para evitar esse encontro, coloque o **s** de volta (dos verbos em **-er** da conjugação de **tu** no presente do indicativo), assim: **manges-en** (*coma [isso]*).

- ✔ Veja mais alguns exemplos:

    Imperativo normal: **Cherche des champignons.** (*Procure cogumelos.*)

    Imperativo com **en**: **Cherches-en.** (*Procure isso.*)

    Imperativo normal: **Entre dans la maison.** (*Entre na casa.*)

    Imperativo com **y**: **Entres-y.** (*Entre lá.*)

- Ordens para **nous** e **vous**, no caso de todos os verbos, e ordens para **tu**, no caso de verbos em **-ir** e **-re**, não apresentam esse problema, já que todas as suas conjugações terminam com consoante e é possível fazer a **liaison** descrita no Capítulo 2. Simplesmente ligue o pronome depois do verbo, como em **parlons-en** (*falemos sobre isso*), **parlez-en** (*falem sobre isso*), **prends-en** (*pegue isso*) e **réfléchis-y** (*pense nisso*), com um som de *z* antes do **en** e do **y**.

Ligue os pronomes entre parênteses aos imperativos a seguir. Certifique-se de colocar o **-s** da conjugação de **tu** de volta quando necessário.

P. prends (en)

R. prends-en

31. écoute (les) _____

32. va (y) _____

33. finissez (en) _____

34. rentrons (y) _____

35. parlons (lui) _____

Em ordens negativas

Se leu a seção anterior, ignore tudo o que foi dito sobre o posicionamento dos pronomes objetos em ordens afirmativas. As ordens negativas (como *não pegue isso*) voltam ao posicionamento clássico dos pronomes em francês: antes do verbo. Em uma ordem negativa comum, como **Ne prends pas ce sac** (*Não pegue essa bolsa*), coloque o pronome antes do verbo, assim: **Ne le prends pas!** (*Não a pegue!*) Veja mais alguns exemplos:

> **N'oublions pas nos affaires** (*Não esqueçamos nossos pertences*) vira **Ne les oublions pas** (*Não os esqueçamos*).

> **N'écoute pas les mauvais conseils** (*Não escute os maus conselhos*) vira **Ne les écoute pas** (*Não os escute*).

> **Ne téléphonez pas à vos professeurs** (*Não telefone para os seus professores*) vira **Ne leur téléphonez pas** (*Não lhes telefone*).

O **ne** vira **n'** antes dos pronomes **en** e **y**. Veja alguns exemplos:

> **N'en mange pas.** (*Não coma isso.*)

> **N'y va pas.** (*Não vá lá.*)

Acrescente os pronomes entre parênteses aos imperativos negativos a seguir. Preste atenção aos casos em que se deve manter o **-s** do imperativo de **tu**.

P. Dites! (me)

R. Ne me dites pas.

36. Ne prépare pas. (en) _____

37. Ne déjeunons pas. (y) _____

38. Ne regardons pas. (les) _____

39. Ne cherchez pas. (en) _____

40. N'écoute pas. (me) _____

Respostas

1. *Dancem!*

2. *Escute!*

3. *Olhe!*

4. *Vamos!*

5. *Coma!*

6. **Répondez**

7. **Rendons**

8. **Réussissez**

9. **Écoute**

10. **Applaudissons**

11. **Agissez**

12. **Attendez**

13. **Arrêtez**

14. **Jouons**

15. **Réfléchis**

16. **Envoyez!**

17. **Voyageons!**

18. **Commence!**

19. **Réglez!**

20. **Nettoie!**

21. **Tais-toi!**

22. **Détendez-vous pendant les vacances.**

23. **Levons-nous tôt aujourd'hui.**

24. **Faites la vaisselle, s'il vous plaît.**

25. **Amuse-toi.**

26. **Ne mangeons pas.**

27. **N'ouvrez pas.**

28 N'avançons pas.

29 Ne posez pas.

30 N'arrive pas.

31 écoute-les

32 vas-y

33 finissez-en

34 rentrons-y

35 parlons-lui

36 N'en prépare pas.

37 N'y déjeunons pas.

38 Ne les regardons pas.

39 N'en cherchez pas.

40 Ne m'écoute pas.

Capítulo 21

Os Tempos Compostos

Neste Capítulo

- ► O pretérito mais-que-perfeito
- ► O **futur antérieur** (*futuro anterior*)
- ► O **conditionnel passé** (*pretérito condicional*)

*O*s **temps composés** (*tempos compostos*) são tempos verbais de duas palavras que expressam uma ação que está mais no passado do que a ação principal da frase. Como resultado disso, elas são encontradas com mais frequência em frases complexas (frases que têm duas orações). É claro que elas também podem aparecer em frases simples. Sendo assim, é melhor estar familiarizado com elas!

A melhor parte dos tempos compostos é que não é preciso se preocupar demais com a sua conjugação. Por quê? Porque tudo o que é preciso conjugar são os verbos auxiliares **être** (*ser/estar*) ou **avoir** (*ter*); o verbo principal fica no particípio passado. A fórmula usada para escrever tempos compostos básicos é esta:

Sujeito + conjugação de **être** ou de **avoir** + particípio passado

O francês tem oito tempos compostos. Os mais usados entre eles são o **passé composé** (*pretérito perfeito*), o **plus-que-parfait** (*pretérito mais-que-perfeito*), o **futut antérieur** (*futuro anterior*) e o **conditionnel passé** (*pretérito condicional*). O Capítulo 15 analisou o **passé composé** (*pretérito perfeito*) em detalhes e explicou como obter os particípios passados. Este capítulo falará sobre esses outros tempos compostos.

Alguns verbos usam **être** para conjugar o tempo composto; o Capítulo 15 chama esses verbos de verbos da "casa de **être**". Esses verbos são verbos de deslocamento, como **aller** (*ir*) e todos os verbos pronominais (por exemplo,**se réveiller** [*acordar*]). (O Capítulo 7 contém mais detalhes sobre os verbos pronominais.) Quando o verbo auxiliar for **être**, o particípio passado deve concordar em número e gênero com o sujeito do verbo. Por exemplo, em **elles sont sorties** (*elas saíram*), o particípio passado **sorties** está no feminino plural para concordar com o sujeito **elles**.

A maioria dos verbos forma os seus tempos compostos com **avoir** mais um particípio passado, como mostrado no Capítulo 15. Esses verbos incluem verbos impessoais, como **pleuvoir** (*chover*), **être** e **avoir**, e todos os outros verbos não incluídos na casa de **être**. Quando o verbo auxiliar for **avoir**, o particípio passado deve concordar em número e gênero com o objeto do verbo, quando este vier antes de **avoir** na frase. Por exemplo, em **il a aimé les histoires** (*ele gostou das histórias*), o particípio passado **aimé** não concorda com o objeto, diferentemente de **il les a aimées** (*ele gostou delas*), em que o pronome objeto **les** se refere a **les histoires** (feminino plural). Nesse caso, o particípio passado concorda em número e gênero com **les**, porque o objeto (**les**) está anteposto ao verbo **avoir**: **aimées**.

Há Muito Tempo: O Pretérito Mais-Que-Perfeito

O **plus-que-parfait** (*pretérito mais-que-perfeito*) descreve uma ação que está mais no passado do que outra ação passada descrita com o **passé composé** ou com o **imparfait** (*pretérito imperfeito*; veja o Capítulo 16). Em uma frase completa, a oração com o pretérito mais-que-perfeito descreve o que *já havia acontecido* antes de a ação principal acontecer. Por exemplo: **Il faisait froid ce matin parce qu'il avait neigé pendant la nuit.** (*Estava frio esta manhã porque tinha nevado durante a noite.*) A oração **parce qu'il avait neigé pendant la nuit** (*porque tinha nevado durante a noite*) está no pretérito mais-que-perfeito.

O **plus-que-parfait** também pode ser combinado com o **conditionnel passé** (*pretérito condicional*; este capítulo vai falar sobre esse tempo com mais detalhes adiante) para transmitir a ideia de oportunidades desperdiçadas, assim: **S'il avait suivi tes conseils, il aurait réussi.** (*Se ele tivesse seguido os seus conselhos, teria sido bem-sucedido.*) A oração com **si** + pretérito mais-que-perfeito informa o que não aconteceu, enquanto a outra oração, com o **conditionnel passé** (*pretérito condicional*), informa o que poderia ter acontecido.

Para conjugar o pretérito mais-que-perfeito, use o pretérito imperfeito do verbo auxiliar **être** (*ser/estar*) ou **avoir** (*ter*) e o particípio passado do verbo principal (veja o Capítulo 16 para saber mais sobre o pretérito imperfeito e o Capítulo 15 para saber mais sobre como obter os particípios passados). Veja, a seguir, a conjugação de **être** no pretérito imperfeito para sua referência.

être (*ser/estar*)	
j'étais	nous **étions**
tu **étais**	vous **étiez**
il/elle/on **était**	ils/elles **étaient**

E esta é a conjugação de **avoir** no pretérito imperfeito:

avoir (*ter*)	
j'avais	nous **avions**
tu **avais**	vous **aviez**
il/elle/on **avait**	ils/elles **avaient**

No pretérito mais-que-perfeito, encontram-se as expressões **déjà** (*já*), **pas encore** (*ainda não*), **la veille** (*o dia anterior*) e outras semelhantes com muita frequência. Veja alguns exemplos:

> **Anne avait sommeil ce matin parce qu'elle s'était couchée tard la veille.** (*Anne estava sonolenta esta manhã porque ela tinha se deitado tarde na noite anterior.*)

> **Quand nous sommes arrivés sur le quai, le train avait déjà quitté la gare!** (*Quando chegamos à plataforma, o trem já havia deixado a estação!*)

Conjugue os verbos entre parênteses no pretérito mais-que-perfeito. Certifique-se de usar o verbo auxiliar apropriado, **être** ou **avoir**. Veja o exemplo.

P. Le train _____. (partir)

R. était parti

1. Elle _____. (se coucher tard)

2. Nous _____. (dîner)

3. Tu _____. (arriver)

4. Ils _____. (finir)

5. J'_____. (comprendre)

De Volta para o Futuro: Futur Antérieur (Futuro Anterior)

Pode ser um pouco estranho esta seção falar sobre o futuro, já que este mesmo capítulo havia dito que todos os tempos compostos se referem ao passado. No entanto, às vezes é preciso falar de algo que está tanto no futuro como no passado: o **futur antérieur** (*futuro anterior*) descreve uma ação ou evento futuro que *terá sido concluído* antes que outro ocorra.

Uma frase completa no **futur antérieur** (*futuro anterior*) tem duas orações. Elas podem estar em qualquer ordem:

> Expressão de tempo com o verbo no **futur antérieur** (*futuro anterior*) + oração no futuro do presente

O **futur antérieur** (*futuro anterior*) é escrito com o **futur simple** dos verbos auxiliares **être** (*ser/estar*) ou **avoir** (*ter*) e o particípio passado do verbo principal (o Capítulo 17 fala mais sobre o **futur simple** e o Capítulo 15 explica como obter os particípios passados). Veja, a seguir, a conjugação de **être** no **futur simple** para sua referência.

être (*ser/estar*)	
je **serai**	nous **serons**
tu **seras**	vous **serez**
il/elle/on **sera**	ils/elles **seront**

E esta é a conjugação de **avoir** no **futur simple**:

avoir (*ter*)	
j'**aurai**	nous **aurons**
tu **auras**	vous **aurez**
il/elle/on **aura**	ils/elles **auront**

Veja alguns exemplos do **futur antérieur** (*futuro anterior*) com suas traduções em português:

> **Quand je serai parti . . .** (*Quando eu tiver ido embora . . .*)
>
> **Quand il se sera excusé . . .** (*Quando ele se desculpar . . .*)
>
> **Quand vous aurez fini . . .** (*Quando vocês tiverem terminado . . .*)

Veja alguns exemplos de frases completas em francês usando o **futur antérieur** (*futuro anterior*) e suas traduções em português.

> **Tu pourras lire mon livre quand je l'aurai fini.** (*Você poderá ler o meu livro quando eu o tiver terminado.*)
>
> **Dès que nous serons rentrés de vacances, nous vous téléphonerons.** (*Assim que voltarmos das férias, telefonaremos para vocês.*)

O português usa o futuro do subjuntivo quando o francês usa o **futur antérieur** (*futuro anterior*).

Algumas expressões de tempo que podem ajudar a saber quando usar o **futur antérieur** (*futuro anterior*) são:

- ✔ **aussitôt que** (*assim que*)
- ✔ **dès que** (*assim que*)
- ✔ **lorsque** (*quando*)
- ✔ **quand** (*quando*)

Conjugue os verbos entre parênteses no **futur antérieur** (*futuro anterior*). Certifique-se de usar o verbo auxiliar apropriado, **être** ou **avoir**. Veja o exemplo.

P. Le train _____. (partir)

R. sera parti

6. Elles _____. (se laver)

7. Nous _____. (manger)

8. Tu _____. (partir)

9. Ils _____. (entrer)

10. J'_____. (apprendre)

Oportunidades Desperdiçadas: Conditionnel Passé (Pretérito Condicional)

Poderia ter sido diferente? Eles poderiam tê-lo escutado? Quem dera. Para expressar oportunidades desperdiçadas como essas, deve-se usar o **conditionnel passé** (*pretérito condicional*) em francês, enquanto, em português, usa-se o futuro do pretérito composto. Ele é geralmente encontrado em frases de duas orações, em que uma delas contém **si** (*se*) e um verbo no pretérito mais-que-perfeito, para indicar uma situação que não aconteceu (o pretérito mais-que-perfeito foi analisado anteriormente neste capítulo), e a outra contém o verbo no **conditionnel passé** (*pretérito condicional*), indicando a oportunidade que foi desperdiçada. Veja com o que se parece uma frase no **conditionnel passé** (*pretérito condicional*):

Si + oração no pretérito mais-que-perfeito + oração no **conditionnel passé** (*pretérito condicional*)

O **conditionnel passé** (*pretérito condicional*) é formado com o **conditionnel présent** do verbo auxiliar **être** (*ser/estar*) ou **avoir** (*ter*) mais o particípio passado do verbo principal. (Veja o Capítulo 18 para saber mais sobre o **conditionnel présent** e o Capítulo 15 para saber mais sobre os particípios passados.) Veja, a seguir, a conjugação de **être** no **condicional présent** para sua referência.

être (*ser/estar*)	
je **serais**	nous **serions**
tu **serais**	vous **seriez**
il/elle/on **serait**	ils/elles **seraient**

E esta é a conjugação de **avoir** no **conditionnel présent**:

avoir (*ter*)	
j'**aurais**	nous **aurions**
tu **aurais**	vous **auriez**
il/elle/on **aurait**	ils/elles **auraient**

Veja alguns exemplos do **conditionnel passé** (*pretérito condicional*) na prática:

Si j'avais su, j'aurais écouté tes conseils! (*Se eu soubesse, teria escutado os seus conselhos!*)

Si tu m'avais aidé, j'aurais pu finir mon travail à temps. (*Se você tivesse me ajudado, eu poderia ter terminado o meu serviço a tempo.*)

Elle serait partie tôt si elle avait pu. (*Se ela pudesse, teria ido embora cedo.*)

Conjugue os verbos entre parênteses no **conditionnel passé** (*pretérito condicional*). Certifique-se de usar o verbo auxiliar apropriado, **être** ou **avoir**. Veja o exemplo.

P. Le facteur _____. (arriver)

R. serait arrivé

11. Elles _____. (s'amuser)

12. Vous _____. (parler)

13. Tu _____. (**danser**)

14. Ils _____. (**réussir**)

15. J'_____. (**vendre**)

Traduza as expressões em português, a seguir, de acordo com o tempo composto equivalente em francês. Tenha em mente que os tempos compostos em francês têm apenas um verbo auxiliar e um particípio passado. Consulte um dicionário francês-português se precisar de ajuda com o vocabulário. Veja o exemplo.

P. *eu tinha sido*

R. **j'avais été**

16. *você terá terminado* _____

17. *nós tínhamos vindo* _____

18. *ela teria escutado* _____

19. *eles já tinham ido embora* _____

20. *vocês tinham falado* _____

21. *eu terei terminado* _____

22. *ele poderia ter* _____

23. *nós teremos visto* _____

24. *você teria vindo* _____

25. *elas tinham esperado* _____

Reagindo ao Passado: O Pretérito do Subjuntivo

Quando a estrutura de uma frase exige um subjuntivo (isso quer dizer que ela inclui uma expressão gatilho e dois sujeitos; veja o Capítulo 19), pode-se escolher entre duas opções: o uso do presente do subjuntivo ou o uso do pretérito do subjuntivo. O pretérito do subjuntivo indica um desejo, uma emoção ou uma dúvida sobre alguma coisa que já aconteceu. É um pouco complicado escolher entre os dois. Esta seção vai explicar como fazer a melhor escolha.

- ✔ Se a ação no subjuntivo for simultânea (acontece ao mesmo tempo) à ação do verbo gatilho ou se acontecer depois dela, use o presente do subjuntivo. Veja um exemplo de ações simultâneas:

    Papa veut que nous réussissions. (*Papai quer que sejamos bem-sucedidos.*)

    Veja um exemplo de ação (*vai chover*) que acontecerá depois da ação do verbo gatilho (*receio*):

    J'ai peur qu'il pleuve demain. (*Receio que chova amanhã.*)

- ✔ Se a ação no subjuntivo acontece antes da ação do verbo gatilho, use o pretérito do subjuntivo. Veja um exemplo:

    Julie est triste que sa meilleure amie ne soit pas venue à son anniversaire. (*Julie está triste porque a sua melhor amiga não veio ao seu aniversário.*)

    Nesse exemplo, Julie está triste agora porque a sua melhor amiga não compareceu ao seu aniversário, o que aconteceu há algum tempo.

Não use automaticamente o pretérito do subjuntivo em uma oração subjuntiva, mesmo se o verbo do gatilho estiver no pretérito. Por exemplo, esta frase exige o presente do subjuntivo, embora o seu gatilho esteja no pretérito:

Il était content que ses amis soient là. (*Ele estava feliz com o fato de os seus amigos estarem lá.*)

Para escrever uma frase no pretérito do subjuntivo, use o verbo auxiliar **être** (*ser/estar*) ou **avoir** (*ter*) no presente do subjuntivo e acrescente o particípio passado do verbo principal. Veja, a seguir, a conjugação completa de **danser** (*dançar*) no pretérito do subjuntivo com **avoir**:

avoir (*ter*) com danser (*dançar*)	
que **j'aie dansé**	que nous **ayons dansé**
que tu **aies dansé**	que vous **ayez dansé**
qu'il/elle/on **ait dansé**	qu'ils/elles **aient dansé**

Veja, a seguir, a conjugação completa de **aller** (*ir*) no pretérito do subjuntivo com **être**:

être (*ser/estar*) com **aller** (*ir*)	
que je **sois allé(e)**	que nous **soyons allé(e)s**
que tu **sois allé(e)**	que vous **soyez allé(e)s**
qu'il/elle/on **soit allé(e)**	qu'ils/elles **soient allé(e)s**

Determine se os verbos em negrito exigem o pretérito do subjuntivo ou o presente do subjuntivo. Escreva *pretérito* ou *presente* nos espaços em branco para cada caso.

P. **Eu estou feliz que você esteja aqui.**

R. presente

26. Eu sinto muito que você **não tenha entendido** as minhas perguntas na última prova. _____

27. Nos anos 60, era importante que os americanos **fossem** à Lua. _____

28. Você está orgulhoso de que os atletas americanos **tenham ganhado** tantas medalhas nas Olimpíadas? _____

29. Pena que você **não tenha esperado por** nós; nós chegamos dez minutos depois de você ter ido embora. _____

30. É importante que você **beba** muita água. _____

Respostas

1	s'était couchée tard	**12**	auriez parlé	**22**	il aurait pu
2	avions dîné	**13**	aurais dansé	**23**	nous aurons vu
3	étais arrivé(e)	**14**	auraient réussi	**24**	tu serais venu(e)
4	avaient fini	**15**	aurais vendu	**25**	elles avaient attendu
5	avais compris	**16**	tu auras fini	**26**	pretérito
6	se seront lavées	**17**	nous étions venus	**27**	presente
7	aurons mangé	**18**	elle aurait écouté	**28**	pretérito
8	seras parti	**19**	ils étaient déjà partis	**29**	pretérito
9	seront entrés	**20**	vous aviez parlé	**30**	presente
10	aurai appris	**21**	j'aurai fini		
11	se seraient amusées				

Parte VI

A Parte dos Dez

Nesta parte...

- Como evitar dez típicos erros gramaticais em francês.
- Aproveite a lista de dez (ou quase isso) expressões idiomáticas em francês cujos significados talvez sejam difíceis de entender!

Capítulo 22

Dez Típicos Erros Gramaticais em Francês (e Como Evitá-los)

....

Neste Capítulo

- ► Evitando erros típicos de iniciantes
- ► Aperfeiçoando alguns pontos de vocabulário

....

*E*ste capítulo pressupõe que você vai cometer alguns erros gramaticais em francês, e você sabe que sim. Na verdade, a melhor maneira de aprender um idioma é usando-o e sendo corrigido quando necessário! Quanto mais alguém se expõe a um idioma, mais rápido o dominará. Este capítulo apresenta dez típicos erros gramaticais em francês e ensina como evitá-los.

O Uso Incorreto de Artigos Definidos

Le, **la** e **les** (*o/a/os/as*) não são os artigos-padrão em francês. Na verdade, o padrão é usar os artigos indefinidos e partitivos. O uso de artigos é bem diferente em português e em francês. Assim, é necessário cautela nessa área. A Tabela 22-1 destaca as maiores diferenças no uso dos artigos definidos entre o português e o francês (veja o Capítulo 3 para saber mais sobre os artigos definidos).

Tabela 22-1	O Uso de Artigos Definidos em Português e em Francês	
Francês	*Português*	*Uso*
Artigo definido	(sem equivalente)	Indicando uma preferência
Artigo definido	Possessivos	Indicando posse, antes de uma parte do corpo usada com verbo reflexivo
Artigo definido	(sem equivalente)	Antes de nomes de família
Artigo definido	Pronome indefinido todo(as)	Antes de dias da semana, para expressar frequência

A Confusão entre Artigos Indefinidos e Partitivos

O francês usa artigos diferentes para substantivos que podem ser contados, como **un livre** (*um livro*), e para substantivos que não podem ser contados, como **de l'eau** (*água*).

- ✔ Use os artigos indefinidos no caso de substantivos que podem ser contados. Por exemplo, é possível dizer **une maison** (*uma casa*) ou **cinq maisons** (*cinco casas*).

- ✔ Use os artigos partitivos no caso de substantivos que não podem ser contados. Por exemplo, é possível dizer **du sable** (*areia*), mas não é possível dizer **trois sables** (*três areias*).

Veja o Capítulo 3 para uma análise completa sobre os artigos indefinidos e partitivos.

Uma Gama de Expressões Impessoais

O francês usa muitas expressões impessoais no dia a dia. São expressões que contêm um verbo impessoal, o qual é sempre conjugado na terceira pessoa do singular.

Veja algumas delas:

Il y a corresponde à forma impessoal do verbo *haver* em português. É usada para indicar a existência de alguma coisa em determinado local, como em **Il y a quelqu'un?** (*Há alguém aí?*). Como em português, **il y a** é uma expressão que não varia se o nome que a seguir for plural: **Il y a une fleur dans mon jardin.** (*Há uma flor no meu jardim.*); **Il y a des fleurs dans mon jardin.** (*Há flores no meu jardim.*)

Il faut é usado para expressar uma necessidade, por exemplo: **Il faut acheter du lait.** (*É necessário comprar leite.*) Seguido de **que**, a expressão **il faut** demanda um verbo no subjuntivo, assim: **Il faut qu'on parle.** (*Precisamos conversar.*) Para saber mais sobre o subjuntivo, veja o Capítulo 19.

Expressões relacionadas ao clima, como em **il fait chaud** (*está calor*), **il pleut** (*está chovendo*), **il neige** (*está nevando*), etc.

Expressões usadas para informar as horas, por exemplo: **Il est midi.** (*É meio-dia.*) **Il est six heures du matin.** (*São seis da manhã.*) Veja o Capítulo 5 para saber o básico sobre como dizer as horas em francês.

Os Múltiplos Usos de Chez

Em francês, a preposição **chez** significa, mais comumente, a *casa de alguém*, como em **Je vais chez mes grand-parents.** (*Eu vou para a casa dos meus avós.*) Mas atenção! **Chez** pode assumir outros significados, dependendo do contexto. Veja alguns deles:

Diante do nome de uma profissão (acompanhado de artigo definido), **chez** significa local de trabalho: **J'ai rendez-vous chez le dentiste à 14h.** (Tenho consulta no [consultório do] dentista às 14h.) ou **Je suis passé acheter du pain chez le boulanger.** (*Eu passei na padaria para comprar pão.*) Caso queira usar o nome do estabelecimento em vez do nome da profissão, não use **chez**; use a preposição **à**: **Je vais au cabinet dentaire/à la boulangerie.** (*Eu vou ao consultório odontológico/à padaria.*)

Diante do nome de uma empresa, **chez** corresponde à preposição locativa *em*. Pode-se usar **chez** se o nome da empresa corresponder ao nome de uma pessoa (o fundador, por exemplo) ou a uma sigla, como em **Je travaille chez Renault/IBM.** (*Eu trabalho na Renault/na IBM.*) Nos demais casos, dê preferência à preposição **à**: **Je fais mes courses au Carrefour.** (*Eu faço compras no Carrefour.*)

Veja o Capítulo 11 para relembrar o uso das preposições.

Como Encontrar um Equivalente em Francês para os Verbos no Gerúndio (em -ndo)

O português usa duas formas verbais para indicar o presente: é possível dizer *Eu falo com o carteiro* (verbo no presente do indicativo) ou *Eu estou falando com o carteiro* (verbo no gerúndio). O francês, porém, não usa o gerúndio para falar de uma ação que acontece no presente. O uso do gerúndio é reservado a circunstâncias específicas (veja o Capítulo 14 para saber mais sobre o gerúndio francês). O francês só tem uma forma para falar sobre uma ação no presente: usando o presente do indicativo, como em **Je parle au facteur.** (*Eu falo com o carteiro.*) Veja alguns exemplos (veja o Capítulo 6 para saber mais sobre o presente do indicativo):

> *Nós estamos almoçando.* (**Nous déjeunons.**)
>
> *Ele está esperando por você.* (**Il t'attend.**)

O mesmo vale para ações no pretérito. Enquanto o português admite duas formas verbais para falar de ações em curso no passado (você *estava fazendo* alguma coisa ou você *fazia* alguma coisa), o francês só admite o uso do **imparfait** (*pretérito imperfeito*; veja o Capítulo 16). Observe alguns exemplos:

> *Ele estava pensando no problema.* (**Il pensait au problème.**)
>
> *Eles estavam dormindo quando o telefone tocou.* (**Ils dormaient quand le téléphone a sonné.**)

O Uso de Possessivos com Verbos Pronominais para se Referir a Partes do Corpo

Em expressões que envolvem partes do corpo, como **les mains** (*as mãos*) e **les cheveux** (*os cabelos*), o francês usa verbos pronominais, como **se laver** (*lavar-se*) ou **se brosser** (*pentear-se/escovar* [os dentes]). O verbo pronominal indica que o sujeito está realizando uma ação que tem efeito sobre si mesmo. Assim, caso queira dizer *Eu lavo minhas mãos* em francês, não é possível usar o verbo pronominal **je me lave** com o possessivo **mes mains** (*minhas mãos*)! Isso seria redundante: *Eu me lavo as minhas mãos.* Em vez disso, use um artigo definido como **le**, **la** ou **les** (veja o Capítulo 3). A maneira correta de dizer *Eu lavo as minhas mãos* é **Je me lave les mains.** Veja mais alguns exemplos:

> **Il s'est cassé la jambe.** (*Ele quebrou a perna.*)
>
> **Elles se brossent les cheveux.** (*Eles penteiam os cabelos.*)

Veja mais detalhes sobre os verbos pronominais no Capítulo 7.

O Uso da Forma Verbal Errada Depois de Avoir ou Être

Os verbos **avoir** (*ter*) e **être** (*ser/estar*) são verbos auxiliares; como o próprio nome diz, esses dois verbos muitas vezes ajudam a formar novos tempos verbais. Os tempos conjugados com a ajuda de **avoir** e **être** são chamados de tempos compostos e, em geral, indicam um tempo no passado. Por exemplo:

✔ A expressão **nous avons fini** (*nós terminamos*) é formada pelo verbo auxiliar **avoir** seguido de um particípio passado; a combinação dos dois forma um tempo composto. Nesse caso, o **passé composé** (*pretérito perfeito*; veja o Capítulo 15 para saber mais sobre esse tempo e sobre os particípios passados).

✔ Em **tu étais déjà parti** (*você já tinha ido embora*), o verbo auxiliar **être** seguido pelo particípio passado forma o **plus-que-parfait** (*pretérito mais-que-perfeito*) (para saber mais sobre o pretérito mais-que-perfeito e sobre outros tempos compostos, veja o Capítulo 21).

Em português, *ter* (de/que) + [infinitivo] geralmente indica uma obrigação, como em *nós temos de escutar*. O francês, porém, nunca usa **avoir** ou **être** com um infinitivo. Para indicar uma obrigação em francês, use **devoir** (*dever*) como verbo auxiliar: **nous devons écouter** (*nós devemos escutar*). Use apenas um particípio passado, como **arrivé** (*chegado*), **dansé** (*dançado*), **fini** (*terminado*) ou **vendu** (*vendido*), depois de usar **être** ou **avoir** como verbo auxiliar.

Confundindo Verbos Parecidos

Dire (*dizer*) e **parler** (*falar*) têm a ver com produzir sons. No entanto, assim como em português, esses verbos têm usos diferentes.

✔ Use **dire** sozinho quando citar as palavras de alguém, como em **Il a dit "allons-y"!** (*Ele disse "vamos!"*), ou para transmitir as palavras de alguém, como em **Il a dit que nous partirions demain.** (*Ele disse que nós iríamos embora amanhã.*)

Também é possível usar **dire** seguido por um substantivo (seu objeto direto), como em **tu dis un mensonge.** (*Você está dizendo uma mentira.*)

✔ Use **parler** sozinho (sem objeto direto) para indicar *falar*, como em **Vous parlez trop!** (*Você fala demais!*), ou acompanhado pela preposição **à** para indicar um objeto indireto (com quem o sujeito está falando), como em **Le prof parle à ses étudiants.** (*O professor está falando com os seus alunos.*)

Parler nunca é acompanhado de **que** + outra oração ou de objeto direto.

Voir e **regarder** têm equivalentes em português: *ver* e *olhar*.

↳ Use **voir** (*ver*) sozinho para dizer que entende alguma coisa, como em **je vois** (*eu entendo*), ou, de acordo com o seu uso mais comum, use-o com um objeto direto para dizer que vê alguma coisa: **Nous avons vu des choses surprenantes.** (*Nós vimos coisas surpreendentes.*)

↳ Use **regarder** (*olhar*) para dizer que está olhando ou assistindo a alguma coisa, como em **Regarde!** (*Olhe!*) ou **Il regarde la télé.** (*Ele está assistindo à TV.*)

Entendre e **écouter** também têm os seus equivalentes em português: *ouvir* e *escutar*. A diferença entre os dois é a mesma entre **voir** e **regarder**: **entendre** (*ouvir*) é acidental, como em **Tu as entendu ce bruit?** (*Você ouviu esse barulho?*), enquanto **écouter** (*escutar*) é intencional, como em **Nous écoutons le prof.** (*Nós escutamos o professor.*)

Connaître e **savoir** também têm equivalentes em português: *conhecer* e *saber*.

Para dizer que conhece um lugar, um livro ou uma pessoa, no sentido de estar familiarizado com eles, use **connaître**. Veja alguns exemplos:

Je connais bien l'endroit où tu es né. (*Eu conheço muito bem o lugar onde você nasceu.*)

Tu connais les livres? (*Você conhece os livros?*)

Vous connaissez Pierre? (*Você conhece Pierre?*)

Para tudo o mais, use **savoir**. Veja alguns exemplos:

Tu sais nager? (*Você sabe nadar?*)

Elle sait que vous arriverez bientôt. (*Ela sabe que vocês vão chegar em breve.*)

Os Dois Sentidos do Verbo Apprendre

O verbo **apprendre** tem duas acepções em português: *aprender* e *tomar conhecimento*.

Veja a diferença nos exemplos abaixo:

J'apprends le français em chantant. (*Eu aprendo francês cantando.*)

J'ai appris la nouvelle hier soir. (*Eu soube da novidade ontem à noite.*)

Sendo Enganado por Falsos Cognatos

Um *cognato* é uma palavra em português que se parece com uma em francês e que tem o mesmo significado. Por exemplo, *um animal* é **un animal** em francês. O substantivo *álbum* é **album** em francês também. No entanto, algumas palavras traiçoeiras são bem parecidas nos dois idiomas, mas elas não têm o mesmo significado! Essas palavras são chamadas de *falsos cognatos*. Elas também são conhecidas como "falsos amigos" por motivos óbvios. A Tabela 22-2 lista algumas dessas palavras.

Tabela 22-2	Alguns Falsos Cognatos	
Palavra Portuguesa	*Cognato Francês*	*Significado da Palavra Francesa*
achatar	**acheter**	*comprar*
atirar	**attirer**	*atrair*
atender	**attendre**	*esperar*
batom	**bâton**	*bastão*
carro	**car**	*porque*
moto	**mot**	*palavra*
par	**par**	*por*
pensamento	**pansement**	*curativo*
portanto	**pourtant**	*todavia*
pressa	**presse**	*imprensa*
taça	**tasse**	*xícara*
útil	**outil**	*ferramenta*
velha	**veille**	*véspera*
vila	**ville**	*cidade*

Capítulo 23

Dez (ou Quase Isso) Expressões Idiomáticas Úteis em Francês

Neste Capítulo

- ► Subindo uma ponte para ter folga do trabalho
- ► Quando se sabe que uma coisa não é tão difícil
- ► Expressões idiomáticas que envolvem o corpo

*T*odo idioma tem expressões idiomáticas — expressões cujo significado literal é bem diferente do seu uso no dia a dia. Por exemplo, quando alguém *entra pelo cano*, isso quer dizer que esse alguém está encrencado, o que não tem nada a ver com canos!

As expressões idiomáticas têm origem nas profundezas da cultura dos idiomas. Às vezes, até mesmo os nativos do idioma não entendem os motivos de se passarem a usar essas expressões idiomáticas, mas, mesmo assim, as usam e entendem o seu significado atual. Este capítulo vai apresentar algumas dessas interessantes expressões idiomáticas bem comuns em francês, para você usar imediatamente.

Faire le pont

Faire le pont literalmente significa *fazer a ponte*, mas os franceses a usam para descrever um tipo especial de folga do trabalho. Por exemplo, quando um feriado cai na quinta-feira e se tira a sexta-feira de folga também, a pessoa está *fazendo a ponte* sobre o fim de semana para tirar uma folga de quatro dias! Em português, usa-se o verbo *enforcar* com essa mesma conotação. Veja essa expressão idiomática na prática:

> **Cette année, Noël tombe un jeudi, alors nous allons faire le pont jusqu'à lundi!** (*Este ano, o Natal cai numa quinta-feira, então vamos enforcar até a segunda-feira!*)

 O verbo **faire** (*fazer*), juntamente com **être** (*ser/estar*), **avoir** (*ter*) e **aller** (*ir*), é conjugado de maneira irregular no presente do indicativo; veja o Capítulo 6 para saber mais sobre isso.

Ce n'est pas la mer à boire

Se uma pessoa pedir para você fazer algo que você acha muito difícil, essa pessoa pode acrescentar **Ce n'est pas la mer à boire** (literalmente, *Não é para beber o mar inteiro*), o que quer dizer que poderia ser pior. (Como resposta, pode-se dizer a essa pessoa que ela mesma tente fazer o serviço! *Beber o mar inteiro* seria uma tarefa impossível, mas dizer que algo *não é tão difícil quanto isso* não quer dizer necessariamente que vai ser fácil, não é?) Veja um exemplo de como usar essa expressão idiomática:

> — **Il faut faire la lessive, passer l'aspirateur et préparer le dîner! Quel travail!** (*Ainda falta lavar a roupa, passar o aspirador e preparar o jantar. Quanto trabalho!*)

> — **Mais non, ce n'est pas la mer à boire.** (*Ah, isso não é nenhum bicho de sete cabeças.*)

Ça me prend la tête

Ça me prend la tête literalmente significa *isso me pega a cabeça*, o que isoladamente não faz nenhum sentido! Na verdade, isso quer dizer que uma situação é tão irritante que o está deixando louco. Por exemplo, depois de esperar o ônibus por meia hora, você diz:

> **Ça fait 30 minutes que j'attends le bus. Ça commence à me prendre la tête!** (*Já faz 30 minutos que estou esperando o ônibus. Isso está me deixando louco!*)

Faire la tête

Faire la tête literalmente quer dizer *fazer a cabeça*. Se alguém está *fazendo a cabeça* em francês, quer dizer que está emburrado. Por exemplo, se o seu amigo se esqueceu do seu aniversário e você não está feliz com isso, alguém pode lhe dizer:

> **Ne fais pas la tête! Ça arrive.** (*Não fique de cara amarrada! Isso acontece.*)

Avoir la gueule de bois

La gueule é um dos nomes para *boca*. Assim, **avoir la gueule de bois** literalmente quer dizer que alguém tem *boca de madeira*. Por quê? Você bebeu muito na noite anterior e acorda com dor de cabeça e a boca seca! Nesse caso, você diria:

> **Oh là là. . . j'ai trop bu hier soir. J'ai la gueule de bois ce matin!**
> (*Oh lá lá. . . eu bebi muito ontem à noite. Estou de ressaca hoje.*)

Comme un cheveu sur la soupe

Já encontrou um cabelo boiando na sua sopa? Isso é nojento, já que um cabelo não deveria estar ali. E isso é exatamente o que essa expressão significa: **Comme un cheveu sur la soupe** quer dizer que, *tal como um cabelo na sopa*, alguma coisa está em um lugar onde não deveria estar. Por exemplo, no meio de uma conversa sobre os seus planos para as férias de julho, a pessoa com quem está conversando pergunta: "E o Natal?" Você talvez queira lhe dizer:

> **Tu parles de Noël quand je parle de cet été? Ça, ça tombe comme un cheveu sur la soupe.** (*Você me vem falar de Natal quando eu estou falando sobre as férias de julho? Uma coisa não tem nada a ver com a outra.*)

Au pif

Pif é uma gíria para *nariz*. Fazer alguma coisa **au pif** quer dizer que a pessoa está seguindo os seus instintos ou adivinhando, em vez de raciocinar. Por exemplo:

> **Je ne savais pas la réponse alors j'ai écrit quelque chose au pif.**
> (*Eu não sabia a resposta, então chutei qualquer coisa.*)

Donner sa langue au chat

A expressão **donner sa langue au chat** literalmente quer dizer *dar a sua língua ao gato*. Ela é usada quando alguém renuncia a encontrar ou adivinhar a solução de um problema. Por exemplo:

> **Si tu ne trouves pas la réponse, donne ta langue au chat!** (*Se não consegue descobrir a resposta, jogue a toalha!*)

Être sur les charbons ardents

Se alguém tivesse que ficar em pé sobre brasas, esse alguém, com certeza, ficaria pulando de um lado para o outro. Não conseguiria ficar parado. Use **être sur le charbons ardents** (que literalmente significa *estar sobre brasas*) quando estiver esperando por notícias tão importantes, não sendo possível ficar parado. Pense, por exemplo, em um futuro papai na sala de parto:

> **Le bébé est sur le point d'arriver. Papa est sur les charbons ardents.**
> (*O bebê está quase nascendo. O pai não consegue ficar parado.*)

Bête comme ses pieds

Os pés podem ser burros? O idioma francês parece achar que sim, afinal é isso o que a expressão **bête comme ses pieds** quer dizer: você é *tão burro quanto os seus pés*! Essa não é uma expressão tão insultante, a não ser que a pessoa realmente goste dos próprios pés. Veja essa expressão na prática:

> **Cet étudiant ne donne jamais la bonne réponse; ou il le fait exprès, ou il est bête comme ses pieds!** (*Esse aluno nunca dá uma resposta certa; ou ele faz de propósito, ou é burro como uma porta.*)

Tirer le diable par la queue

Ninguém jamais tentou realmente puxar o rabo do Diabo, mas **tirer le diable par la queue** é uma expressão idiomática interessante usada para dizer que alguém está enfrentando dificuldades financeiras e que mal recebe o suficiente para sobreviver. Por exemplo:

> **Pierre est au chômage et maintenant il tire le diable par la queue.**
> (*Pierre está desempregado e está contando moedinhas.*)

Índice

• *Y* •